AS 21 IRREFUTÁVEIS LEIS DA LIDERANÇA

JOHN C. MAXWELL

AS 21 IRREFUTÁVEIS LEIS DA LIDERANÇA

Uma receita comprovada para desenvolver o líder que existe em você

Tradução de
Alexandre Martins

THOMAS NELSON BRASIL

Rio de Janeiro
2007

Título original
The 21 irrefutable laws of leadership

Supervisão editorial Nataniel dos Santos Gomes
Assistente editorial Clarisse de Athayde Costa Cintra
Tradução Alexandre Martins
Copidesque Lena Aranha
Capa Valter Botosso Jr.
Revisão Margarida Seltmann
Magda de Oliveira Carlos Cascardo
Cristina Loureiro de Sá
Projeto gráfico e diagramação Julio Fado

CIP-BRASIL. CATALOGAÇÃO-NA-FONTE
SINDICATO NACIONAL DOS EDITORES DE LIVROS, RJ

M419v

Maxwell, John C., 1947-
As 21 irrefutáveis leis da liderança: uma receita comprovada para desenvolver o líder que existe em você/John C. Maxwell; [tradução Alexandre Martins]. - Rio de Janeiro: Thomas Nelson Brasil, 2007.

Tradução de: The 21 irrefutable laws of leadership
Apêndices
ISBN 978-85-6030-321-2

1. Liderança. 2. Sucesso nos negócios. I. Título.

07-2049. CDD: 658.4092
CDU: 65:316.46

Rua Nova Jerusalém, 345 – Bonsucesso
Rio de Janeiro – RJ – CEP 21402-325
Tel.: (21) 3882-8200 – Fax: (21) 3882-8212 / 3882-8313
www.thomasnelson.com.br

Este livro é dedicado a Charlie Wetzel, parceiro na escrita desde 1994. Juntos, escrevemos mais de quarenta livros, e gostei de nossa parceria em todos eles. Assim como me esforcei para agregar valor aos outros, identificando e ensinando princípios de liderança, você, Charlie, agregou valor a mim e a meus esforços. Suas percepções e suas habilidades com a palavra foram desfrutadas por milhões de leitores. Como resultado, você teve mais impacto sobre mais pessoas que qualquer outro em meu círculo íntimo. Por isso, agradeço a você.

Sumário

PREFÁCIO

BY STEPHEN R. COVEY

Quando John Maxwell pediu que eu escrevesse o prefácio desta edição de décimo aniversário de *As 21 irrefutáveis leis da liderança*, fiquei honrado e intrigado. Durante as duas últimas décadas, John e eu seguimos trilhas paralelas em nossos textos e palestras. Ao longo dos anos, ambos fomos chamados de "especialistas em liderança". Conhecemos e respeitamos o trabalho um do outro. Mas, apesar das semelhanças entre nossas mensagens, raramente nos dirigimos ao mesmo público.

Assim, recomendar este livro me permite apresentar John Maxwell e seus ensinamentos a pessoas do meu círculo que ainda não o leram. E qual livro melhor para recomendar do que esta nova e melhorada versão de *As 21 irrefutáveis leis da liderança*? Ele funciona como uma espécie de manifesto de seus ensinamentos e de sua vida. Estude este livro e irá conhecer o homem John Maxwell, bem como sua filosofia de liderança.

Quando *As 21 leis* foi lançado, em 1998, eu imediatamente vi como as leis eram práticas e aplicáveis. Elas ainda são. Ao longo de mais de três décadas John Maxwell ganhou reputação como comunicador. E, como ele diz, a comunicação "torna simples o complexo". Mais do que um estudo abstrato da liderança, este livro é um manual fundamental de ensino. A cada capítulo você irá *conhecer* pessoas que obedeceram — ou algumas que não — a lei abordada. A própria lei é definida de forma clara e simples. E — o mais importante — John dará a você formas específicas de aplicá-la à sua liderança no escritório, na comunidade, na família ou na igreja.

Falando sobre esta revisão, John me disse que estava animado com a oportunidade de incluir as lições que tinha aprendido desde que escrevera *As 21 leis*. Eu entendo o que ele quer dizer. A liderança não é estática, assim como não devem ser os livros sobre ela. Eu acredito que esta edição revisada terá um impacto ainda maior do que a anterior. Leis foram atualizadas, exemplos foram refinados e aplicações foram ampliadas. Os conceitos básicos da liderança não foram abandonados; em vez disso, foram atualizados para uma nova geração de líderes. Por mais que o original fosse bom, esta nova edição é ainda melhor.

Se *As 21 irrefutáveis leis da liderança* são uma novidade para você, deixe-me dizer que você não sabe o que o aguarda. Elas irão mudar o modo como você vive e lidera. Lendo, se sentirá encorajado, e sua capacidade de liderança irá aumentar. Se você leu o livro original, ficará excitado com esta nova edição. Aprenderá muitas lições novas e se lembrará de verdades muito úteis. E fazendo os novos exercícios de aplicação, irá aperfeiçoar suas habilidades.

Acredito que você irá desfrutar e se beneficiar da leitura deste livro, assim como eu. Nele você encontrará histórias de liderança absolutamente fascinantes e inspiradoras!

Stephen R. Covey
Autor de *The 7 Habits of Highly Effective People*,
The 8th Habit e *Everyday Greatness*

Agradecimentos

Obrigado aos milhares de líderes ao redor do mundo que aprenderam e, algumas vezes, desafiaram as leis de liderança,´levando-me, desse modo, a refletir melhor.

Obrigado à equipe da Thomas Nelson que me deu a oportunidade de revisar e melhorar este livro, e especialmente a Tami Heim, por sua liderança estratégica, e a Victor Oliver, que foi fundamental para o desenvolvimento do conceito inicial.

Obrigado a Linda Eggers, minha assistente executiva, e à assistente dela, Sue Caldwell, por seus inacreditáveis serviços e por sua disposição de, todos os dias, caminhar uma milha a mais.

Obrigado a Charlie Wetzel, meu escritor, e a Stephanie, sua esposa, sem os quais este livro não teria sido possível.

Introdução

Todo livro é uma conversa entre o autor e o leitor. Algumas pessoas pegam um livro à espera de receber algum encorajamento. Algumas delas devoram a informação de um livro como se fizessem um seminário intensivo. Outras encontram em suas páginas um orientador com o qual podem se reunir todos os dias, todas as semanas ou todos os meses.

Quando escrevo livros, o que mais adoro é que isso me permite "conversar" com muitas pessoas que eu nunca conhecerei pessoalmente. Por isso, em 1977, tomei a decisão de me tornar escritor. Tinha tal paixão por agregar valor às pessoas que isso me levou a escrever; essa paixão ainda queima dentro de mim hoje. Poucas coisas são mais recompensadoras que estar na estrada, e alguém que não conheço abordar-me para dizer: "Obrigado. Seus livros realmente me ajudaram." É por isso que escrevo — e pretendo continuar a escrever!

Apesar da profunda satisfação que tenho por saber que meus livros ajudam pessoas, também há algo bastante frustrante em ser escritor. Assim que um livro é publicado, ele se congela no tempo. Se você e eu nos conhecermos pessoalmente e nos encontrarmos uma vez por semana ou por mês para conversar sobre liderança, partilharei com você algo que aprendi todas as vezes em que estivermos juntos. Como pessoa, continuo a crescer. Sempre leio. Analiso meus erros. Converso com excelentes líderes para aprender com eles. Todas as vezes que você e eu sentássemos juntos, eu diria: "Você nem imagina o que eu acabei de descobrir."

Como palestrante, sempre ensino os princípios sobre os quais escrevo em meus livros e sempre atualizo meu material. Uso novas histórias. Refino idéias. E, muitas vezes, faço novas descobertas quando estou em frente a uma platéia. No entanto, quando retorno aos livros que escrevi, percebo, antes de tudo, o quanto mudei desde que os escrevi. Mas, depois, fico frustrado porque os livros não podem crescer e mudar comigo.

Por isso fiquei empolgado quando minha editora, a Thomas Nelson, perguntou se eu gostaria de revisar *As 21 irrefutáveis leis da liderança* para uma edição especial de décimo aniversário. Quando escrevi o livro, ele fora minha resposta à pergunta: "Se você tivesse de pegar tudo o que aprendeu sobre liderança ao longo dos anos e reduzir seu conhecimento a uma pequena relação, qual seria ela?" Coloquei no papel a essência da liderança, comunicada da forma mais simples e clara possível. E, logo depois de o livro ser publicado e aparecer em quatro diferentes listas de mais vendidos, dei-me conta de que ele tinha o potencial de ajudar muitas pessoas a se tornarem líderes melhores.

Crescimento = Mudança

Mas agora, anos depois, há coisas da primeira edição com as quais eu já não estou satisfeito, e sabia que poderia melhorar algumas idéias. Algumas histórias ficaram datadas e queria substituí-las por novas. Também desenvolvera um material novo para melhor explicar e ilustrar alguns desses princípios. Depois de ensinar as leis por quase uma década em dezenas de países por todo o mundo, recolhi milhares de perguntas sobre elas. Esse processo tornou meu raciocínio melhor do que era quando escrevi o livro pela primeira vez. Trabalhar nesta edição de décimo aniversário possibilitou que fizesse esses melhoramentos.

Sem dúvida, a maior mudança que queria fazer no livro original dizia respeito a duas das leis. *O quê?*, talvez você pergunte. *Como você pode mudar uma das suas leis irrefutáveis?*

Para começar, enquanto as ensinava, descobri que duas das leis, na verdade, eram apenas conseqüências de outras leis. A lei de E. F. Hutton (Quando o verdadeiro líder fala, as pessoas ouvem), na realidade, era apenas um aspecto da lei da influência (A verdadeira medida da liderança é a influência — nada mais, nada menos). Quando as pessoas ao redor de uma mesa param e ouvem o líder falar, revelam que esse líder tem influência. Como as idéias na lei de E. F. Hutton faziam parte da lei da influência, fundi esses dois capítulos. Da mesma forma, reconheci que a lei da reprodução (É preciso de um líder para criar um líder) estava embutida na lei do crescimento explosivo (Para aumentar o crescimento, lidere os seguidores; para multiplicar, lidere os líderes). Por isso, eu também as combinei.

Também, comecei a me dar conta de que esquecera algumas coisas quando escrevi pela primeira vez sobre as leis de liderança. Descobri a primeira omissão pouco depois de ensinar, algumas vezes, as leis em países em desenvolvimento. Descobri que em muitos daqueles lugares a liderança era concentrada em posição, privilégio e poder. Em meu paradigma de liderança, considerei como certas algumas coisas. Considero liderança fundamentalmente como uma forma de serviço, e nunca identificara uma lei para ensinar tal princípio. A segunda omissão tinha que ver com moldar liderança e ter um impacto na cultura de uma organização. O resultado foi a inclusão de duas novas leis nesta edição de décimo aniversário de *As 21 irrefutáveis leis de liderança:*

A lei da adição: líderes agregam valor ao servir aos outros
A lei da imagem: as pessoas fazem o que vêem

Do ponto de vista de hoje, pergunto-me: *Como pude esquecer-me disso?* Mas isso aconteceu. A boa notícia é que vocês não se esquecerão desse aspecto! Estou certo de que essas duas leis serão uma enorme contribuição ao livro e a sua capacidade de liderar. Servir aos outros e mostrar aos outros o caminho são elementos fundamentais de uma liderança de sucesso. Eu gostaria de poder revisar todos os meus livros a cada dez anos para incluir coisas que esqueci!

Mais lições aprendidas

Há duas outras coisas que me lembraram enquanto ensinava as 21 leis nos últimos dez anos:

1. Liderança exige a habilidade de fazer mais de uma coisa

Instintivamente, pessoas de sucesso compreendem que a concentração é importante para a realização. Mas liderança é algo muito complexo. Durante o intervalo de uma conferência que eu fazia sobre as 21 leis, um jovem universitário abordou-me e disse: "Sei que você ensina as 21 leis de liderança, mas quero ir direto ao ponto." Com veemência, ele ergueu o indicador e perguntou:

"Qual é a única coisa que preciso saber sobre liderança?" Tentando demonstrar a mesma veemência, ergui meu indicador e respondi: "A única coisa que você precisa saber sobre liderança é que há mais de uma coisa que você precisa saber sobre liderança!"

Para que possamos liderar bem, precisamos fazer bem 21 coisas.

2. Ninguém aplica bem as 21 leis

Apesar de precisarmos fazer 21 coisas bem para sermos excelentes líderes, a realidade é que nenhum de nós aplica bem todas essas leis. Eu, por exemplo, estou na média, ou abaixo dela, em cinco das leis — e escrevi o livro! Então, o que um líder deve fazer? Ignorar essas leis? De forma alguma! Deva apenas desenvolver uma equipe de liderança.

No final deste livro há uma avaliação de liderança. Encorajo-o a avaliar sua aptidão para cada lei. Assim que tiver descoberto em quais leis está na média ou abaixo dela, comece a procurar membros da equipe que sejam fortes nas habilidades em que você é fraco. Eles o complementarão, e vice-versa, e o conjunto da equipe se beneficiará. Isso tornará possível para você desenvolver uma equipe de liderança composta de estrelas. Lembre-se, nenhum de nós é tão inteligente quanto todos nós juntos.

Algumas coisas nunca mudam

Embora eu tenha feito ajustes nas leis e adaptado o modo como as ensino, algumas coisas não mudaram nos últimos dez anos. Ainda é verdade que liderança é liderança, independentemente de para onde você vai e o que você faz. A época muda. A tecnologia evolui. As culturas diferem de lugar para lugar. Mas os princípios de liderança são constantes — sem levar em conta sua área de estudo ou de atuação, se entre os cidadãos da

Grécia antiga, os hebreus do Antigo Testamento, os exércitos do mundo moderno, os líderes da comunidade internacional, os pastores de igrejas pequenas ou os empresários da economia global de hoje. Os princípios de liderança são imutáveis e resistem à prova do tempo.

À medida que for lendo os capítulos seguintes, gostaria que tivesse em mente quatro idéias:

1. *As leis podem ser aprendidas*. Algumas são mais fáceis de compreender e aplicar que outras, mas todas podem ser aprendidas.
2. *As leis têm valor em si*. Cada lei complementa todas as outras, mas você não precisa de uma para aprender a outra.
3. *As leis têm conseqüências*. Aplique as leis, e as pessoas o seguirão. Viole-as ou ignore-as, e não será capaz de liderar os outros.
4. *Estas leis são a base da liderança*. Quando você aprende os princípios, depois precisa praticá-los e os aplicar a sua vida.

Seja você um seguidor começando a descobrir o impacto da liderança; seja você um líder natural que já tem seguidores: pode se tornar um líder ainda melhor. Ao ler sobre as leis, talvez reconheça que já emprega algumas delas com bastante eficácia. Outras leis podem revelar fraquezas que você desconhecia. Use sua avaliação como experiência de aprendizado. Nesta edição, incluí exercícios, no fim de cada capítulo, para ajudá-lo a aplicar cada lei a sua vida.

Não importa em qual ponto você está no processo de liderança, saiba o seguinte: quanto mais leis você aprender, melhor líder se tornará. Cada lei é como uma ferramenta, pronta para ser apanhada e usada para ajudá-lo a realizar seus sonhos e agregar valor às outras pessoas. Escolha pelo menos uma, e você se tornará um líder melhor. Aprenda todas, e as pessoas o seguirão alegremente.

Agora, só nos resta abrir juntos essa caixa de ferramentas.

CAPÍTULO UM

A LEI DO LIMITE

A capacidade de liderança determina o grau de eficácia da pessoa

Costumo iniciar minhas palestras sobre liderança explicando a lei do limite, porque ela ajuda as pessoas a compreender o valor da liderança. Se você conseguir aplicar essa lei, verá o inacreditável impacto da liderança em todos os aspectos da vida. Então vamos lá: a capacidade de liderança é o limite que determina o grau de eficácia de uma pessoa. Quanto mais baixa a capacidade de liderança de uma pessoa, mais baixo o limite em seu potencial. Quanto maior a capacidade de liderar, maior o limite em seu potencial. Por exemplo: se sua liderança vale 8, então sua eficácia não pode ser superior a 7. Se sua liderança é de apenas 4, então sua eficácia não será superior a 3. Sua capacidade de liderança — para o bem ou para o mal — sempre determina sua eficácia e o impacto potencial de sua organização.

Contarei uma história que exemplifica a lei do limite. Em 1930, dois jovens irmãos chamados Dick e Maurice, em busca do sonho americano, mudaram-se de New Hampshire para a Califórnia. Eles tinham acabado de concluir o ensino médio e não viam oportunidades no local onde foram criados. Assim, seguiram diretamente para Hollywood, onde acabaram por conseguir emprego em um estúdio de cinema.

Após algum tempo, o espírito empreendedor e o interesse na indústria de diversões que os dois demonstravam os levaram a abrir um teatro em Glendale, cidade a oito quilômetros a nordeste de Hollywood. Mas, apesar de seus esforços, os irmãos não conseguiram tornar o negócio rentável. Nos quatro anos em que dirigiram o teatro, não conseguiram gerar dinheiro regularmente para pagar o aluguel de cem dólares por mês pedido pelo proprietário.

Uma nova oportunidade

A ânsia de sucesso dos irmãos era grande, então continuaram em busca de melhores oportunidades de negócios. Em 1937, eles finalmente descobriram algo que dava certo. Eles abriram um pequeno restaurante *drive-in* em Pasadena, a leste de Glendale. As pessoas no Sul da Califórnia tinham se tornado muito dependentes dos carros, e a cultura estava em processo de mudança para incorporar esse novo elemento, exatamente o caso do negócio deles.

O restaurante *drive-in* foi um fenômeno do início da década de 1930 e tornou-se bastante popular. Os clientes, em vez de entrarem em uma sala de jantar, dirigiam até um estacionamento ao redor de um pequeno restaurante, faziam o pedido ao garçom e recebiam a comida, em bandejas, diretamente no carro. A comida era servida em pratos de louça, com copos de vidro e talheres de metal. Era uma idéia oportuna em uma sociedade que se tornava mais rápida e cada vez mais móvel.

O pequeno *drive-in* de Dick e Maurice foi um grande sucesso, e, em 1940, eles decidiram levar o negócio para San Bernardino, uma cidade operária em expansão, a 80 quilômetros a leste de Los Angeles. Eles construíram instalações maiores e aumentaram o cardápio, que, além de cachorros-quentes, batatas fritas e *milk-shakes*, passou a incluir sanduíches de carne e de porco, hambúrgueres e outros itens. O negócio estourou. As vendas anuais chegaram a 200 mil dólares, e os irmãos se viram dividindo 50 mil dólares de lucro por ano — uma quantia que os colocava na elite financeira da cidade.

Em 1948, a intuição disse a eles que as coisas estavam mudando, e eles fizeram mudanças no negócio. Eles eliminaram os garçons e passaram a servir apenas clientes a pé. Eles também deram nova dinâmica a tudo. O cardápio foi reduzido, concentrando-se em hambúrgueres. Eliminaram pratos, copos e talheres de metal, passando a usar material de papel. Reduziram os custos e os preços cobrados. Também implantaram o que chamaram de Sistema de Serviço Rápido. A cozinha ficou parecida com uma linha de montagem em que os empregados se concentravam no serviço rápido. O objetivo dos irmãos era preparar o pedido do cliente em 30 segundos ou menos. E foram bem sucedidos. Em meados da década de 1950, o faturamento anual chegou a 350 mil dólares, e Dick e Maurice passaram a dividir um lucro de cerca de 100 mil dólares por ano.

Quem eram esses irmãos? Naqueles dias você poderia descobrir isso ao dirigir até seu pequeno restaurante, na esquina das ruas 14 e E, em San Bernardino. Na frente do pequeno prédio octogonal, um letreiro de néon dizia apenas McDonald's Hamburgers. Dick e Maurice McDonald tiraram a sorte grande no sonho americano, e o resto, como dizem, é história, certo? Errado. Os McDonalds nunca foram além, porque sua liderança fraca estabeleceu um limite em sua capacidade de chegar ao sucesso.

A história por trás da história

É verdade que os irmãos McDonald estavam financeiramente seguros. O restaurante era um dos negócios mais lucrativos do setor no país, e eles tinham dificuldade em gastar todo dinheiro que ganhavam. O brilhantismo deles estava no atendimento ao cliente e na organização da cozinha. Esse talento levou à criação de um novo sistema para serviço de alimentação. De fato, o talento deles era tão conhecido no setor que pessoas de todo o país começaram a escrever para eles e a visitá-los para saber mais sobre seus métodos. Em dado momento, eles recebiam até 300 telefonemas e cartas por mês.

Isso deu a eles a idéia de comercializar o conceito McDonald's. A idéia de franquear restaurantes não era nova. Já existia havia décadas. Para os irmãos McDonald parecia uma forma de ganhar dinheiro sem que precisassem eles mesmos abrir outro restaurante. Eles começaram em 1952, mas o esforço fracassou. A razão era simples. Eles não tinham a liderança necessária para tornar eficaz um negócio maior. Eram proprietários eficientes de um só restaurante. Sabiam administrar um negócio, criar sistemas eficientes, reduzir custos e aumentar os lucros. Eles eram gerentes eficientes. Mas não eram líderes. O mecanismo de raciocínio deles estabelecia um limite para o que podiam fazer e conseguir. No auge do sucesso, Dick e Maurice se chocaram contra a lei do limite.

A parceria dos irmãos com um líder

Em 1954, os irmãos encontraram Ray Kroc, um líder. Kroc administrava a pequena empresa que fundara para vender máquinas de *milk-shake*. Ele conhecia o McDonald's. O restaurante era um de seus melhores clientes. E assim que visitou a loja, percebeu seu potencial. Ele conseguia imaginar o restaurante se espalhando pelo país em centenas de mercados. Logo fechou um acordo com Dick e Maurice e, em 1955, criou a McDonald's Systems, Inc. (posteriormente transformada em McDonald's Corporation).

Kroc imediatamente comprou os direitos a uma franquia para utilizá-la como modelo e protótipo. Ele a usaria para vencer outras franquias. A seguir, começou a montar uma equipe e a criar uma organização que faria do McDonald's um negócio nacional. Ele recrutou e contratou as melhores pessoas que encontrou, e, à medida que a equipe crescia em tamanho e capacidade, seu pessoal recrutou outras pessoas com capacidade de liderança.

Nos primeiros anos, Kroc se sacrificou muito. Embora tivesse mais de 50 anos de idade, trabalhava muito, tanto quanto fizera ao começar seu negócio, trinta anos antes. Ele eliminou muitos luxos pessoais, incluindo a filiação ao clube, a que, depois, ele disse ter acrescentado dez tacadas ao seu jogo de golfe. Nos oito primeiros anos com o McDonald's, ele não recebeu salário. Não só isso, mas também fez empréstimos pessoais no banco, garantidos por um seguro de vida, para ajudar a cobrir os salários de alguns poucos líderes fundamentais que ele queria na sua equipe. Seu sacrifício e sua liderança foram recompensados. Em 1961, pela quantia de 2,7 milhões de dólares, Kroc comprou os direitos exclusivos do McDonald's dos irmãos e o transformou em uma instituição americana e um negócio mundial. O "limite" da vida e da liderança de Ray Kroc obviamente era muito mais alto que o de seus antecessores.

No período em que Dick e Maurice McDonald tentaram franquear seu sistema de serviço, conseguiram vender o conceito para apenas 15 compradores, dos quais apenas 10 acabaram abrindo restaurantes. E, mesmo com um negócio desse tamanho, sua liderança e sua visão limitadas eram um empecilho. Quando, por exemplo, seu primeiro franqueado, Neil Fox, de Phoenix, disse aos irmãos que queria chamar seu restaurante de McDonald's, a resposta de Dick foi: "Por quê? McDonald's não significa nada em Phoenix."

Já o limite de liderança da vida de Ray Kroc era muito mais alto. Entre 1955 e 1959, Kroc conseguiu abrir 100 restaurantes. Quatro anos depois, havia 500 McDonald's. Hoje a empresa abriu mais de 31 mil restaurantes em 119 países.[1] A capacidade de liderança — ou mais especificamente a falta de capacidade de liderança — foi o limite para a eficácia dos irmãos McDonald.

Sucesso sem liderança

Acredito que o sucesso está ao alcance de quase todo mundo. Mas também acredito que o sucesso pessoal sem capacidade de liderança tem eficácia limitada. Sem capacidade de liderança, o impacto da pessoa é apenas uma parcela do que poderia ser com uma boa liderança. Quanto mais alto você quer chegar, mais precisa de liderança. Quanto maior o impacto que pretende ter, maior precisa ser sua influência. O que você realiza é determinado por sua capacidade de liderar os outros.

> Quanto mais alto você quer chegar, mais precisa de liderança. Quanto maior o impacto que pretende ter, maior precisa ser sua influência.

Deixe-me mostrar o que quero dizer. Digamos que no que se refere a sucesso, você tem 8 (em uma escala de 1 a 10). Isso é bastante bom. Acho que é seguro dizer que os irmãos McDonald estavam nessa faixa. Mas digamos que você não dê atenção à liderança. Você não se preocupa com isso e não se esforça para se desenvolver como líder. Você, portanto, opera em 1, na escala de 1 a 10. Seu grau de eficácia seria algo assim:

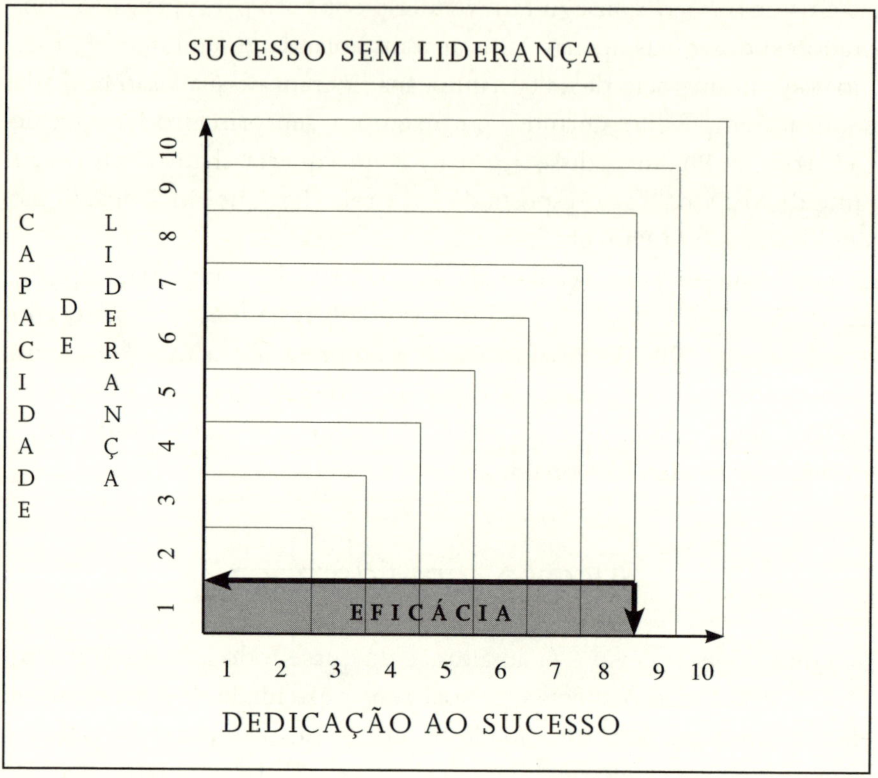

Para aumentar seu grau de eficácia, você tem duas opções. Pode trabalhar arduamente para aumentar sua dedicação ao sucesso e à excelência — trabalhar para se tornar 10. É possível que você consiga chegar a esse grau, embora a lei da diminuição do retorno diga que o esforço necessário para aumentar os dois últimos pontos exigiria mais energia do que o necessário para os oito primeiros. Se você realmente se matar, poderá aumentar seu sucesso nesses 25%.

Mas você tem outra escolha. Pode trabalhar duro para aumentar seu grau de *liderança*. Digamos que sua capacidade natural de liderança seja 4 — ligeiramente abaixo da média. Apenas ao se valer de qualquer talento que Deus lhe tenha dado, isso já aumentará sua eficácia em 300%. Mas digamos que você realmente se torne um estudioso de liderança e maximize seu potencial. E consiga chegar até 7. Visualmente, o resultado seria assim:

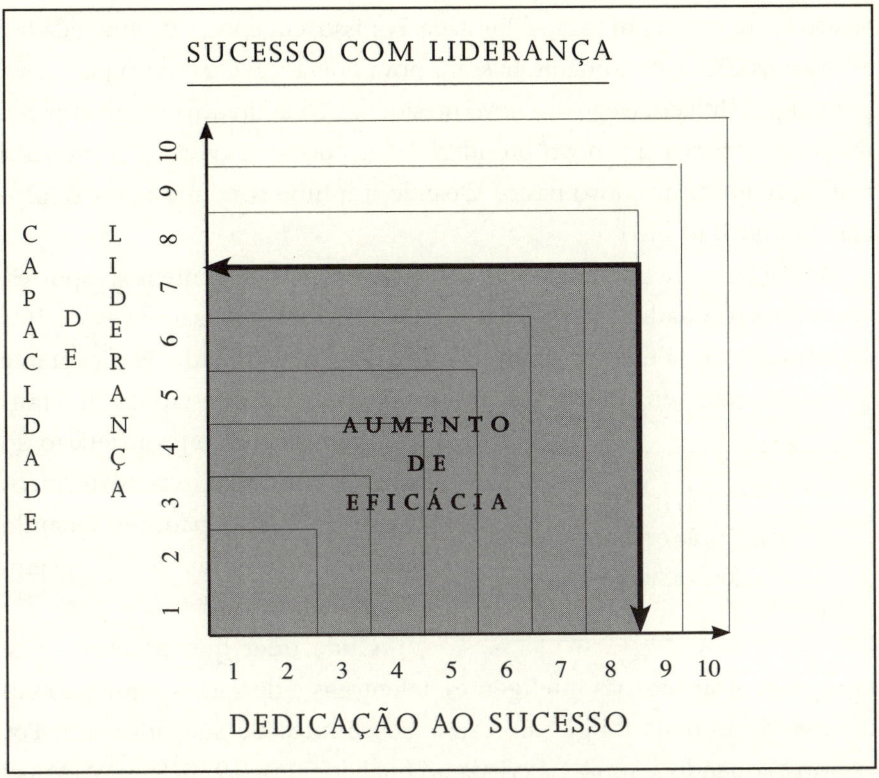

Você, ao elevar sua capacidade de liderança — sem aumentar sua dedicação ao sucesso —, pode aumentar sua eficácia original em 600%. Liderança tem um efeito multiplicador. Vi esse impacto repetidamente em todos os tipos de negócios e em organizações sem fins lucrativos. E, por isso, dou aulas de liderança há mais de trinta anos.

Para mudar o rumo da organização, mude o líder

A capacidade de liderança sempre é o limite da eficácia pessoal e da organização. Se a liderança de uma pessoa é grande, o limite da organização é alto. Se não é, então a organização é limitada. Por isso, em épocas de dificuldades, as organizações naturalmente buscam nova liderança. Quando o país passa por tempos difíceis, elege um novo presidente. Quando uma empresa perde dinheiro, contrata um novo presidente. Quando uma igreja está prestes a naufragar, busca um novo pastor. Quando um time continua a perder, procura um novo técnico.

A relação entre liderança e eficácia é talvez mais evidente nos esportes, em que os resultados são imediatos e óbvios. Em organizações esportivas profissionais, o talento na equipe raramente é questionado. Praticamente todos os times têm jogadores muito talentosos. A questão é a liderança. Começa com o proprietário do time e continua com os técnicos e os principais jogadores. Quando equipes talentosas não vencem, estude a liderança.

> A eficácia pessoal e da organização é proporcional à força da liderança.

Onde quer que procure, você pode encontrar pessoas inteligentes, talentosas e de sucesso que não são capazes de ir mais longe por causa dos limites de sua liderança. Por exemplo: quando a Apple foi criada no final dos anos 1970, Steve Wozniak era o cérebro por trás do computador Apple. Seu limite de liderança era baixo, mas esse não era o caso do seu sócio, Steve Jobs. Seu limite era tão alto que ele construiu uma organização de primeira classe que passou a ter um valor de nove dígitos. Esse é o impacto da lei do limite.

Nos anos 1980, conheci Don Stephenson, presidente do conselho da Global Hospitality Resources, Inc., de San Diego, Califórnia, uma empresa internacional de orientação e consultoria em hotelaria. Durante o almoço, perguntei a ele sobre sua organização. Hoje, ele faz principalmente consultoria, mas, na época, sua empresa assumia a administração de hotéis e estâncias em dificuldades financeiras. Sua empresa administrava instalações excelentes, como La Costa, no sul da Califórnia.

Don disse que sempre que seu pessoal assumia o controle de uma organização, começava fazendo duas coisas. Primeiro, treinava a equipe para melhorar o atendimento ao cliente e, depois, demitia o líder. Quando ele disse isso, fiquei surpreso.

— Vocês sempre o demitem? Todas as vezes?

— Exatamente. Todas as vezes.

— Vocês não falam com ele antes para descobrir se ele é um bom líder?

— Não. Se ele fosse um bom líder, a organização não estaria a bagunça que está.

E pensei comigo mesmo: *Claro, é a lei do limite. Para atingir o grau mais alto de eficácia, você precisa elevar o limite — de uma forma ou de outra.*

A boa notícia é que se livrar do líder não é o único caminho. Assim como ensino, em minhas conferências, que há um limite, também ensino que você pode elevá-lo — mas isso é tema de outra lei da liderança.

APLICAR A LEI DO LIMITE À SUA VIDA

1 — Relacione alguns dos seus principais objetivos. (Tente se concentrar em objetivos relevantes — coisas que demandarão um ano ou mais. Relacione pelo menos cinco, porém não mais de dez itens). Agora identifique quais exigirão a participação ou a cooperação de outras pessoas. Para essas atividades, sua capacidade de liderança terá grande impacto em sua eficácia.

2 — Avalie sua capacidade de liderança. Veja a avaliação de liderança no Apêndice A, no final deste livro para ter uma idéia de sua capacidade básica de liderança.

3 — Peça a outras pessoas que classifiquem sua liderança. Fale com seu chefe, seu cônjuge, dois colegas (com o mesmo grau que o seu), e três pessoas que você lidera sobre sua capacidade de liderança. Peça que elas o classifiquem em uma escala de 1 (baixo) a 10 (alto) em cada um dos seguintes aspectos:

- Habilidade com as pessoas
- Planejamento e pensamento estratégico
- Visão
- Resultados

Faça a média dos resultados e os compare com sua própria avaliação. Com base nessas avaliações, sua capacidade de liderança está melhor ou pior do que você esperava? Se há uma diferença entre sua avaliação e a dos outros, qual você acha que é a razão para isso? O quanto você está disposto a crescer na área da liderança?

CAPÍTULO DOIS

A LEI DA INFLUÊNCIA

A verdadeira medida da liderança é a influência — nada mais, nada menos

Como são os líderes? Eles *sempre* parecem poderosos, admiráveis, carismáticos? E como *avaliar* a eficácia de um líder? É possível colocar duas pessoas uma ao lado da outra e, instantaneamente, dizer qual é o melhor líder? Essas são perguntas que as pessoas fazem há centenas de anos.

Um dos líderes mais eficazes do final do século XX, decididamente, não era admirável à primeira vista. Quando a maioria das pessoas pensa em Madre Teresa, vê uma mulherzinha frágil, dedicada a servir aos miseráveis. Ela foi isso. Mas também foi uma grande líder. Digo isso porque ela exerceu admirável influência sobre os outros. E se você não tem influência, *nunca* conseguirá liderar os outros.

Pequena estatura — grande impacto

Lucinda Vardey, que trabalhou com Madre Teresa no livro *The Simple Path* [*O caminho da simplicidade*], descreveu a freira como a "quinta-essência da empreendedora enérgica que identificou uma necessidade e fez algo em relação a isso, criou uma organização contra todas as probabilidades, formulou seus princípios e criou filiais em todo o mundo".

A organização fundada e comandada por Madre Teresa chama-se Missionárias da Caridade. Enquanto outras ordens da Igreja Católica estão em queda, a dela cresce rapidamente, tendo chegado a 4 mil membros, quando ela era viva (sem contar os numerosos voluntários). Sob seu comando, seus seguidores atuaram em 25 países de cinco continentes. Apenas em Calcutá, ela criou um lar para crianças, um centro para leprosos, uma casa para moribundos e miseráveis e uma casa para tuberculosos e portadores de doenças mentais. A construção de uma organização como essa só pode ser conseguida por um verdadeiro líder.

O impacto de Madre Teresa se estendeu muito além de seu ambiente próximo. Pessoas de todas as origens e de países de todo o mundo a respeitavam, e quando ela falava as pessoas ouviam. A escritora Peggy Noonan, que já foi responsável pela redação de discursos presidenciais, escreveu sobre um discurso que Madre Teresa fez no National Prayer Breakfast [Café da manhã de oração nacional] de 1994. Ele exemplifica o grau de influência dessa mulher de aparência frágil sobre os outros. Noonan observou:

> O *establishment* de Washington estava lá, além de alguns milhares de cristãos, católicos ortodoxos e judeus. Madre Teresa falou sobre Deus, o amor e as famílias. Ela disse que devemos amar uns aos outros e cuidar uns dos outros. Houve muitos murmúrios de concordância.
>
> Mas, depois, o discurso se tornou mais duro. Ela falou de pais infelizes largados em asilos onde "sofrem por terem sido esquecidos". Ela perguntou: "Estamos dispostos a doar a nós mesmos e enfrentar o sofrimento para estarmos com nossa família ou colocamos nossos interesses pessoais em primeiro lugar?"
>
> Na platéia, os filhos da geração próspera dos Estados Unidos começaram a se remexer nas cadeiras. A seguir, ela continuou: "Acho que a maior ameaça à paz hoje é o aborto — disse ela, e explicou a razão para isso, em termos claros."
>
> Por cerca de 1,3 segundo, houve silêncio, depois os aplausos encheram a sala. Mas nem todos aplaudiram. O presidente e a primeira dama [Bill e Hillary Clinton], o vice-presidente e sra. Gore pareciam estátuas de cera sentadas no museu de Madame Tussaud,

pois não moveram um músculo sequer. Madre Teresa não parou por aí. Ao terminar, não havia praticamente ninguém que ela não tivesse ofendido.[1]

Naquela época, se qualquer outra pessoa no mundo tivesse feito aquelas afirmações, as reações das pessoas certamente seriam hostis. Haveria vaias e assobios ou muitos sairiam da sala. Mas quem falava era Madre Teresa. Provavelmente, ela era a pessoa mais respeitada do planeta na época. Assim, todos ouviram o que ela tinha a dizer, embora muitos deles discordassem daquilo de forma veemente. De fato, sempre que Madre Teresa falava, as pessoas escutavam. Por quê? Ela era uma verdadeira líder, e quando o verdadeiro líder fala, as pessoas escutam. Liderança é influência — nada mais, nada menos.

Liderança não é...

A liderança é muitas vezes mal compreendida. Quando as pessoas sabem que alguém tem um título admirável ou uma posição de liderança, supõem que aquela pessoa é um líder. *Algumas vezes*, isso é verdade. Mas os títulos não têm muita importância no que diz respeito a liderar.

A verdadeira liderança não pode ser concedida, indicada ou atribuída. Ela é fruto unicamente da influência, e isso não pode ser dado. Precisa ser conquistado. A única coisa que um título pode comprar é um pouco de tempo — para aumentar seu grau de influência sobre os outros ou para diminuí-lo.

Cinco mitos sobre a liderança

As pessoas têm muitos conceitos equivocados e mitos sobre líderes e liderança. Eis os cinco mais comuns:

1 — *O mito do gerenciamento*

Uma confusão comum é a de que liderança e gerenciamento são a mesma coisa. Até poucos anos atrás, livros que afirmavam ser sobre liderança, na verdade eram, com freqüência, sobre gerenciamento. A principal diferença é que liderança diz respeito a influenciar pessoas para que o sigam, enquanto gerenciamento se refere à concentração na manutenção de sistemas e processos. Como comentou ironicamente o ex-presidente do conselho e presidente da Chrysler Lee Iacocca: "Às vezes, o melhor gerente pode, até mesmo, ser como o garotinho que sai para passear com seu cachorro grande, mas espera para ver aonde o animal quer ir para poder levá-lo até lá."

> A única coisa que um título pode comprar é um pouco de tempo — para aumentar seu grau de influência sobre os outros ou para diminuí-lo.

A melhor forma de verificar se uma pessoa pode liderar, em vez de apenas gerenciar, é pedir que ela crie uma mudança positiva. Gerentes podem manter um rumo, mas, via de regra, não conseguem mudá-lo. Sistemas e processos também não conseguem isso. Para colocar as pessoas em uma nova direção, você precisa de influência.

2 — *O mito do empreendedor*

As pessoas, muitas vezes, supõem que todos os empreendedores são líderes. Mas nem sempre é assim. Os empreendedores são hábeis em identificar oportunidades e aproveitá-las. Eles identificam necessidades e compreendem como atendê-las de um modo que gere lucro. Mas nem todos eles são bons no trato com as pessoas. Muitos descobrem a necessidade de se associar com alguém habilidoso na parcela referente ao trato com as pessoas da equação. Se eles não conseguem influenciar pessoas, então não conseguem liderar.

3 — *O mito do conhecimento*

Sir Francis Bacon afirmou: "Conhecimento é poder." Se você acredita que o poder é a essência da liderança, talvez, então suponha, naturalmente, que aqueles que têm conhecimento e inteligência são, por conseguinte, líderes. Isso não é necessariamente verdade. Você pode ir a qualquer grande universidade e conhecer brilhantes cientistas, pesquisadores e filósofos cuja capacidade de pensar é tão alta que está fora dos parâmetros normais, mas cuja capacidade de liderar é tão baixa que sequer chega a ser visualizada nos parâmetros. Nem QI nem escolaridade necessariamente equivalem a liderança.

4 — *O mito do pioneiro*

Outro equívoco é o de que qualquer um que esteja à frente da multidão é um líder. Mas ser o primeiro nem sempre é o mesmo que liderar. Por exemplo: sir Edmund Hillary foi o primeiro homem a chegar ao cume do monte Everest. Desde sua escalada histórica em 1953, centenas de pessoas o "seguiram" para realizar o feito. Mas isso não faz de Hillary um líder. Ele sequer era o líder oficial da expedição quando chegou ao cume. O líder era John Hunt. E quando Hillary viajou para o Pólo Sul, em 1958, como parte da Expedição Trans-Antártica da Commonwealth, estava acompanhando outro líder, sir Vivian Fuchs. Para ser líder, a pessoa precisa não apenas estar na frente, mas também ter pessoas, por livre e espontânea vontade, indo atrás dela, seguindo sua liderança e agindo a partir de sua visão. Definir tendências não é o mesmo que liderar.

5 — *O mito da posição*

Como já foi dito, o grande mal-entendido em relação à liderança é que as pessoas a consideram baseada na posição, mas não é. Pense no que aconteceu há alguns anos na Cordiant, a agência de publicidade antes conhecida como Saatchi & Saatchi. Em 1994, investidores institucionais da Saatchi & Saatchi obrigaram o conselho de diretores a demitir Maurice Saatchi, o presidente da empresa. Qual foi o resultado? Vários executivos o acompanharam em sua saída. Assim como muitas das maiores contas da empresa, incluindo British Airways e Mars, a fabricante de doces. A influência de Saatchi era tão grande que sua partida fez com que o valor das ações da empresa caísse imediatamente de 8 dólares e 5⁄8 para 4 dólares.[2] O que aconteceu foi resultado da lei da influência. Saatchi perdeu o título e a posição, mas continuou a ser o líder. Stanley Huffty afirmou: "Não é a posição que faz o líder; é o líder que faz a posição."

Não é a posição que faz o líder;
é o líder que faz a posição.
Stanley Huffty

Quem é o verdadeiro líder?

Há muitos anos havia um programa de televisão chamado *To Tell the Truth* [*Falar a verdade*]. Ele funcionava assim: no começo do programa, três participantes diziam ser a mesma pessoa. Um deles estava dizendo a verdade; os outros dois eram atores. Um júri de celebridades fazia perguntas às três pessoas, e, por fim, cada um dos jurados dava sua opinião sobre quem dizia a verdade. Muitas vezes os atores blefavam tão bem a ponto de enganar os jurados e a platéia.

Para identificar um verdadeiro líder, a tarefa pode ser muito mais fácil. Não dê atenção às alegações da pessoa de que ela é o líder. Não estude suas credenciais. Não confira seu título. Confira sua influência. A prova da influência está nos seguidores.

Aprendi a lei da influência quando aceitei meu primeiro emprego ao sair da faculdade. Eu tinha todas as credenciais necessárias. Tinha a formação universitária apropriada. Conhecia muito o trabalho por causa do treinamento que meu pai me dera. Tinha a posição e o título de líder na organização. Era um currículo bastante bom, mas isso não fez de mim um verdadeiro líder. Em minha primeira reunião de diretoria, logo descobri quem era o verdadeiro líder — um fazendeiro, Claude. Quando ele falava, as pessoas escutavam. Quando ele dava uma sugestão, as pessoas a respeitavam. Quando ele liderava, os outros o seguiam. Se eu quisesse ter impacto, teria de influenciar Claude. Ele, por sua vez, influenciaria todos os outros. Era a lei da influência em ação.

> A prova da influência está nos seguidores.

Liderança é...

A verdadeira medida da liderança é a influência — nada mais, nada menos. A ex-primeira-ministra britânica Margaret Thatcher observou: "Estar no poder é como ser uma dama. Se você precisa dizer às pessoas que é, então você não é."

Se você observar a dinâmica que há entre as pessoas em quase todos os setores da vida, verá algumas pessoas liderando e outras seguindo, como também perceberá que, com freqüência, posição e título têm pouca relação com quem realmente está no comando.

Assim, por que alguns indivíduos surgem como líderes enquanto outros, por mais que tentem, não conseguem influenciar ninguém? Acho que há diversos fatores em ação:

CARÁTER — QUEM ELES SÃO

A verdadeira liderança sempre começa dentro da pessoa. Por isso, uma pessoa como Billy Graham consegue atrair cada vez mais seguidores com o passar do tempo. As pessoas conseguem sentir a profundidade do seu caráter.

RELACIONAMENTOS — QUEM ELES CONHECEM

Você só é líder se tem seguidores, e isso sempre exige o estabelecimento de relações — quanto mais profundo o relacionamento, mais forte o potencial de liderança. Em minha carreira, sempre que eu cheguei a uma nova posição de liderança, imediatamente comecei a construir relacionamentos. Construa os tipos certos de relacionamento com as pessoas certas em volume suficiente e poderá se tornar o verdadeiro líder de uma organização.

CONHECIMENTO — O QUE ELES SABEM

A informação é vital para um líder. Você necessita de uma noção dos fatos, uma compreensão da dinâmica dos fatores e do momento e de uma visão do futuro. O conhecimento, por si só, não faz de ninguém um líder, mas sem conhecimento ninguém pode assumir a liderança. Sempre que eu ingressava em uma organização, passava muito tempo fazendo meu dever de casa antes de tentar assumir a liderança.

INTUIÇÃO — O QUE ELES SENTEM

A liderança demanda mais do que apenas controle da informação. Demanda a capacidade de lidar com várias questões intangíveis. De fato, muitas vezes, essa é uma das principais diferenças entre gerentes e líderes. Líderes buscam reconhecer e influenciar questões intangíveis como energia, moral, oportunidade e impulso.

EXPERIÊNCIA — ONDE ELES ESTIVERAM

Quanto maiores foram os desafios que você enfrentou no passado como líder, mais provavelmente os seguidores darão uma chance a você no presente. A experiência não é garantia de credibilidade, mas ela encoraja as pessoas a dar a você uma oportunidade de provar que é capaz.

SUCESSO ANTERIOR — O QUE ELES FIZERAM

Nada apela mais aos seguidores que um bom histórico. Quando ocupei minha primeira posição de liderança, não tinha um histórico. Não podia apontar sucessos do passado para levar as pessoas a acreditar em mim. Mas, no momento em que assumi a segunda posição, já tinha um histórico positivo. Sempre que me expunha, assumia um risco e saía vitorioso, os seguidores tinham outro motivo para confiar em minha capacidade de liderança — e a escutar o que tinha a dizer.

CAPACIDADE — O QUE ELES PODEM FAZER

O importante para os seguidores é aquilo de que um líder é capaz. As pessoas querem saber se aquele indivíduo é capaz de levar a equipe à vitória. Afinal, é por isso que as pessoas o escutam e o reconhecem como seu líder. Assim que elas deixam de acreditar que você é capaz de conduzi-las à vitória, param de escutar e de seguir.

LIDERANÇA SEM PODER

Eu admiro e respeito a liderança de meu grande amigo Bill Hybels, pastor fundador da Willow Creek Community Church em South Barrington, Illinois, uma das maiores igrejas dos Estados Unidos. Bill acredita que a igreja é o empreendimento que mais demanda liderança em toda a sociedade. Muitos empresários ficam surpresos quando ouvem essa afirmação, mas eu acho que Bill está certo. No que ele baseia sua crença? A liderança por posição freqüentemente não funciona em organizações voluntárias em que não há poder. Em outras organizações, a pessoa que ocupa uma posição tem um poder inacreditável. Nas forças armadas, os líderes podem se valer do posto e, se tudo o mais falhar, jogar as pessoas na cadeia. Nas empresas, os chefes tem um enorme poder na forma de salário, benefícios e privilégios. A maioria dos seguidores é bastante cooperativa quando sua sobrevivência está em jogo.

Mas, em organizações voluntárias, o que funciona é liderança em sua forma mais pura: influência. O psicólogo Harry A. Overstreet observou: "A verdadeira essência de todo o poder de influenciar está em levar a outra pessoa a participar."

> A verdadeira essência de todo o poder de influenciar está em levar a outra pessoa a participar.
> Harry A. Overstreet

Seguidores em organizações voluntárias não podem ser arrastados a bordo. Se o líder não tem influência sobre eles, eles não o seguirão.

Recentemente, em uma reunião na qual falava a um grupo de presidentes e superintendentes de empresas, um dos participantes pediu conselhos sobre como identificar os melhores líderes em sua organização. Meu conselho foi pedir aos candidatos que liderassem uma organização voluntária durante seis meses. Se aqueles líderes, embora não ocupassem um cargo de poder nessa organização, conseguissem levar as pessoas a segui-los — ao recrutar funcionários para trabalho voluntário, ao fazer serviços à comunidade, ao trabalhar com a organização não-governamental United Way, e assim por diante —, seria possível saber se eles conseguem influenciar os outros. Essa é a marca da verdadeira capacidade de liderança.

De comandante a soldado e a comandante-em-chefe

Uma de minhas histórias prediletas que ilustra a lei da influência é a de Abraham Lincoln. Em 1832, décadas antes de se tornar presidente, o jovem Lincoln reuniu um grupo de homens para combater na guerra contra os índios de Black Hawk. Naquela época, a pessoa que formava uma companhia voluntária para a milícia se tornava, com freqüência, seu líder e assumia uma patente de comandante. Naquela oportunidade, Lincoln recebeu a patente de capitão. Mas Lincoln tinha um problema: ele não sabia nada sobre questões militares. Ele não tinha experiência militar anterior e desconhecia todas as táticas. Ele tinha dificuldade em se lembrar dos procedimentos militares mais simples.

Por exemplo: certo dia, Lincoln estava comandando a marcha de um grupo de 24 homens por um campo e precisava guiá-los através de um portão até outro campo. Mas ele não conseguiu fazer isso. Mais tarde, relembrando o incidente, Lincoln disse: "Não conseguia lembrar de modo algum da voz de comando correta para fazer minha companhia ir de um lado para o outro. Finalmente, quando chegamos perto [do portão], gritei: Esta companhia está dispensada por dois minutos, depois dos quais se reagrupará do outro lado do portão."[3]

Com o passar do tempo, o grau de influência de Lincoln sobre os outros na milícia *diminuiu*. Enquanto outros oficiais mostravam seu valor e subiam de posto, Lincoln seguiu na direção oposta. Ele começou como capitão, mas *o título e a posição* não lhe valeram de nada. Ele não conseguiu superar a lei da influência. No final de seu serviço militar, Abraham Lincoln encontrou seu lugar certo, conseguiu a patente de soldado.

No final de seu serviço militar, Abraham Lincoln encontrou seu lugar certo, conseguiu a patente de soldado.

Felizmente para Lincoln — e para o destino dos Estados Unidos — ele superou sua incapacidade de influenciar os outros. Depois de seu período nas forças armadas, Lincoln teve passagens sem brilho pelo legislativo de Illinois e pela Câmara de Deputados dos Estados Unidos. Mas, com o tempo, muito esforço e experiência pessoal, ele se tornou uma pessoa de notável influência e causou grande impacto, tornando-se um dos melhores presidentes do país.

Adoro o provérbio de liderança que declara: "Aquele que acha que lidera, mas não tem seguidores, está apenas dando um passeio." Se você não conseguir influenciar as pessoas, então elas não o seguirão. E se as pessoas não o seguirem, você não é líder. É a lei da influência. Não importa o que as outras pessoas digam, lembre-se de que liderança é influência — nada mais, nada menos.

Aplicar a lei da influência à sua vida

1 — Quais dos mitos deste capítulo você já aceitou no passado: gerenciamento, empreendedor, conhecimento, pioneiro ou posição? Por que você foi suscetível a esse mito? O que isso diz sobre sua percepção da liderança até agora? O que você precisa mudar em seu modo de pensar para estar mais disposto a melhorar sua liderança no futuro?

2 — No que você normalmente se baseia para convencer as pessoas a segui-lo? Faça uma auto-avaliação, em uma escala de 1 a 10, com cada um dos sete aspectos relacionados no capítulo (1 quer dizer que esse não é um bom quesito, enquanto 10 quer dizer que você confia nele sempre):

- Relacionamentos — Quem você conhece
- Conhecimento — O que você sabe
- Intuição — O que você sente
- Experiência — Onde você esteve
- Sucesso anterior — O que você fez
- Capacidade — O que você pode fazer

Como você pode otimizar ou utilizar melhor aqueles quesitos em que as notas são baixas?

3 — Encontre uma organização na qual trabalhar como voluntário. Escolha algo em que acredite — por exemplo, uma escola, sopa para os pobres, projetos comunitários — para oferecer seu tempo e energia. Se você acredita que tem capacidade de liderança, tente liderar. Assim, aprenderá a liderar por intermédio da influência.

CAPÍTULO TRÊS

A LEI DO PROCESSO

A liderança se desenvolve diariamente, não em um dia

Anne Scheiber, quando morreu em janeiro de 1995, tinha 101 anos de idade. Durante anos ela viveu em um pequeno apartamento alugado, bastante deteriorado, em Manhattan. A tinta das paredes estava descascando, e as antigas estantes de livros que cobriam as paredes tinham uma camada de poeira. O aluguel era de quatrocentos dólares por mês.

Scheiber vivia do Seguro Social e de uma pequena pensão mensal que tinha começado a receber em 1943, ao se aposentar como auditora do Internal Revenue Service (IRS), órgão estado-unidense similar a nossa Receita Federal. Profissionalmente, ela não se saíra muito bem no IRS. Para ser mais preciso, o órgão não fora muito correto com ela. Apesar de formada em Direito e de fazer um ótimo trabalho, ela nunca fora promovida. E, ao se aposentar aos 51 anos de idade, recebia apenas 3.150 dólares por ano.

"Ela foi tratada de uma forma muito mesquinha, disse Benjamin Clark, que a conhecia muito bem. — Ela realmente teve de se defender sozinha, de todas as formas. Realmente foi uma grande luta.

Scheiber era um modelo de parcimônia. Ela não gastava dinheiro consigo. Ela não comprou novos móveis quando os velhos estragaram. Ela sequer assinava um jornal. Uma vez por semana, ela ia à biblioteca pública ler o *Wall Street Journal*.

Caído do céu!

Imagine a surpresa de Norman Lamm, presidente da Universidade Yeshiva de Nova York ao descobrir que Anne Scheiber, uma senhora pequena cujo nome ele nunca ouvira — e que nunca freqüentara a Yeshiva — deixara quase que toda a sua herança para a universidade.

"Quando vi o testamento, fiquei perturbado, era algo caído do céu", disse Lamm para, em seguida, acrescentar: "A mulher se tornou uma lenda da noite para o dia."

A herança que Anne Scheiber deixou para a Universidade Yeshiva era de 22 milhões de dólares![1]

Como uma solteirona aposentada havia 50 anos conseguira reunir uma fortuna de oito dígitos? A resposta era que ela fizera isso um dia após o outro.

Ao se aposentar do órgão governamental IRS, em 1943, Anne Scheiber conseguiu poupar 5 mil dólares. Ela investiu o dinheiro em ações. Em 1950, conseguiu lucro suficiente para comprar mil cotas da Schering-Plough Corporation, na época valendo 10 mil dólares. E ela manteve as ações, deixando o valor aumentar. Na época de sua morte, aquelas cotas originais foram multiplicadas até se tornarem 128 mil cotas, valendo 7,5 milhões.[2]

O segredo do sucesso de Scheiber foi que ela passou a maior parte de sua vida construindo seu valor. Não importava se o valor das suas ações subia ou caía, ela não as vendeu, pensando: *Já me estabeleci, é hora de recolher o lucro*. Ela fizera investimento a longo prazo, *realmente* longo. Quando ela recebia dividendos — que continuavam a aumentar —, reinvestia em novas ações. Ela passou toda a sua vida construindo. Enquanto outros idosos temiam ficar sem recursos no final da vida, quanto mais ela vivia, mais rica ficava. No que dizia respeito a finanças, Scheiber compreendeu e aplicou a lei do processo.

Liderança é como investimento — gera dividendos

Tornar-se líder é muito como investir com sucesso no mercado de ações. Se sua esperança é fazer uma fortuna em um dia, não terá sucesso. Em desenvolvimento de liderança, não há "operadores de curto prazo" para o sucesso. O mais importante é aquilo que, a longo prazo, você faz dia após dia. Meu amigo Tag Short afirma: "O segredo do nosso sucesso está em nossa agenda diária."

Se você investe continuamente em desenvolvimento de liderança, deixando seu "patrimônio" render, o resultado inevitável é crescimento com o passar do tempo. O que você pode ver quando olha para a agenda de uma pessoa? Prioridades, paixão, capacidades, relacionamentos, atitude, disciplina pessoal, visão e influência. Veja o que uma pessoa faz todos os dias, dia após dia, e você saberá quem aquela pessoa é e o que ela está se tornando.

> Tornar-se um líder é muito como investir com sucesso no mercado de ações. Se sua esperança é fazer uma fortuna em um dia, não terá sucesso.

Quando dou lições de liderança em conferências, as pessoas inevitavelmente me perguntam se os líderes nascem líderes. Eu sempre respondo: "Sim, claro que nascem [...]. Eu nunca conheci um líder que não tivesse nascido. De que outro jeito você esperava que ele viesse ao mundo?"

Todos rimos, e, depois, respondo à verdadeira pergunta: se liderança é algo inato, ou não.

Embora seja verdade que algumas pessoas nascem com mais dons naturais que outras, a capacidade de liderar é, na verdade, uma coleção de habilidades, e quase todas podem ser aprendidas e aperfeiçoadas. Mas isso não acontece da noite para o dia. Liderança é algo complicado. Existem muitas facetas: respeito, experiência, força emocional, habilidade no trato com as pessoas, disciplina, visão, impulso, noção de tempo — a lista é interminável. Como você pode ver, muitos fatores que afetam a liderança são intangíveis. Por isso os líderes precisam de muita experiência para serem eficazes. Por essa razão acho que realmente comecei a compreender com clareza os muitos aspectos da liderança, apenas ao chegar aos 50 anos de idade.

Líderes são aprendizes

Em um estudo realizado com 90 grandes líderes em diversos campos, os especialistas em liderança Warren Bennis e Burt Nanus fizeram uma descoberta sobre a relação entre crescimento e liderança: "O que distingue os líderes dos seguidores é a capacidade de desenvolver e aperfeiçoar suas habilidades." Líderes de sucesso são aprendizes. E o processo de aprendizado é contínuo, resultado de disciplina pessoal e perseverança. O objetivo de cada dia deve ser um pouco melhor que o do dia anterior, assim é possível edificar a partir do progresso conquistado diariamente.

> É a capacidade de desenvolver e aperfeiçoar suas habilidades que distingue os líderes dos seguidores.
> Bennis E Nanus

O problema é que a maioria das pessoas superestima a importância dos acontecimentos e subestima o poder dos processos. Nós queremos resultados rápidos. Nós queremos o efeito multiplicador que Anne Scheiber conseguiu ao longo de 50 anos, mas nós o queremos em 50 minutos.

Não me entenda mal. Dou valor aos acontecimentos. Eles podem ser catalisadores eficazes. Mas se você quer uma melhoria duradoura, se você quer poder, então se baseie em um processo. Pense nas diferenças entre esse dois aspectos:

Um Acontecimento	Um Processo
Encoraja decisões	Encoraja desenvolvimento
Motiva as pessoas	Amadurece as pessoas
É uma questão de tempo	É uma questão de cultura
Desafia as pessoas	Muda as pessoas
É fácil	É difícil

Se eu precisar de inspiração para dar passos à frente, então irei a um acontecimento. Se quiser melhorar, então iniciarei um processo e me aterei a ele.

As fases do crescimento da liderança

Como é o processo de crescimento da liderança? É diferente de pessoa para pessoa. No entanto, tenha você grande capacidade natural de liderança ou não, seu desenvolvimento e sua evolução provavelmente ocorrerão segundo as cinco fases seguintes:

Fase 1: não sei o que não sei

Muitas pessoas não conseguem reconhecer o valor da liderança. Algumas não reconhecem sua importância. Outras acreditam que liderança é apenas para alguns poucos — para as pessoas no topo da pirâmide empresarial. Elas não têm idéia das oportunidades que perdem quando não aprendem a liderar. Isso foi algo que percebi quando um presidente de faculdade me confidenciou que apenas um punhado de estudantes se matriculara em um curso de liderança oferecido pela faculdade. Por quê? Apenas alguns deles se viam como líderes. Se eles compreendessem que liderança é influência, e que, ao longo de todos os dias, a maioria dos indivíduos normalmente tenta influenciar pelo menos quatro outras pessoas, isso poderia despertar seu desejo de aprender mais sobre o tema. Isso é uma pena, porque enquanto a pessoa não souber o que não sabe, não crescerá.

> Enquanto a pessoa não souber o que não sabe, não crescerá.

Fase 2: sei que preciso saber

Em algum momento da vida muitas pessoas se descobrem em uma posição de liderança, mas, quando olham ao redor, descobrem que ninguém as está seguindo. Quando isso acontece, nós nos damos conta de que precisamos *aprender* como liderar. E, claro, é quando o processo pode começar. O primeiro-ministro inglês Benjamin Disraeli comentou com sabedoria: "Estar consciente de que você ignora os fatos é um grande passo para o conhecimento."

Foi o que aconteceu comigo quando assumi minha primeira posição de liderança em 1969. Fora capitão de equipes esportivas, durante toda minha vida, e presidente do grêmio, na faculdade, portanto me considerava um líder. Mas, quando tentei liderar pessoas no mundo real, descobri esta terrível verdade: ser encarregado de algo não é o mesmo que ser líder.

FASE 3: SEI O QUE NÃO SEI

Durante algum tempo, lutei naquela primeira posição de liderança. Para ser honesto, confiei em minha excessiva energia e no carisma que talvez tivesse. Mas chegou o momento em que me dei conta de que liderança seria a chave para minha carreira profissional. Se eu não fosse melhor em liderança, minha carreira acabaria afundando e jamais atingiria as metas que estabelecera para mim. Felizmente, naquela época, tomei café da manhã com Kurt Kampmeir, da Success Motivation, Inc. Naquele encontro, ele fez uma pergunta que mudaria minha vida: "John, qual é o seu plano de crescimento pessoal?"

Procurei uma resposta e, finalmente, admiti que não saberia como responder a sua pergunta. Naquela noite, minha esposa Margaret e eu decidimos fazer um sacrifício financeiro para que eu pudesse participar do programa que Kurt oferecia. Era um passo refletido no sentido do crescimento. Desde aquele dia, passei a cultivar o hábito de ler livros, ouvir fitas e ir a palestras sobre liderança.

Na época em que me reuni com Kurt, também tive outra idéia: escrevi para os dez principais líderes da minha área e ofereci a eles cem dólares por meia hora do seu tempo para que eu pudesse lhes fazer perguntas. (Era uma bela quantia para mim na época.) Nos anos seguintes, Margaret e eu planejamos passar todas as férias nas regiões nas quais aquelas pessoas viviam. Se um grande líder em Cleveland respondera afirmativamente ao meu pedido, então, naquele ano, tiraríamos férias em Cleveland, para que eu pudesse me encontrar com ele. Não conseguiria explicar como essas experiências foram valiosas para mim. Aqueles líderes partilharam comigo conhecimentos que não adquiriria de outra forma.

FASE 4: PASSO A SABER E CRESÇO, E ISSO COMEÇA A FICAR CLARO

Quando você reconhece sua falta de habilidades e dá início à disciplina diária de crescimento pessoal, coisas empolgantes começam a acontecer.

Há vários anos, ensinava liderança para um grupo de pessoas em Denver e percebi, na multidão, um jovem de 19 anos de idade realmente atento. Seu nome era Brian. Durante dois dias, observei enquanto ele fazia anotações furiosamente. Observei-o interagindo com os outros. Conversei com ele algumas vezes nos intervalos. Quando cheguei à parte do seminário em que ensino a lei do processo, pedi a Brian que se levantasse para que eu pudesse falar com ele, e, desse modo, todos na platéia poderiam prestar atenção.

"Brian, tenho observado você e estou muito impressionado com sua sede de aprender, de compilar e de crescer. Quero contar um segredo que mudará sua vida", disse, e todos no auditório pareceram se inclinar para a frente.

> O segredo do sucesso na vida é o homem estar pronto para seu momento quando ele chegar
> Benjamin Disraeli

"Acredito que em cerca de vinte anos você será um grande líder. Quero encorajá-lo a aprender liderança durante toda a vida. Leia livros, ouça fitas regularmente e continue a participar de seminários. E sempre que se deparar com uma verdade, uma pepita de ouro, ou uma citação relevante, arquive-a para o futuro."

Não será fácil, mas em cinco anos você verá progresso, e sua influência aumentará. Em dez anos, você terá desenvolvido a competência que torna sua liderança altamente eficaz. E, em vinte anos, quando tiver apenas 39 anos de idade, se tiver continuado a aprender e a crescer, outros provavelmente começarão a pedir que você ensine liderança a eles. E alguns ficarão espantados. Eles olharão uns para os outros e perguntarão: 'Como ele ficou tão sábio de repente?'"

"Brian, você pode ser um grande líder, mas isso não acontecerá em um dia. Comece a pagar o preço hoje."

O que é verdade para Brian também é verdade para você. Comece a desenvolver sua liderança hoje e, algum dia, experimentará os efeitos da lei do processo.

Fase 5: avanço por causa do que sei

Quando você chega à fase quatro, é possível que já seja um líder bastante eficaz, mas ainda tem de pensar em cada passo que dá. Contudo, ao chegar à fase 5, sua capacidade de liderar se torna quase automática. Você desenvolve grandes instintos. E é quando o retorno é inacreditável. Mas a única forma de conseguir isso é obedecer à lei do processo e pagar o preço.

Para liderar amanhã, aprenda hoje

A liderança é desenvolvida diariamente, não em um só dia. Essa é a realidade determinada pela lei do processo. Benjamin Disraeli afirmou: "O segredo do sucesso na vida é o homem estar pronto para seu momento quando ele chegar." O que a pessoa faz de uma forma disciplinada e coerente a prepara para o sucesso, independentemente de sua meta.

Você pode ver o efeito da lei do processo em qualquer área. O jogador do *Hall* da Fama da NBA [Liga Profissional Norte-Americana de Basquete], Larry Bird, tornou-se um notável arremessador de três pontos por que fazia 500 arremessos todas as manhãs antes de ir para a escola. Demóstenes, da Grécia antiga, apesar de ter nascido com problemas de fala, tornou-se grande orador por recitar versos com pedrinhas na boca e falar acima do rugido das ondas do mar. Para se tornar um excelente líder, você precisa ter esse mesmo tipo de dedicação. É preciso dedicar-se a essa tarefa todos os dias.

Abrir caminho para o topo

Há um antigo ditado: campeões não se tornam campeões no ringue, eles apenas são reconhecidos ali. É verdade. Se você quer ver alguém se tornar um campeão, observe sua rotina diária. O ex-campeão dos pesos-pesados Joe Frazier declarou: "Você pode conceber um plano de luta ou um plano de vida. Mas, quando a luta começa, você depende dos seus reflexos. É nesse momento que o seu trabalho aparece. Se você enganou no início do treinamento matutino, vai ser descoberto sob os holofotes."[3]

> Campeões não se tornam campeões no ringue — eles apenas são reconhecidos ali.

O boxe é uma boa analogia para o desenvolvimento de liderança, porque ele diz respeito à preparação diária. Mesmo uma pessoa com talento natural precisa se preparar e treinar para se tornar vitoriosa.

Um dos maiores líderes dos Estados Unidos era fã de boxe: o presidente Theodore Roosevelt. De fato, uma de suas citações mais conhecidas faz uma analogia com o boxe.

> Não interessa o crítico, nem aquele que aponta como o homem forte vacilou, ou em que momento o outro poderia ter se saído melhor. O crédito deve ser dado ao homem que realmente está na arena, com o rosto marcado por poeira, suor e sangue; que luta bravamente, que comete, repetidas vezes, erros e falhas; que conhece os grandes entusiasmos, as grandes devoções e se entrega a uma causa que vale a pena; que, na melhor das hipóteses, no final conhece o triunfo de uma grande conquista; e que, na pior das hipóteses, quando fracassa, pelo menos fracassa ousando muito, portanto seu lugar nunca deve ser com aquelas almas frias e tímidas que não conhecem nem a vitória nem a derrota.

Roosevelt, ele mesmo boxeador, era um verdadeiro homem de ação. Ele não apenas foi um líder efetivo, mas também o mais exuberante de todos os presidentes americanos. Hugh Brogan, historiador britânico, descreveu-o como "o homem mais capaz a ocupar a Casa Branca desde Lincoln; o mais vigoroso desde Jackson; o mais culto desde Quincy Adams".

Um homem de ação

TR (apelido de Roosevelt) é lembrado como um sincero homem de ação que defendia uma vida vigorosa. Quando ocupou a Casa Branca, ele, regularmente, lutava boxe e judô, fazia cavalgadas difíceis e dava caminhadas longas e cansativas. Um embaixador francês que visitou Roosevelt costumava comentar a ocasião em que acompanhou o presidente em uma caminhada pela floresta. Quando os dois homens chegaram a um riacho profundo demais para ser cruzado a pé, TR tirou suas roupas e esperou que o dignitário fizesse o mesmo para que pudessem nadar até o outro lado. Nada era obstáculo para Roosevelt.

Em diferentes momentos da sua vida, Roosevelt foi vaqueiro no Oeste, explorador e caçador de grandes animais e oficial de cavalaria na guerra entre a Espanha e os Estados Unidos. Seu entusiasmo e sua energia pareciam inesgotáveis. Como candidato a vice-presidente em 1900, ele fez 673 discursos e viajou mais de 30 mil quilômetros fazendo campanha pelo presidente McKinley. E, anos após deixar a presidência, quando se preparava para fazer um discurso em Milwaukee, Roosevelt foi ferido em uma tentativa de assassinato. Com uma costela quebrada e uma bala no peito, insistiu em fazer seu discurso de uma hora de duração antes de ser levado para o hospital.

Roosevelt começou devagar

De todos os líderes que os Estados Unidos tiveram, Roosevelt foi um dos mais firmes — física e mentalmente. Mas ele não começou assim. O presidente-vaqueiro dos Estados Unidos nasceu em Manhattan, em uma família rica e importante. Quando criança, era franzino e tinha muitas doenças. Sofria de asma, tinha miopia e era extremamente magro. Seus pais não tinham certeza de que ele sobreviveria.

Quando ele tinha doze anos de idade, o pai do jovem Roosevelt disse-lhe: "Você tem a mente, mas não tem o corpo, e a mente, sem a ajuda do corpo, não consegue chegar até onde poderia. Você precisa *construir* o corpo." Ele seguiu o conselho de seu pai. Viveu de acordo com a lei do processo.

TR passou a dedicar uma parte do dia para estruturar seu corpo, assim como fazia com sua mente, e fez isso até o final da vida. Ele levantou peso, caminhou, patinou no gelo, caçou, remou, cavalgou e lutou boxe. Posteriormente, Roosevelt avaliou sua evolução, admitindo que quando criança era "nervoso e tímido". Mas acrescentou: "Por causa da leitura sobre as pessoas que eu admirava [...] e do meu pai, eu tinha grande admiração pelos homens destemidos que dominavam o mundo e desejava muito ser como eles."[4] Ao se formar em Harvard, TR *era* como eles e estava pronto para entrar no mundo da política.

O sucesso não chega da noite para o dia

Roosevelt também não se tornou um grande líder da noite para o dia. Seu caminho para a presidência foi de crescimento lento e contínuo. Enquanto ocupava diversas posições, de chefe de polícia de Nova York até presidente dos Estados Unidos, continuou a aprender e a crescer. Ele evoluiu e, com o tempo, tornou-se um líder notável. Mais uma prova de que ele viveu segundo a lei do processo.

A lista de realizações de Roosevelt é impressionante. Sob sua liderança, os Estados Unidos se tornaram uma potência mundial. Ajudou o país a criar uma marinha de primeira classe. Garantiu a construção do Canal do Panamá. Negociou a paz entre a Rússia e o Japão e, nesse processo, recebeu o Prêmio Nobel da Paz. E, quando as pessoas questionaram a liderança de TR — já que ele se tornara presidente com o assassinato de McKinley —, ele fez campanha e foi reeleito com a maior margem que qualquer presidente tinha conseguido até aquele momento.

Roosevelt sempre foi um homem de ação e, quando concluiu seu segundo mandato presidencial em 1909, viajou em seguida para a África, onde liderou uma expedição científica patrocinada pela Smithsonian Institution. Alguns anos mais tarde, em 1913, ele foi um dos líderes de um grupo que explorou o não-mapeado rio Roosevelt, também conhecido como rio da Dúvida, no Brasil. Era uma aventura enriquecedora que ele disse que não poderia perder. "Era minha última chance de ser garoto", admitiu mais tarde. Ele tinha 55 anos de idade.

No dia 6 de janeiro de 1919, Theodore Roosevelt morreu dormindo em sua casa em Nova York. O vice-presidente Marshall fez o seguinte comentário: "A morte teve de levá-lo durante o sono, pois, se Roosevelt estivesse acordado, teria havido uma briga."

Quando eles o retiraram da cama, encontraram um livro sob o travesseiro. Até o último momento, TR ainda se esforçava para aprender e evoluir. Ele ainda punha em prática a lei do processo.

Se você quiser ser líder, a boa notícia é que você pode conseguir isso. Todos têm potencial, mas isso não acontece da noite para o dia. Isso exige perseverança. E você não pode, de modo algum, ignorar a lei do processo. Liderança não é desenvolvida em um dia. Esse é um processo que se desenvolve durante toda a vida.

APLICAR A LEI DO PROCESSO À SUA VIDA

1 — Qual é seu programa de crescimento pessoal? Se você é como eu era quando Kurt Kampmeir fez essa pergunta, tem uma vaga intenção de crescer, embora ainda não tenha um plano específico. Conceba um plano. Recomendo que você leia um livro por mês, ouça pelo menos um CD, fita ou mensagem edificante por semana e assista a uma conferência por ano. Selecione antecipadamente o material necessário, reserve tempo para o crescimento em sua agenda e comece imediatamente. Se parecer difícil desenvolver um planejamento do zero, talvez você possa ler meu livro *Today Matters* [*O dia de hoje é importante*]. Ele inclui o plano de crescimento pessoal que usei durante anos.

2 — Uma coisa que distingue grandes líderes de bons líderes é o modo como eles investem naqueles que os seguem. Assim como você precisa de um plano para crescer, aqueles que trabalham para você também precisam disso. Você pode trabalhar com grupos de empregados por intermédio de livros, fazer cursos de treinamento, orientar as pessoas individualmente — tudo funciona. Basta fazer com que sua prioridade seja oferecer oportunidades de crescimento.

3 — Se você é o líder de uma empresa, de uma organização ou de um departamento, pode criar a cultura do crescimento. Quando as pessoas em sua área de influência sabem que crescimento e desenvolvimento de liderança são valorizados, apoiados e recompensados, isso estimula o crescimento. E o ambiente que você criou começará a atrair realizadores e pessoas com grande potencial.

CAPÍTULO QUATRO

A lei da navegação

Qualquer um pode conduzir o navio, mas é preciso um líder para estabelecer o rumo

Em 1911, dois grupos de exploradores partiram em uma missão inacreditável. Embora tenham utilizado estratégias e rotas diferentes, os líderes das equipes tinham o mesmo objetivo: ser o primeiro na história a chegar ao Pólo Sul. As histórias deles são exemplos de vida ou morte da lei da navegação.

Um grupo era liderado pelo explorador norueguês Roald Amundsen. Ironicamente, ele, de início, não pretendia ir à Antártida. Seu desejo era ser o primeiro homem a chegar ao pólo *Norte*. Mas quando descobriu que Robert Peary chegara lá antes dele, Amundsen mudou seu objetivo e seguiu para o outro extremo da Terra. Norte ou Sul — ele sabia que seu planejamento seria bem-sucedido.

Amundsen mapeou seu rumo cuidadosamente

Antes da partida de sua equipe, Amundsen planejara minuciosamente a viagem. Ele estudou os métodos dos esquimós e de outros experientes viajantes do Ártico e determinou que a melhor providência seria transportar todo o equipamento e todos os suprimentos em trenós puxados por cães. Ao montar sua equipe, ele escolheu esquiadores experientes e treinadores de cães. Sua estratégia era simples. Os cães fariam a maior parte do trabalho enquanto o grupo viajava de 24 a 32 quilômetros em um período de seis horas todos os dias. Isso daria aos cães e aos homens muito tempo de descanso diário antes da jornada do dia seguinte.

A premeditação e o cuidado de Amundsen com os detalhes foram inacreditáveis. Ele definiu depósitos e estocou suprimentos ao longo da rota planejada. Dessa forma eles não teriam de carregar todos os suprimentos com eles durante a viagem toda. Ele também equipou as pessoas com o melhor material disponível. Amundsen levara em conta todas as possibilidades da viagem, refletira sobre elas e fizera o planejamento em função disso. E ele foi bem-sucedido. O pior problema que eles tiveram na viagem foi um dente infeccionado que precisaram extrair de um dos homens.

Scott violou a lei da navegação

A outra equipe era liderada por Robert Falcon Scott, um oficial da marinha britânica que já fizera algumas explorações na região da Antártida. A expedição de Scott era a antítese daquela de Amundsen. Em vez de usar trenós puxados por cães, Scott escolheu usar trenós motorizados e pôneis. Seus problemas começaram quando os motores dos trenós pararam de funcionar após cinco dias somente. Os pôneis também não se saíram bem naquelas temperaturas geladas. Quando chegaram aos pés das montanhas Transantárticas, todos os pobres animais tiveram de ser sacrificados. Por conseguinte, os próprios membros da equipe tiveram de puxar os trenós de quase cem quilos. Foi um trabalho árduo.

Scott também não dera a devida atenção aos outros equipamentos da equipe. Suas roupas eram tão mal projetadas que todos os homens tiveram queimaduras por frio. Um dos membros da equipe precisava de uma hora todas as manhãs só para conseguir colocar as botas em seus pés inchados e gangrenados. Todos desenvolveram cegueira de neve por causa dos óculos inadequados que Scott fornecera a eles. Acima de tudo, a equipe sempre teve pouca comida e água. Isso também se devia às falhas de planejamento de Scott. Os depósitos de suprimentos que Scott criara eram inadequadamente abastecidos, muito distantes uns dos outros e, muitas vezes, mal identificados, o que tornava difícil localizá-los.

Como sempre tinham pouco combustível para derreter a neve, todos ficaram desidratados. Para piorar ainda mais as coisas, Scott, em cima da hora, decidiu levar um quinto homem, embora eles só tivessem planejado suprimentos para quatro.

Após cobrir quase 1.300 terríveis quilômetros em dez semanas, o exaurido grupo de Scott finalmente chegou ao Pólo Sul, no dia 17 de janeiro de 1912. Lá eles encontraram a bandeira norueguesa drapejando ao vento e uma carta de Amundsen. A outra equipe bem liderada os tinha superado no objetivo por mais de um mês.

Se você não obedece à lei da navegação...

A expedição de Scott ao Pólo é um exemplo clássico de um líder que não consegue orientar seu pessoal. Mas a viagem de volta foi ainda pior. Scott e seus homens estavam famintos e sofriam de escorbuto, mas Scott, até o fim, incapaz de navegar, ignorava o sofrimento da equipe. Com o tempo acabando e a comida quase esgotada, Scott insistiu em que eles coletassem 15 quilos de amostras geológicas para levar — mais peso a ser transportado pelos homens esgotados.

O avanço do grupo se tornou cada vez mais lento. Um dos membros mergulhou em um estado de letargia e morreu. Outro, Lawrence Oates, um ex-oficial do exército que originalmente fora levado para cuidar dos pôneis, teve necroses tão severas que não conseguia fazer nada. Como achou que punha em risco a sobrevivência da equipe, ele, intencionalmente, saiu andando em uma nevasca para parar de atrasar o grupo. Antes de deixar a barraca e se encaminhar para a tempestade, declarou: "Vou dar uma saída. Talvez demore."

Scott e os dois membros remanescentes da equipe só conseguiram seguir um pouco mais para o Norte antes de desistir. A viagem de volta já durava dois meses, e eles ainda estavam a 240 quilômetros de sua base. Eles morreram ali. Nós só conhecemos sua história porque eles passaram as últimas horas atualizando seus diários. Algumas das últimas palavras de Scott foram:

"Morreremos como cavalheiros. Acho que isso mostrará que o espírito de garra e a força de resistir não desapareceram de nossa raça."[1] Scott tinha coragem, mas não liderança. Como ele foi incapaz de obedecer à lei da navegação, ele e seus companheiros morreram por causa dela. Como Robert Falcon Scott foi incapaz de obedecer à lei da navegação, ele e seus companheiros morreram por causa dela.

Seguidores precisam de líderes capazes de orientá-los de modo eficaz: quando, em situações de vida ou morte, a necessidade é dolorosamente óbvia, mas, até mesmo, quando as conseqüências não são tão graves, essa necessidade também é grande. A verdade é que quase todos podem conduzir o navio, mas é preciso um líder para estabelecer o curso. Essa é a lei da navegação.

Navegadores vêem a viagem antecipadamente

O ex-presidente do conselho da General Electric, Jack Welch, afirma: "Um bom líder mantém a concentração. [...] Controlar seu rumo é melhor que ser controlado por ele." Welch está certo, mas líderes que navegam fazem mais que controlar a direção na qual eles e seu pessoal viajam. Eles têm toda a viagem planejada em sua mente antes de deixar o cais. Eles têm a visão de como chegar ao destino, compreendem o que será preciso para conseguir seu objetivo, sabem quem precisa estar na equipe para ter sucesso e reconhecem os obstáculos muito antes de eles surgirem no horizonte. Leroy Eims, autor de *Be the Lider You Were Meant to Be* [*Seja o líder que você pode ser*], escreve: "Um líder é aquele que vê mais que os outros, vê mais longe que os outros e vê antes dos outros."

Quanto maior a organização, mais claramente o líder precisa ser capaz de ver à frente. Isso é verdade porque a simples magnitude torna mais difícil a correção de rumo. E se houver erros de navegação, mais pessoas são afetadas do que quando um líder viaja só ou com poucas pessoas. O desastre apresentado no filme de 1997, de James Cameron, *Titanic*, foi um bom exemplo desse tipo de problema. A tripulação não conseguiu ver suficientemente à frente para evitar o iceberg, como também não conseguiu manobrar o suficiente para mudar de curso assim que o objeto foi identificado por causa do tamanho do navio. O resultado foi que mais de mil pessoas perderam sua vida.

Aonde o líder vai...

Navegadores de primeira categoria sempre têm em mente que outras pessoas dependem deles para estabelecer um bom curso. Eu li uma observação em *Life and Work: A Manager's Search for Meaning* [*Vida e trabalho: a busca por sentido de um gerente*], de James A. Autry, que ilustra essa idéia. Ele escreve que, ocasionalmente, você ouve falar da queda de quatro aviões militares voando em formação. A razão para a perda dos quatro é esta: quando caças a jato voam em grupos de quatro, um piloto — o líder — determina para onde a equipe voará. Os outros três aviões vão atrás do líder, observando-o e seguindo-o para onde ele for. Qualquer movimento que ele faça, o resto da equipe fará junto com ele. Isso acontece quando ele atravessa as nuvens ou quando se choca contra o topo de uma montanha.

> Um líder é aquele que vê mais que os outros, vê mais longe que os outros e vê antes dos outros.
> LEROY EIMS

Antes dos bons líderes levarem seu pessoal em uma viagem, eles passam por um processo de modo a que a viagem tenha a maior chance possível de sucesso.

NAVEGADORES SE VALEM DE EXPERIÊNCIAS PASSADAS

Todos os sucessos e fracassos que você já experimentou podem ser uma valiosa fonte de informações e sabedoria — se você permitir. Os sucessos ensinam o que você é capaz de fazer e geram confiança. Mas os fracassos, muitas vezes, oferecem lições mais importantes. Eles revelam suposições equivocadas, falhas de caráter, erros de avaliação e métodos de trabalho ruins. Ironicamente, muitas pessoas odeiam tanto seus fracassos que os escondem rapidamente, em vez de estudá-los e aprender com eles. Como eu explico em meu livro *Failing Forward* [*Falhar adiante*], se você não aprender com os seus erros, continuará a fracassar.

Por que menciono algo que parece tão óbvio? Porque a maioria dos líderes naturais é ativa. Eles tendem a olhar para frente — não para trás —, tomar decisões e seguir em frente. Sei disso porque essa é a minha tendência. Mas para que os líderes se tornem bons navegadores eles precisam de tempo para refletir e aprender com suas experiências. Por isso desenvolvi a disciplina do pensamento reflexivo. Escrevi detalhadamente sobre isso em meu livro *Thinking for a Change* [*Pensar para mudar*], mas permita que eu apresente aqui algumas das vantagens do pensamento reflexivo. O pensamento reflexivo...

- Dá a verdadeira perspectiva.
- Dá integridade emocional a seu pensamento.
- Aumenta sua confiança na tomada de decisões.
- Deixa mais claro o quadro geral.
- Transforma uma boa experiência em uma experiência valiosa.[2]

Tudo isso dá ao líder uma grande vantagem no momento de planejar os próximos passos de uma equipe ou organização.

NAVEGADORES ESTUDAM AS CONDIÇÕES ANTES DE ASSUMIR COMPROMISSOS

Aprender com a experiência quer dizer olhar para dentro. Examinar as condições quer dizer olhar para fora. Nenhum bom líder traça um curso de ação sem dar bastante atenção às condições. Seria o mesmo que zarpar contra a maré ou planejar um curso através de um furacão. Os bons navegadores avaliam os custos *antes* de assumir compromissos para eles e para os outros. Eles estudam não apenas os fatores mensuráveis, como finanças, recursos e talento, mas também os fatores intangíveis, como oportunidade, moral, impulso, cultura e assim por diante. (Trataremos disso mais detalhadamente nas leis de intuição e de momento).

Não importa o quanto você aprende com o passado, isso nunca dará tudo o que você precisa saber no presente.

NAVEGADORES OUVEM O QUE OS OUTROS TÊM A DIZER

Não importa o quanto você aprenda com o passado, isso nunca lhe dará tudo o que você precisa saber no presente. Não importa o quanto você seja um bom líder, você sozinho não pode ter todas as respostas. Por isso, os navegadores de primeira linha coletam informações em diversas fontes. Por exemplo, Roald Amundsen, antes de sua expedição ao Pólo Sul, aprendeu com um grupo de americanos nativos no Canadá sobre roupas quentes e técnicas de sobrevivência no Ártico. Essas habilidades e técnicas fizeram a diferença entre o fracasso e o sucesso para sua equipe na Antártida.

Líderes que navegam recolhem idéias em muitas fontes. Eles ouvem os membros de sua equipe de liderança. Eles falam com as pessoas em sua organização para descobrir o que está acontecendo na base. E eles gastam tempo com líderes de fora da organização que possam orientá-los. Eles sempre pensam em confiar em uma equipe, não apenas em si mesmos.

NAVEGADORES SE ASSEGURAM DE QUE SUAS CONCLUSÕES REPRESENTAM AO MESMO TEMPO FÉ E FATO

Ser capaz de navegar para os outros demanda que o líder tenha uma postura positiva. É preciso que ele tenha fé de que pode levar seu pessoal até o fim. Se você não conseguir conceber a viagem em sua mente, não será capaz de realizá-la na vida real.

Por outro lado, você também precisa ser capaz de ver os fatos de modo realista. Você não pode minimizar os obstáculos nem racionalizar seus desafios e ainda assim liderar eficazmente. Se não seguir de olhos abertos, estará vulnerável. Bill Easum, presidente da Easum, Bandy and Associates, observa: "Líderes realistas são suficientemente objetivos para minimizar as ilusões. Eles compreendem que a auto-ilusão pode custar a eles sua visão".

Equilibrar otimismo e realismo, intuição e planejamento, fé e fato pode ser muito difícil. Mas isso é necessário para ser eficiente como líder de navegação.

Jim Collins confirmou esse equilíbrio entre fé e fato em seu livro de 2001 *Good to Great* [*De bom para melhor*]. Ele o chama de Paradoxo de Stockdale. Ele escreve: "Você precisa manter a fé de que no final vencerá, e também precisa enfrentar os fatos mais terríveis de sua realidade."[3] Equilibrar otimismo e realismo, intuição e planejamento, fé e fato pode ser muito difícil. Mas isso é necessário para ser eficiente como líder de navegação.

Uma aula de navegação

Recordo-me da primeira vez em que realmente compreendi a importância da lei da navegação. Tinha 28 anos de idade e liderava a segunda igreja de minha carreira pastoral. Antes de minha chegada, em 1972, a igreja experimentara, durante uma década, certa estabilidade no crescimento. Mas, em 1975, o comparecimento passara de quatrocentas pessoas para mais de mil. Sabia que poderíamos continuar a crescer e a ajudar mais pessoas, mas apenas se construíssemos um novo auditório.

A boa notícia é que eu já tinha alguma experiência em liderar um projeto de construção, porque fizera isso em minha primeira igreja. A má notícia era que a primeira era realmente pequena quando comparada com a segunda. Aquele seria um projeto de muitos milhões de dólares, mais de vinte vezes maior que o meu primeiro. Mas nem isso era o maior obstáculo.

> Se o líder não consegue conduzir as pessoas por águas agitadas, ele está propenso a afundar o navio.

Pouco antes de me tornar líder da igreja, houve uma enorme disputa com relação à outra proposta de construção, e o debate foi acalorado e amargo, causando divisões. Por isso, sabia que, pela primeira vez, enfrentaria uma grande oposição a minha liderança. Havia águas agitadas à frente, e se eu, como líder, não pudesse conduzir-nos bem, poderia afundar o navio.

Mapear o curso com uma estratégia de navegação

Neste ponto, provavelmente deveria confessar que não sou um grande navegador. Não tenho prazer com os detalhes e tendo a seguir meus instintos — às vezes um pouco rapidamente demais para meu próprio bem. Nos últimos quinze ou vinte anos, supri muitas vezes minhas fraquezas ao contratar líderes bons em navegação para ajudar minhas organizações. Por exemplo, durante os muitos anos em que liderei igrejas, Dan Reiland estava em minha equipe como pastor executivo. Ele é um excelente navegador. Atualmente John Hull, um fantástico líder em navegação, é presidente da EQUIP, a organização sem fins lucrativos que fundei em

1996. Mas, em 1975, tive de assumir a responsabilidade pelo processo de navegação. Para me ajudar com isso, desenvolvi uma estratégia que usei repetidamente na liderança. Eu a escrevi como acróstico, para que sempre conseguisse me lembrar:

Predetermine seu curso de ação.
Lance suas metas.
Adeqüe suas prioridades.
Notifique as pessoas fundamentais.
Espere a aceitação.
Jogue-se na ação.
Aguarde problemas.
Reflita sobre os sucessos e examine diariamente os planos.

Isso se tornou meu roteiro, à medida que eu me preparava para conduzir essa mudança em minha organização.

Eu tinha uma forte sensação de qual precisava ser o nosso curso de ação. Se quiséssemos continuar crescendo, precisávamos construir um novo auditório. Examinara todas as alternativas e sabia que era a única solução viável. Meu objetivo era projetar e construir a instalação, pagá-la em dez anos e unificar todas as pessoas nesse processo — uma tarefa monumental.

Qualquer projeto que apresentasse, precisaria ser votado em uma reunião da congregação, portanto, com dois meses de antecedência, marquei uma para ter tempo de preparar tudo. O passo seguinte foi pedir aos membros da diretoria e a um grupo de líderes financeiros importantes que fizessem um estudo de um período de vinte anos de nosso crescimento e de nosso histórico financeiro. Isso abrangia os dez anos anteriores e fazia projeções para os dez anos seguintes. Com base nisso, determinaríamos as características do imóvel.

Nós, a seguir, preparamos um orçamento para dez anos que explicava cuidadosamente como faríamos o financiamento. Também pedi que todas as informações que estávamos recolhendo fossem reunidas em um relatório de vinte páginas a ser entregue aos membros da congregação. Sabia que os principais obstáculos a um planejamento bem sucedido são medo da mudança, ignorância, incerteza em relação ao futuro e falta de imaginação. Faria de tudo para evitar que esses fatores nos afetassem.

Meu passo seguinte foi notificar os principais líderes. Comecei por aqueles que tinham maior influência, reunindo-me com eles individualmente e, às vezes, em pequenos grupos. Após várias semanas, reuni-me com cerca de cem líderes. Apresentei uma visão daquilo que precisávamos fazer e respondi às suas perguntas. E sempre que sentia que uma pessoa demonstrava certa hesitação em relação ao projeto, programava um novo encontro individual. Depois, esperei até que esses líderes fundamentais influenciassem o resto das pessoas e as ajudassem a aceitar as mudanças.

> Os principais obstáculos a um planejamento bem sucedido são medo da mudança, ignorância, incerteza em relação ao futuro e falta de imaginação.

Quando chegou o momento da reunião da congregação, estávamos prontos para entrar em ação. Levei duas horas para apresentar o projeto às pessoas. Entreguei meu relatório de vinte páginas com plantas, análises financeiras e orçamentos. Tentei responder a todas as perguntas que as pessoas pudessem ter, antes mesmo de elas terem a chance de perguntar. Também pedi que algumas das pessoas mais influentes da congregação falassem.

Eu antecipara certa oposição, mas quando abri espaço para as perguntas, fiquei chocado. Houve apenas duas perguntas: uma pessoa queria saber sobre a localização dos bebedouros do prédio e outra perguntou sobre o número de banheiros. Foi quando tive certeza de que singrara as águas perigosas com sucesso. Quando chegou o momento de fazer a moção pela votação, ela foi feita pelo leigo mais influente da igreja. E eu já tinha pedido a um líder, que antes se opusera ao projeto de construção, para secundar a moção. Na contagem final, 98% das pessoas votaram a favor.

Após navegar por essa parte difícil do processo, o restante do projeto foi bastante simples. Sempre mantive a visão na mente das pessoas, dando a elas relatórios favoráveis. Garanti que nós festejássemos os sucessos. E, periodicamente, revisava nossos planos e os resultados para garantir que estávamos no rumo. O curso fora estabelecido. Só o que precisávamos fazer era conduzir o navio.

Foi para mim uma maravilhosa experiência educativa. Acima de tudo, o que descobri foi que o segredo da lei da navegação é preparação. Quando você se prepara bem, transmite às pessoas segurança e confiança. A falta de preparação tem o efeito contrário. No final, não é o tamanho do projeto que determina aceitação, apoio e sucesso. É o tamanho do líder. Por isso, digo que qualquer um pode comandar o navio, mas é preciso um líder para *estabelecer* o curso. Líderes que são bons navegadores conseguem levar seu pessoal a quase qualquer lugar.

No final, não é o tamanho do projeto que determina aceitação, apoio e sucesso. É o tamanho do líder.

APLICAR A LEI DA NAVEGAÇÃO À SUA VIDA

1 — Você tem o hábito de refletir sobre suas experiências positivas e negativas? Caso sua resposta seja negativa, então você desperdiçará as possíveis lições que elas têm a oferecer. Escolha uma das opções: reserve um tempo para refletir toda semana, examinando sua agenda ou seu diário para ajudar sua memória. Ou abra um tempo para reflexão em sua agenda imediatamente depois de cada grande sucesso ou fracasso. Em qualquer um dos casos, escreva o que você aprendeu durante o processo de descoberta.

2 — Líderes que navegam fazem o dever de casa. Em qualquer projeto ou grande tarefa pela qual você seja responsável, baseie-se em sua experiência passada, mantenha conversas objetivas com especialistas e membros da equipe para reunir informação e estude as condições que possam afetar sua empreitada. Apenas após dar esses passos você deve criar seu plano de ação.

3 — Você normalmente se volta para o que — fé ou fatos? Raramente os líderes são especialmente talentosos nas duas áreas. (Sou uma pessoa de fé. Sou um grande visionário e acho que tudo é possível. Apóio-me, com freqüência, em meu irmão, Larry, para me ajudar com o pensamento realista.) Mas bons navegantes precisam dar conta de ambos.

Para aplicar com sucesso a lei da navegação, você precisa conhecer sua tendência. Se não tiver certeza, pergunte a amigos e colegas confiáveis. Depois se preocupe em ter em sua equipe pessoas de tendências opostas, para que possam trabalhar juntos.

CAPÍTULO CINCO

A LEI DA ADIÇÃO

Líderes agregam valor ao servir aos outros

Em um mundo em que muitos líderes políticos desfrutam de poder e prestígio, e presidentes de grandes corporações fazem retiradas astronômicas, trabalham e vivem em meio ao luxo, parecendo mais preocupados com o que diz respeito a eles, Jim Sinegal é uma aberração.

Sinegal é um dos fundadores e presidente da Costco, a quarta maior varejista dos Estados Unidos e a nona maior do mundo. Ele não parece muito interessado em mordomias. Trabalha em um escritório comum, composto basicamente de mesas e cadeiras dobráveis. Se convidar alguém a encontrá-lo na empresa, desce até o saguão para receber o convidado. Ele mesmo atende ao telefone. E recebe um salário de apenas 350 mil dólares por ano, o que o coloca entre os 10% mais baixos salários pagos aos presidentes de grandes corporações.

O caminho de Sinegal para a liderança empresarial também foi atípico. Não freqüentou nenhuma faculdade da Ivy League. Não é advogado nem contador. Quando adolescente, pensava em ser médico, mas suas notas no ensino médio não foram exatamente brilhantes. Então foi para uma faculdade pública e recebeu um diploma de formação básica. Enquanto freqüentava a Faculdade Estadual de San Diego (hoje universidade), ajudou um amigo a descarregar colchões em uma loja de departamentos local chamada Fed-Mart. Aquele dia de trabalho se transformou em emprego fixo. Quando ele recebeu uma promoção, abandonou os estudos. Ele tinha descoberto sua carreira. Com o tempo, também encontrou um orientador, Sol Price, presidente do conselho da Fed-Mart. Sob orientação de Price, Sinegal chegou ao posto de vice-presidente executivo de comercialização. Sinegal depois ajudou Price a fundar o Price Club e, mais tarde, fundou a Costco em 1983 com Jeffrey H. Brotman. O crescimento da empresa foi acelerado. A Costco comprou a Price Club e se fundiu a ele dez anos depois.

Aumentar o lucro e agregar valor

Os especialistas em varejo prestam muita atenção na receita de sucesso de Sinegal: oferecer um número limitado de produtos, buscar um volume de vendas alto, manter o custo o mais baixo possível e não gastar dinheiro em publicidade. Mas há algo que o diferencia de seus concorrentes que utilizam estratégias semelhantes: a forma como ele trata os funcionários. Ele acredita que deve remunerar bem os empregados e oferecer a eles bons benefícios. Os funcionários da Costco recebem em média 42% mais que o principal concorrente da empresa. E os funcionários da Costco pagam menos que a média nacional pela assistência médica. Sinegal acredita que se você remunera bem as pessoas, "tem pessoas boas e boa produtividade".[1] E também consegue a lealdade dos funcionários. A Costco, de longe, tem a mais baixa rotatividade de funcionários no setor.

Mas o estilo de liderança de Sinegal de agregar valor não termina na remuneração dos empregados. Ele se preocupa em mostrar aos empregados da Costco que se preocupa com eles. Ele tem uma política de portas abertas com todos. Ele usa plaqueta de identificação de funcionários, trata todos pelo primeiro nome e faz questão de visitar todas as lojas Costco pelo menos uma vez por ano. "Nenhum gerente e nenhum funcionário em nenhum negócio se sente bem quando o patrão não se interessa o bastante para ir vê-lo", diz Sinegal. E quando ele aparece, seu pessoal sempre fica feliz em vê-lo. "Os funcionários sabem que eu quero cumprimentá-los porque gosto deles", declara ele.[2]

Sinegal certa vez voou do Texas para a região de São Francisco ao saber que um executivo da Costco fora hospitalizado para uma cirurgia de emergência. Isso não foi surpresa para o executivo. Essa atitude era coerente com o estilo de liderança de Sinegal.

Lições de liderança aprendidas cedo

Sol Price, o antigo mentor de Sinegal, afirma: "Jim fez um ótimo trabalho equilibrando os interesses de acionistas, funcionários, clientes e gerentes. A maioria das empresas se inclina demais para um campo ou outro."

Muitas das lições que Sinegal aprendeu foram dadas por Price, que acreditava de fato que é preciso tratar as pessoas bem e dar crédito a elas. Em uma reunião na Fed-Mart, Sinegal notou que um gerente se preocupava demais em receber o crédito e em colocar a culpa nos outros. Mas Price percebeu essa atitude inadequada.

"Para nos ensinar uma lição, recorda Sinegal, "Sol usou uma reunião semanal para intencionalmente criar um caso sobre algo que estava errado em uma das lojas. Fiquei pensando em por que ele fizera aquilo. Mas quando ele viu que o gerente deixou dois de seus funcionários ficar com a culpa, demitiu-o em uma semana."

> Não é certo uma pessoa receber o crédito quando são necessárias tantas pessoas para criar uma organização de sucesso.
> Jim Sinegal

"Não é certo uma pessoa receber o crédito quando são necessárias tantas pessoas para criar uma organização de sucesso", afirma Sinegal. "Quando você tenta ser o maioral, não gera lealdade. Se você não pode dar o crédito (e assumir a culpa), certamente se afogará em sua incapacidade de inspirar."[3]

A única crítica real a Sinegal é feita por Wall Street. Os analistas acham que Sinegal é gentil e generoso demais com seu pessoal. Eles gostariam que ele pagasse menos aos funcionários e os pressionasse mais. Mas Sinegal não está interessado. Ele acredita que se você trata os funcionários e os clientes corretamente, isso produz lucros.

"Em Wall Street", observa ele, "o negócio deles é ganhar dinheiro entre hoje e a próxima quinta-feira. Não digo isso por mal, mas nós não podemos ter essa visão. Nós queremos criar uma empresa que estará aqui daqui a 50 ou 60 anos."[4]

Pessoas de fora da organização elogiam essa forma de fazer negócios. Nell Minow, especialista em administração de empresas, observou: "Eu adoraria cloná-lo. Das 2 mil empresas em nossa base de dados, ele é o presidente com o contrato de trabalho mais curto. Ele tem menos de uma página. E [é] o único que estabelece especificamente que pode ser — acredite se quiser — 'demitido por justa causa'."[5]

Sinegal está mais preocupado em agregar valor às pessoas servindo a elas do que em servir a si mesmo, ou em ficar mais rico com um salário exorbitante. Ele vive segundo a lei da adição.

"Eu só acho que, se você pretende administrar uma organização que está muito preocupada com os custos, não pode ter tais disparidades. É errado ter um indivíduo que receba 100, 200 ou 300 vezes mais do que o funcionário médio que trabalha na loja".[6] Sinegal resume tudo da seguinte forma: "Isso não é altruísmo. É um bom negócio." Ele também poderia dizer que é boa liderança!

Os motivos são importantes?

Por que os líderes devem liderar? E quando eles o fazem, qual é a primeira responsabilidade? Se você perguntar a muitos líderes, pode receber uma série de respostas diferentes. Pode ouvir que o trabalho de um líder é...

- Tomar conta.
- Fazer a organização funcionar harmoniosamente.
- Dar lucro aos acionistas.
- Construir uma grande empresa.
- Superar a concorrência.
- Vencer.

A motivação de um líder faz diferença, ou é importante apenas realizar o trabalho? Qual é o objetivo final?

Eu não tinha pensado muito nisso até dez anos atrás. Lembro-me claramente de, há alguns anos, falar sobre liderança para um grupo de funcionários do governo em um país em desenvolvimento e de ensinar aqueles líderes sobre agregar valor servindo aos outros. Percebi que, quando falei sobre aquilo, muitas daquelas pessoas na platéia ficaram muito desconfortáveis. Quando terminei de falar e perguntei a um de meus anfitriões se ele percebera o mesmo, ele disse: "Bem, tenho certeza de que eles ficaram incomodados. O que você precisa entender é que, provavelmente, mais da metade daquelas pessoas matou alguém para conseguir sua atual posição de poder."

Eu já tinha visto e ouvido muitas coisas em todo o mundo, mas devo admitir que fiquei chocado. Naquele momento, percebi claramente que não podia assumir como líquido e certo a razão pela qual os líderes lideram e como eles desempenham sua função.

Faça as contas

Muitas pessoas pensam em liderança da mesma forma como pensam em sucesso, pois esperam chegar o mais alto possível, subir a ladeira, conseguir a posição mais alta possível para seu talento. Mas, contrariamente ao pensamento convencional, acredito que, em liderança, o resultado final não é a que ponto chegamos, mas a que ponto levamos os outros. Isso se consegue servindo aos outros e agregando valor à vida deles.

> Em liderança o resultado final não é a que ponto nós chegamos, mas a que ponto nós levamos os outros.

A interação entre líder e seguidor é um relacionamento, e todos os relacionamentos acrescentam ou subtraem algo da vida de uma pessoa. Se você é um líder, acredite em mim: você causa impacto, positivo ou negativo, nas pessoas que lidera. Como você pode saber? Há uma pergunta fundamental: *Você torna as coisas melhores para as pessoas que o seguem?* Esse é o ponto. Se você não conseguir responder afirmativamente, e com segurança, e dar alguma prova que confirme isso, então talvez seja um diminuidor. Muitas vezes, os diminuidores não se dão conta de que tiram dos outros. Diria que 90% das pessoas que tiram dos outros o fazem de forma não intencional. Elas não reconhecem o impacto negativo nos outros. E, quando um líder é um diminuidor e não muda, é apenas uma questão de tempo antes que seu impacto sobre os outros passe de subtração para divisão.

Por outro lado, 90% das pessoas que agregam valor às outras o fazem de forma intencional. Por que digo isso? Porque os seres humanos são naturalmente egoístas. Sou egoísta. Para agregar é preciso que, todos os dias, eu saia da minha zona de conforto e pense em agregar valor aos outros. Mas isso é necessário para ser um líder que os outros queiram seguir. Faça isso por bastante tempo e não apenas agregará valor aos outros, mas também começará a multiplicar.

As pessoas que fazem a maior diferença parecem entender isso. Se você pensar em algumas das pessoas que ganharam o Prêmio Nobel da Paz, por exemplo, Albert Schweitzer, Martin Luther King Jr., Madre Teresa e o bispo Desmond Tutu, verá líderes que eram menos interessados em sua posição e mais interessados no impacto positivo que tinham sobre os outros. Se você ler seus escritos ou, mais importante ainda, estudar a vida deles, perceberá que queriam tornar as coisas melhores para os outros, agregar valor à vida das pessoas. Elas não tinham o objetivo de ganhar o Prêmio Nobel; elas desejavam realizar um trabalho nobre para outros seres humanos, seus companheiros de jornada neste mundo. Uma disposição de servir permeia o raciocínio deles. O ganhador do prêmio em 1952, Albert Schweitzer, aconselhou:

"Busque sempre fazer algum bem, em algum lugar. Todo homem tem de descobrir sua própria forma de compreender seu verdadeiro valor. Você precisa dar algum tempo a seu companheiro, pois, lembre-se, você não vive em um mundo só seu. Seus irmãos também estão aqui."

Agregar valor aos outros ao servir a eles não beneficia apenas as pessoas que recebem essa ajuda. Isso permite que os líderes experimentem o seguinte:

- Realização por liderar os outros
- Liderança pelos motivos certos
- Capacidade de realizar atos relevantes como líderes
- Desenvolvimento de uma equipe de liderança
- Postura de ajuda em uma equipe.

O melhor lugar para um líder nem sempre é a posição mais alta; nem a posição de maior destaque ou de poder, mas a posição em que ele possa servir mais e agregar maior valor às outras pessoas.

Albert Einstein, que recebeu o Prêmio Nobel de física em 1921, afirmou: "Apenas uma vida gasta com o serviço aos outros merece ser vivida. Grande liderança quer dizer servir de forma notável e generosa. Como os líderes servem às pessoas? Jim Sinegal paga bons salários e trata os funcionários com respeito. Martin Luther King Jr. marchou pelos direitos civis. Madre Teresa cuidou dos doentes e criou lugares onde outros poderiam fazer o mesmo. Os detalhes dependem da visão, do tipo de trabalho e da organização. Mas a intenção é sempre a mesma — agregar valor. Quando você agrega valor às pessoas, você as eleva, as ajuda a avançar, as torna parte de algo maior que elas mesmas e as ajuda a se tornar aquilo para que foram criadas. Com freqüência, seu líder é a única pessoa capaz de ajudá-las a conseguir tais coisas."

Agregar valor, mudar vidas

Eu desenvolvi quatro diretrizes para me ajudar a agregar valor aos outros. Três delas são fundamentais e podem ser usadas por qualquer um que deseje colocar em prática a lei da adição. A quarta é baseada em minha fé. Se essa o ofender, ou caso você não tenha interesse na área, simplesmente a ignore.

1 — Nós agregamos valor aos outros quando... realmente valorizamos os outros

Darryl Hartley-Leonard, que se aposentou como presidente do conselho da Hyatt Hotels Corporation e atualmente é presidente e superintendente do Production Group International, afirma: "Quando uma pessoa passa a ocupar uma posição de autoridade, abre mão do direito de agredir as pessoas." Acredito que isso é verdade. Mas isso é só o começo da boa liderança. Líderes eficazes vão além de não ferir os outros, pois, intencionalmente, os ajudam. Para isso, eles precisam valorizar as pessoas e demonstrar que se preocupam de um modo que seus seguidores percebam.

Dan Reiland, que durante anos foi meu braço-direito, é um excelente líder e valoriza muito as pessoas. Mas quando ele começou a trabalhar para mim, não demonstrava isso. Certo dia, quando era novo na função, conversava com algumas pessoas no saguão, e Dan entrou, carregando uma pasta. Ele passou direto por nós sem dizer uma só palavra e seguiu diretamente para seu escritório. Fiquei chocado. Como um líder poderia passar direto por um grupo de pessoas com as quais trabalhava sem sequer dizer olá? Abandonei nossa conversa e, rapidamente, segui Dan até seu escritório.

> Quando uma pessoa passa a ocupar uma posição de autoridade, abre mão do direito de agredir as pessoas.
>
> Darryl Hartley-Leonard

Cumprimentei-o e perguntei-lhe: "Dan, como você pode passar direto pelas pessoas dessa forma?" "Tenho muito trabalho hoje e, realmente, preciso começar logo", respondeu. "Dan, você acabou de passar pelo seu trabalho. Nunca se esqueça de que liderança diz respeito às pessoas." Dan se interessava pelas pessoas e queria servir a elas como líder. Ele, simplesmente, não demonstrava isso.

Disseram-me que, na linguagem americana de sinais, o sinal para servir é estender as mãos para frente, com as palmas para cima, e movê-las para frente e para trás entre quem faz o sinal e quem o vê. E essa é uma metáfora realmente boa para a atitude que devem ter os líderes que servem: eles devem ser abertos, confiar, preocupar-se com os outros, oferecer ajuda e estar dispostos a ficar vulneráveis. Líderes que agregam valor servindo acreditam nas pessoas, antes que seu pessoal acredite nelas, e também servem aos outros antes de serem servidos.

2 — NÓS AGREGAMOS VALOR AOS OUTROS QUANDO... PASSAMOS A SER MAIS VALIOSOS PARA OS OUTROS

A idéia de agregar valor às pessoas depende da idéia de que você tem algo de valor para agregar. Você não pode dar o que você não tem. O que você tem para dar aos outros? Você pode ensinar habilidades? Pode dar oportunidades? Pode oferecer as visões e as perspectivas que são fruto da experiência? Nada disso é de graça.

Se você tem habilidades, as conseguiu pelo estudo e pela prática. Se tem oportunidades a oferecer, as conseguiu com trabalho árduo. Se tem sabedoria, a conquistou ao avaliar de forma intencional as experiências que teve. Quanto mais você foi objetivo em crescer pessoalmente, mais tem a oferecer. Quanto mais você continuar a buscar o crescimento pessoal, mais continuará a ter a oferecer.

3 — Nós agregamos valor aos outros quando... conhecemos e nos ligamos ao que os outros valorizam

A consultora de administração Nancy K. Austin diz que certa vez olhou debaixo da cama de seu quarto em um de seus hotéis favoritos e ficou surpresa ao encontrar um cartão. Ele dizia: "Sim, nós também limpamos aqui embaixo!" "Não me lembro do saguão, do número de candelabros ou de quantos metros quadrados de mármore foram reunidos para tornar agradável a experiência sob nossos pés."

Ela só se lembrava daquele cartão. A equipe de limpeza antecipara o que era importante para ela e a servira bem.

Nós pensamos nisso como um bom atendimento ao cliente e, quando somos clientes ou hóspedes, esperamos receber isso. Mas como líderes nós não esperamos automaticamente dar isso. Mas essa é uma chave para a liderança eficaz. Como líderes, de que modo conhecemos e nos ligamos ao que nosso pessoal valoriza? Nós ouvimos.

> Líderes inexperientes são rápidos para liderar antes de saber algo sobre as pessoas que pretendem liderar. Mas os líderes maduros escutam, aprendem e depois lideram.

Líderes inexperientes são rápidos para liderar antes de saber algo sobre as pessoas que pretendem liderar. Mas os líderes maduros *escutam*, aprendem e depois lideram. Eles escutam as histórias do seu pessoal. Eles descobrem suas esperanças e seus sonhos. Eles se familiarizam com suas aspirações. E eles prestam atenção em suas emoções. A partir disso eles *aprendem* sobre as pessoas. Eles descobrem o que é valioso para elas. E, *a seguir, lideram* com base no que aprenderam. Quando agem assim, todos ganham — a organização, o líder e os seguidores.

4 — Nós agregamos valor aos outros quando... fazemos coisas que Deus valoriza

Já disse que talvez você queira pular este último ponto, mas para mim ele é inegociável. Acredito que Deus deseja não apenas que tratemos as outras pessoas com respeito, mas também que, ativamente, nos aproximemos delas e sirvamos a elas. As Escrituras oferecem muitos exemplos e descrições de como devemos nos comportar, mas eis a minha predileta, apresentada em *The Message* [*A mensagem*], de Eugene Peterson:

> Quando o Filho do homem vier em sua glória, com todos os anjos, assentar-se-á em seu trono na glória celestial. Todas as nações serão reunidas diante dele, e ele separará umas das outras como o pastor separa as ovelhas dos bodes. E colocará as ovelhas à sua direita e os bodes à sua esquerda.
>
> Então o rei dirá aos que estiverem à sua direita: "Venham, benditos de meu Pai! Recebam como herança o Reino que lhes foi preparado desde a criação do mundo. Pois eu tive fome e vocês me deram de comer; eu tive sede, e vocês me deram de beber; fui estrangeiro, e vocês me acolheram; necessitei de roupas, e vocês me vestiram; estive enfermo, e vocês cuidaram de mim; estive preso e vocês me visitaram."
>
> Então os justos lhe responderão: "Senhor, quando te vimos com fome e te demos de comer, ou com sede e te demos de beber? Quando te vimos como estrangeiro e te acolhemos, ou necessitado de roupas e te vestimos? Quando te vimos enfermo ou preso e fomos te visitar?"
>
> O Rei responderá: "Digo-lhes a verdade: O que vocês fizeram a algum dos meus menores irmãos, a mim fizeram."[7]

Esse padrão de comportamento influencia tudo que faço, não só inclui minha liderança, mas inclui principalmente minha liderança. Porque quanto mais poder tenho, maior meu impacto sobre os outros — seja para melhor seja para pior. E eu sempre quero ser alguém que agregue valor aos outros, não que subtraia.

Não temos só frango

Quando, em 1997, transferi minhas empresas e minha família para Atlanta, não demorou muito para receber um telefonema de Dan Cathy, presidente da Chick-fil-A, a rede nacional particular de restaurantes. Ele tinha uma pergunta para mim: "John, como podemos ajudar você e sua organização?"

Fiquei surpreso. Desde quando uma empresa que é maior e mais poderosa que você surge do nada para lhe oferecer ajuda? Mas era o que Dan estava fazendo. Ele reuniu 200 grandes empresários da região de Atlanta e promoveu um almoço em que me apresentou e me deu a oportunidade de falar por 40 minutos. Isso, instantaneamente, deu-me a credibilidade que levaria anos para conquistar — se é que eu poderia consegui-la sem a ajuda dele. Ele agregou um enorme valor a mim e a minha organização.

O que descobri após conhecer Dan, seu pai e fundador da Chick-fil-A, Truett Cathy, e toda a organização é que a postura de servir permeia tudo o que eles fazem. E, por essa razão, tenho de dizer que a Chick-fil-A, além da dedicação à excelência, é uma das empresas que mais admiro e respeito.

Em 2005, quando realizei o Exchange, um fim de semana com executivos para que experimentassem o de aumento de liderança, levei os participantes à sede da Chick-fil-A, ao sul de Atlanta. Todos viram as operações da empresa, conheceram Truett Cathy e ouviram-no falar sobre a organização. Ele fez muitos comentários impressionantes que revelaram sua dedicação ao servir e ao agregar valor a empregados e clientes. Por exemplo, naquele dia Dan se preparava para acampar com clientes, pela 19.ª vez, à véspera da inauguração de um novo restaurante. Ele disse que passou a conhecer os clientes e seus desejos de uma forma que não conseguia antes de ter criado aquele hábito.

Dan também falou sobre o desejo da empresa de dar "atendimento do tipo que caminha a segunda milha". Como a Chick-fil-A é uma empresa fechada, muito menor que McDonald's, KFC e vários outros concorrentes, ele acredita que a empresa disputará e vencerá não pela força, mas pelo serviço. Por essa razão, a empresa ensina etiqueta aos funcionários, muitos dos quais são adolescentes. Dan brincou: "Há indícios de que as palavras etiqueta e *fast food* nunca antes foram usadas na mesma frase."

Mas a abordagem de Dan para a liderança ficou clara quando ele se preparou para dar às pessoas do Exchange o que chamou de ferramenta para o desenvolvimento de relacionamento de liderança. Dan disse:

> Esta é uma escova de sapatos de 22 centímetros, 100% crina de cavalo. É uma escova de sapatos industrial. É a melhor que você pode comprar na companhia de sapatos Johnston & Murphy Shoe Company. Eu presentearei cada um de vocês com uma destas. E, John, venha aqui um momento. Assumi o compromisso de nunca dar uma dessas ferramentas para o desenvolvimento de relacionamento de liderança a ninguém sem antes demonstrar como usá-la; portanto, John, suba até aqui para que eles possam vê-lo. E eu os convoco a olhar com atenção. Isto realmente é importante e faz sentido quando praticado com pessoas que você realmente conhece, com as quais trabalha muito. Assim, se vocês permitirem que eu mostre como isso acontece, direi como funciona.

Dan fez-me sentar, ajoelhou aos meus pés e começou a limpar meus sapatos com a escova.

> Isso funciona mesmo que a pessoa esteja usando tênis, Nike, Reebok, e funcionará em qualquer tipo de sapato, portanto não se preocupem com o tipo de sapato. Você não fala nada — essa é uma das coisas mais importantes. E não tenha pressa enquanto estiver fazendo isto. Então [quando tiverem acabado], dêem nela um grande abraço.

Nesse momento, Dan se ergueu, deu-me um grande abraço e voltou a falar com o grupo novamente.

> Descobri que, no ambiente certo, quando você tem tempo bastante para fazer isso e, realmente, falar sobre o que fez, isso pode ter um impacto poderoso na vida das pessoas. Acho que o resultado disso é "a limpeza do armário" em nossos relacionamentos com as outras pessoas.[8]

Uma grande parcela da boa liderança é não ter conflitos de relacionamento não resolvidos com as pessoas. Servir as pessoas que o seguem, realmente, purifica seus motivos e o ajuda a ter uma nova perspectiva. E também traz à tona quaisquer motivações impuras dos seguidores. Sempre que você consegue eliminar objetivos errados de um relacionamento de liderança, abre caminho para realizações fantásticas.

Quando Truett Cathy respondeu às perguntas no final de nosso encontro com eles, citou Ben Franklin, que declarou: "O aperto de mão do anfitrião afeta o sabor do assado."

Outra forma de dizer isso seria esta: a atitude do líder afeta o clima do escritório. Se você desejar agregar valor ao servir aos outros, será um líder melhor. E seu pessoal consegue mais, desenvolve maior lealdade e tem mais prazer em realizar as coisas do que você poderia imaginar. Este é o poder da lei da adição.

APLICAR A LEI DA ADIÇÃO À SUA VIDA

1 — Você tem uma postura de servir no que diz respeito à liderança? Não tenha pressa em responder sim. Veja como é capaz de dizer. Em situações em que é necessário que você atenda às necessidades do outro, como reage? Fica impaciente? Fica ressentido? Acredita que certas tarefas estão abaixo de sua dignidade ou de sua posição? Se você responder sim a qualquer uma dessas perguntas, então sua atitude não é tão boa quanto poderia. Acostume-se a praticar pequenos atos a serviço dos outros sem buscar crédito ou reconhecimento. Continue até parar de se ressentir de fazê-lo.

2 — O que as pessoas mais próximas de você valorizam? Faça uma lista das pessoas mais importantes na sua vida — em casa, no trabalho, na igreja, na diversão e assim por diante. Após fazer a lista, escreva o que cada pessoa mais valoriza. Então atribua a si mesmo notas em uma escala de 1 (sofrível) a 10 (excelente) sobre como se relaciona com os valores daquela pessoa. Se você não conseguir lidar com os valores de alguém ou tiver uma nota abaixo de oito em relação àquela pessoa, passe mais tempo com ela para melhorar.

3 — Transforme a lei da adição de valor em estilo de vida. Comece com aqueles mais próximos de você. Como você pode agregar valor àquelas pessoas em sua lista no que diz respeito ao que *elas* valorizam? Comece a fazer isso. Então faça o mesmo com todas as pessoas que você lidera. Se elas forem poucas, acrescente valor a cada uma delas. Se você liderar um grupo grande de pessoas, talvez tenha de pensar em formas de servir aos grupos, além dos indivíduos.

CAPÍTULO SEIS

A LEI DA BASE SÓLIDA

Confiança é o fundamento da liderança

Quão importante é a confiança para um líder? É *a coisa mais importante*. Confiança é o fundamento da liderança. É a conexão que mantém unida uma organização. Os líderes não podem, repetidamente, quebrar a confiança das pessoas e continuar a influenciá-las. Simplesmente, isso não acontece.

Como nação, vimos nossa confiança nos líderes aumentar e diminuir nas últimas décadas.

Watergate certamente abalou a confiança do povo americano na sua liderança. A confiança no presidente Richard Nixon caiu tanto que ele não teve escolha a não ser renunciar; ele perdera a capacidade de influenciar. Bill Clinton foi um líder notavelmente talentoso, mas uma questão de confiança abalou sua liderança. Os escândalos empresariais da década de 1990 abalaram a confiança das pessoas na liderança empresarial. Relatos de assédio sexual em academias militares minaram a confiança na liderança das forças armadas. E os casos de abusos na Igreja Católica deixaram muitas pessoas desiludidas com sua liderança. Os líderes não podem perder a confiança e continuar a influenciar os outros. A confiança é o fundamento da liderança. É a lei da base sólida

Não foram as decisões — foi a liderança

Aprendi o poder da lei da base sólida quando era pastor sênior da Skyline Church, na região de San Diego. No outono de 1989, nós estávamos iniciando vários novos programas na igreja, e os preparativos para nossa exaustiva temporada de Natal estavam a toda, e viajava muito como palestrante. A agitação era grande. Como eu estava ocupado demais, permiti que minha natureza colérica se manifestasse e cometi um grande erro. Tomei três grandes decisões e as implementei muito rapidamente: mudei alguns integrantes do espetáculo de Natal, suspendi permanentemente nosso serviço de domingo à noite e demiti um membro da equipe.

O interessante é que nenhuma das minhas três decisões era um equívoco. A mudança no programa de Natal era benéfica. O serviço de domingo à noite, embora atendesse a alguns dos membros mais velhos da congregação, não atendia a nenhuma necessidade que já não fosse contemplada de outras formas. E o membro da equipe que demiti tinha de ir embora e era importante que eu não demorasse a afastá-lo. Meu erro foi a forma como tomei aquelas três decisões. Em uma organização composta de muitos voluntários, as decisões precisam ser processadas da forma certa.

Como tudo na igreja ia muito bem, achei que poderia pegar um atalho. Estava errado. Normalmente, eu reuniria meus líderes, apresentaria a eles meu ponto de vista, responderia às perguntas e os orientaria nas questões apresentadas. Depois daria a eles tempo para exercer sua influência com os outros líderes da organização, logo abaixo deles hierarquicamente. E, por fim, no momento certo, faria um pronunciamento geral a todos, tranqüilizando e encorajando as pessoas a adotar o novo ponto de vista. Mas eu não fiz nada disso e deveria ter pensado melhor.

O resultado foi desconfiança

Em pouco tempo, comecei a sentir um desconforto entre as pessoas e a ouvir murmurações. Inicialmente, minha postura foi a de que todos deveriam superar aquilo e seguir em frente. Mas, a seguir, dei-me conta de que eu era o problema. Não eles. Eu fora impaciente demais. Além disso, minha postura não era muito positiva — o que não é bom quando você é o cara que escreve livros sobre postura! Foi quando me dei conta de que violara a lei da base sólida. Pela primeira vez em minha carreira, meu pessoal me questionava. Nosso relacionamento fundamentado na confiança começava a desmoronar.

Assim que me dei conta de que estava errado, desculpei-me publicamente a meu pessoal e pedi seu perdão. Seu pessoal sempre sabe quando você comete erros. A verdadeira questão é se você admitirá isso ou não. Se o fizer, você, muitas vezes, consegue reconquistar sua confiança. Felizmente, foi o que aconteceu comigo. A partir daquele momento, passei a ser mais cuidadoso com os processos de decisão corretos. Aprendi diretamente que você, no que diz respeito à liderança, não pode pegar atalhos, independentemente do tempo que você lidera seu pessoal.

> No que diz respeito à liderança, você simplesmente não pode pegar atalhos, independentemente do tempo que você lidera seu pessoal.

Confiança é como troco no bolso de um líder. Toda vez que você toma boas decisões de liderança, recebe mais troco. Toda vez que você toma decisões ruins, dá uma parte do seu troco às pessoas. Todos os líderes, quando assumem uma nova posição de liderança, têm algum troco no bolso. O que eles fazem aumenta ou diminui esse troco. Se os líderes tomam uma decisão errada atrás da outra, continuam a dar o troco. Então, um dia, após terem tomado mais uma decisão ruim, de repente — e irreversivelmente — se vêem sem troco. Não importa sequer se a besteira foi grande ou pequena. Nesse momento, já é tarde demais. E quando você não tem mais troco, não é mais líder.

Por outro lado, líderes que continuam a tomar boas decisões e produzindo vitórias para a organização acumulam troco. Então, mesmo que façam uma grande besteira, ainda têm muito troco sobrando. Foi o caso do que aconteceu comigo na Skyline. Por oito anos, eu tomara boas decisões e conquistara a confiança das pessoas. Por isso, consegui recuperar rapidamente a confiança de todos.

Confiança é o fundamento da liderança

Confiança é o fundamento da liderança. Como um líder gera confiança? Sendo, de forma consistente, um exemplo de competência, de conexão e de caráter. As pessoas perdoarão erros eventuais graças a sua capacidade, especialmente se podem ver que você continua a crescer como líder. E darão a você tempo para se conectar. Mas não confiarão em alguém que tenha falhas de caráter. Nesse campo, mesmo pequenos lapsos são fatais. Craig Weatherup, que se aposentou como fundador e presidente do conselho do Pepsi Bottling Group, reconhece: "As pessoas toleram erros honestos, mas se você quebrar a confiança que depositam em você, verá que é muito difícil recuperá-la. Esse é um dos motivos pelos quais é preciso considerar a confiança um de seus bens mais preciosos. Talvez você consiga enganar seu chefe, mas nunca enganará seus colegas ou subordinados."

> Para gerar confiança um líder precisa exibir competência, conexão e caráter.

O general H. Norman Schwarzkopf chama a atenção para o significado do caráter: "Liderança é uma poderosa combinação de estratégia e caráter. Mas se precisar abrir mão de algo, abra mão da estratégia." Caráter e credibilidade de liderança sempre seguem de mãos dadas. Anthony Harrigan, presidente do Conselho Comercial e Industrial dos Estados Unidos, disse:

> O papel do caráter sempre foi o fator fundamental na ascensão e queda dos países. E podem estar certos de que os Estados Unidos não são exceção a essa regra da história. Não sobreviveremos como país por sermos mais inteligentes ou mais sofisticados, mas por sermos — assim esperamos — mais fortes internamente. Em suma, o caráter é o único baluarte contra as forças internas e externas que levam à desintegração e à queda de um país.

O caráter torna possível a confiança. E a confiança torna possível a liderança. Esta é a lei da base sólida.

O que o caráter comunica

Sempre que você lidera pessoas é como se elas concordassem em fazer uma viagem com você. O modo como essa viagem se desenrolará é previsto pelo seu caráter. Com bom caráter, quanto mais longa a viagem, melhor ela é. Mas se você tiver falhas de caráter, quanto mais longa a viagem, pior ela será. Por quê? Porque ninguém gosta de passar tempo com alguém em quem não confia.

O caráter de uma pessoa transmite rapidamente muitas coisas aos outros. Eis as mais importantes:

O caráter comunica consistência

Líderes sem força interior não são confiáveis no dia-a-dia, porque sua capacidade de desempenho varia muito. O grande Jerry West, da NBA [Liga Profissional Norte-Americana de Basquete], comentou: "Você não consegue muita coisa na vida se trabalhar apenas nos dias em que estiver se sentindo bem."

> O caráter torna possível a confiança. E a confiança torna possível a liderança. Esta é a lei da base sólida.

Se seu pessoal não sabe o que esperar de você como líder, em algum momento deixarão de buscar sua liderança.

Quando penso em líderes que simbolizam a consistência de caráter, a primeira pessoa que me vem à mente é Billy Graham. Independentemente da crença religiosa pessoal, todos confiam nele. Por quê? Porque ele moldou um grande caráter por mais de meio século. Ele segue os seus valores todos os dias. Ele não assume um compromisso se não puder cumpri-lo. E ele personifica a integridade.

Caráter comunica potencial

John Morley, político e escritor britânico, observou: "Nenhum homem pode se erguer acima dos limites do seu próprio caráter. Um caráter fraco é limitador. Quem você acha que tem maior potencial de realizar grandes sonhos e ter um impacto positivo sobre os outros: alguém honesto, disciplinado e trabalhador, ou alguém mentiroso, impulsivo e preguiçoso? Parece óbvio quando dito dessa forma, não?

Talento, sozinho, nunca é suficiente. Ele precisa ser fortalecido pelo caráter, caso a pessoa queira ir longe. Pense em alguém como Terrell Owens, da NFL [Liga Profissional de Futebol Americano]. Poucos jogadores de futebol americano têm o talento dele. Mas ele parece incapaz de conviver com seus colegas em qualquer time em que esteja. Se ele continuar no mesmo rumo, nunca realizará seu potencial de jogador.

O caráter duvidoso é como uma bomba-relógio. É apenas uma questão de tempo antes que ela destrua a capacidade de a pessoa realizar e liderar. Por quê? Porque pessoas de caráter duvidoso não são confiáveis, e a confiança é o fundamento da liderança. Craig Weatherup explica: "Você não constrói confiança falando dela. Você constrói conseguindo resultados, de uma forma íntegra e que mostre a verdadeira preocupação pessoal com as pessoas com as quais você trabalha."[1]

Quando o caráter de um líder é sólido, as pessoas confiam nele e em sua capacidade de atingir seu potencial. Isso não apenas dá a seus seguidores confiança no futuro, como também fortalece uma crença sólida neles mesmos e em sua organização.

Caráter comunica respeito

Quando você, internamente, não tem caráter, não consegue granjear respeito externo. E o respeito é fundamental para uma liderança duradoura. Como os líderes granjeiam respeito? Tomando decisões sensatas, admitindo seus erros e colocando aquilo que é melhor para seus seguidores e a organização acima de seus interesses pessoais.

> Como os líderes granjeiam respeito? Tomando decisões importantes, admitindo seus erros e colocando aquilo que é melhor para seus seguidores e a organização acima de seus interesses pessoais.

Há alguns anos foi produzido um filme sobre o 54.º Regimento de Infantaria de Massachusetts e seu coronel, Robert Gould Shaw. O filme foi intitulado *Tempo de glória* e, embora parte da trama seja ficcional, relata a história da jornada de Shaw com seus homens na Guerra Civil — e do respeito que eles tinham por ele.

O filme conta a formação dessa unidade no exército da União, o primeiro composto de soldados afro-americanos. Shaw, um oficial branco, assumiu o comando do regimento, supervisionou o recrutamento, escolheu os oficiais (brancos), equipou os homens e os transformou em soldados. Ele os tratou com dureza, sabendo que seu desempenho em batalha confirmaria ou negaria o valor dos negros como soldados e cidadãos aos olhos de muitos brancos do Norte. Nesse processo, os soldados e Shaw passaram a se respeitar.

Alguns meses após o treinamento ser concluído, os homens do 54.º tiveram a oportunidade de provar seu valor no ataque da União ao Forte Wagner, na Carolina do Sul. O biógrafo de Shaw, Russell Duncan, escreveu sobre o ataque: "Shaw proferiu sua recomendação final: Mostrem a todos que são homens. Colocou-se à frente, ordenando a seguir: Avançar. Anos mais tarde, um soldado recordou que o regimento lutara bravamente, porque Shaw estava à frente, não atrás."

> A única coisa que retorna do túmulo com os enlutados e se recusa a ser enterrado é o caráter de um homem. Isso é verdade. Aquilo que o homem é sobrevive a ele. Nunca pode ser enterrado.
>
> J. R. Miller

Quase metade dos 600 homens do 54.º que combateram naquele dia foi ferida, capturada ou morta. Embora eles tivessem lutado bravamente, não conseguiram tomar o Forte Wagner. E Shaw, que liderara com coragem seus homens até o alto do parapeito do forte no primeiro assalto, foi morto junto com eles.

Os atos de Shaw, naquele último dia, consolidaram o respeito que os homens já tinham por ele. Duas semanas após a batalha, Albanus Fisher, sargento do 54.º, disse: "Eu ainda sinto mais vontade de lutar que antes, pois agora desejo vingar nosso galante Coronel.[sic]"[2] J. R. Miller certa vez observou: "A única coisa que retorna do túmulo com os enlutados e se recusa a ser enterrado é o caráter de um homem. Isso é verdade. Aquilo que o homem é sobrevive a ele. Nunca pode ser enterrado." O caráter de Shaw, forte até o fim, transmitira aos seus homens um grau de respeito que sobreviveu a ele.

O bom caráter de um líder produz confiança entre seus seguidores. Mas quando um líder quebra a confiança, ele perde a capacidade de liderar. É a lei da base sólida.

O começo do fim da confiança

Mencionei Watergate e os vários escândalos públicos que, ao longo dos últimos trinta anos, minaram a confiança do público nos líderes. Mas o acontecimento que, em minha opinião, começou a abalar a fé do público nos líderes nacionais e produziu grande ceticismo no país foi a guerra do Vietnã. Os passos dados pelo governo Johnson, os erros cometidos por Robert McNamara e a falta de disposição de encarar e reconhecer esses erros romperam o laço de confiança com o povo americano. Eles violaram a lei da base sólida, e os Estados Unidos sofrem com as conseqüências disso até hoje.

O Vietnã já estava em guerra quando o presidente Kennedy e Robert McNamara, seu secretário de defesa, assumiram os cargos em janeiro de 1961. A região do Vietnã era um campo de batalha havia décadas, e os Estados Unidos se envolveram em meados dos anos 1950, quando o presidente Eisenhower mandou um pequeno número de militares americanos ao Vietnã, como conselheiros. Quando Kennedy tomou posse, deu continuidade à política de Eisenhower. Sua intenção sempre fora deixar os sul-vietnamitas lutar e vencer sua própria guerra, mas, com o tempo, os Estados Unidos se tornaram cada vez mais envolvidos. Antes que a guerra terminasse, em dado momento, mais de meio milhão de soldados americanos serviu no Vietnã.

Se você passou por aqueles anos de guerra, talvez se surpreenda ao saber que, no início, o apoio americano à guerra era bastante grande, mesmo com o aumento do número de soldados enviados para o outro lado do mundo e das baixas. Em 1966, mais de 200 mil americanos tinham sido enviados ao Vietnã, e ainda assim dois terços dos americanos pesquisados por Louis Harris acreditavam que o Vietnã era o lugar onde os Estados Unidos deviam "resistir e combater o comunismo". E a maioria das pessoas expressava sua crença de que os Estados Unidos deveriam permanecer lá até o final da guerra.

Primeiro confie, depois apóie

Mas o apoio começou a diminuir. A Guerra do Vietnã estava sendo muito mal conduzida. Para completar, nossos líderes continuaram a travar a guerra mesmo após terem se dado conta de que ela não podia ser vencida. Mas o pior de tudo foi que McNamara e o presidente Johnson não foram honestos com o povo americano quanto a isso. E como a confiança é a base da liderança, isso acabou destruindo a liderança do governo.

Em seu livro *In Retrospect* [*Em retrospectiva*], McNamara conta que, repetidamente, minimizou as perdas americanas e contou apenas meias-verdades sobre a guerra. Ele diz, por exemplo: "Ao retornar a Washington [de Saigon], em 21 de dezembro [de 1963], não fui exatamente sincero ao falar com a imprensa. [...] Eu disse: 'Vimos os resultados de um aumento substancial da atividade vietcongue' (verdade); mas acrescentei: 'Nós revisamos os planos dos sul-vietnamitas e temos razão para acreditar que eles serão bem-sucedidos' (no mínimo um exagero)."

Durante algum tempo, ninguém questionou as afirmações de McNamara porque ninguém tinha motivo para desconfiar dos líderes do país. Mas com o tempo as pessoas reconheceram que suas palavras e os fatos não estavam se encaixando. E foi quando o público americano começou a perder a fé. Anos mais tarde, McNamara admitiu seu fracasso: "Nós, os dos governos Kennedy e Johnson, que participamos das decisões sobre o Vietnã, agimos de acordo com o que considerávamos ser os princípios e as tradições desta nação. Tomamos nossas decisões à luz desses valores. Mas estávamos errados, terrivelmente errados."[3]

Já era tarde demais

Muitos diriam que a admissão de McNamara veio com um atraso de 30 anos e 58 mil vidas. O custo do Vietnã foi alto, e não apenas em vidas humanas. Assim como a confiança do povo americano em seus líderes diminuiu, igualmente sua disposição de segui-los. Protestos levaram a uma rebelião aberta e a tumultos por toda a sociedade. Uma época que começara com a esperança e o idealismo simbolizado por John F. Kennedy terminou com a desconfiança e o cinismo associados a Richard Nixon.

Sempre que um líder viola a lei da base sólida, ele paga um preço por isso em sua liderança. McNamara e o presidente Johnson perderam a confiança do povo americano e, por conseguinte, a capacidade de liderar desses líderes políticos foi afetada. No final, McNamara renunciou ao cargo de secretário de Defesa. Johnson, político consumado, reconheceu o enfraquecimento de sua posição e não concorreu à reeleição. Mas as repercussões da quebra de confiança não terminam aí. A desconfiança do povo americano nos políticos persiste até hoje.

Nenhum líder pode trair a confiança das pessoas e esperar continuar influenciando-as. A confiança é a base da liderança. Viole a lei da base sólida e você reduzirá sua influência como líder.

Aplicar a lei da base sólida à sua vida

1 — Quão confiável seus seguidores diriam que você é? Como você pode avaliar a confiança deles? Em função de quão francos eles são com você. Eles partilham abertamente com você suas opiniões — mesmo as negativas? Eles transmitem más notícias tão prontamente quanto as boas notícias? Eles permitem que você saiba o que acontece nas áreas pelas quais são responsáveis? Caso não, talvez eles não confiem no seu caráter.

E quanto a seus colegas e seu líder? Eles colocam sua confiança em você de modo consistente? Como você avalia a confiança deles? Em função de quanta responsabilidade eles confiam a você. Se você, normalmente, tem grandes responsabilidades, esse é um bom sinal de que você é confiável. Caso contrário, você precisa descobrir se eles duvidam de sua competência ou de seu caráter.

2 — A maioria dos grandes realizadores gasta tempo desenvolvendo suas habilidades profissionais. Eles buscam ser altamente competentes. Poucos se preocupam com seu caráter. O que você faz para desenvolver seu caráter?

Recomendo que você se concentre em três áreas principais: integridade, autenticidade e disciplina. Para desenvolver sua integridade, assuma o compromisso de ser absolutamente honesto. Não mascare a verdade, não conte mentiras inocentes e não maquie números. Seja honesto mesmo que isso doa. Para desenvolver a autenticidade, seja você mesmo com todos. Não faça política, não interprete nem finja ser quem não é. Para fortalecer sua disciplina, faça as coisas certas todos os dias, independentemente de como estiver se sentindo.

3 — Se você traiu a confiança dos outros no passado, sua liderança continuará a ser prejudicada até você tentar consertar as coisas. Primeiramente, desculpe-se com quem quer que você tenha ferido ou traído. Se você puder consertar ou oferecer compensações, faça isso; e se comprometa a trabalhar para recuperar a confiança deles. Quanto maior a falha, mais tempo será necessário. O ônus de confiar não é deles. É seu o ônus de conquistar a confiança. (E se você traiu a confiança em casa, comece por aí antes de agir para consertar relacionamentos profissionais.)

CAPÍTULO SETE

A LEI DO RESPEITO

As pessoas, naturalmente, seguem líderes mais fortes que elas

Se você a visse, sua primeira reação poderia não ser de respeito. Ela não era uma mulher que causasse grande impacto — com pouco mais de um metro e meio de altura, já bem avançada em seus trinta anos, tinha a pele escura e envelhecida. Ela não sabia ler nem escrever. As roupas que vestia eram simples e baratas. Quando sorria, era possível ver que faltavam os dois incisivos superiores.

Ela vivia só. Dizia-se que abandonara o marido aos 29 anos de idade. Ela não avisara que o abandonaria. Certo dia, ele acordou, e ela tinha partido. Ela só voltou a falar com ele uma vez, anos mais tarde, e nunca voltou a mencionar seu nome.

Essa mulher não tinha emprego regular. Na maioria das vezes, fazia trabalhos domésticos em pequenos hotéis: esfregava pisos, arrumava quartos e cozinhava. Mas, quase toda primavera e outono, ela abandonava o emprego por esse período, retornava quebrada e voltava a trabalhar para juntar o pouco dinheiro que conseguia. Quando estava trabalhando, dava duro e parecia fisicamente resistente, mas também era conhecida por adormecer de repente, algumas vezes no meio de uma conversa. Ela atribuía isso a um golpe na cabeça que recebera durante uma briga na adolescência.

Quem respeitaria uma mulher assim? Os mais de trezentos escravos que a seguiram para a liberdade, fugindo do Sul — eles reconheciam e respeitavam sua liderança. Assim como praticamente todos os abolicionistas da Nova Inglaterra. O ano era 1857. O nome da mulher era Harriet Tubman.

Uma líder indiscutível

Quando ainda estava apenas na casa dos trinta anos, Harriet Tubman passou a ser chamada de Moisés por sua capacidade de penetrar na terra da escravidão para libertar muitas pessoas de seu povo dos grilhões do cativeiro. Tubman começou a vida como escrava. Nasceu em 1820 e cresceu nas fazendas de Maryland. Aos 13 anos de idade, recebeu o golpe na cabeça que deixou seqüelas por toda a vida. Ela estava em uma loja, e um supervisor branco pediu sua ajuda para punir um escravo fugitivo. Quando ela se recusou e bloqueou a passagem do supervisor, o homem arremessou um peso de um quilo, atingindo-a na cabeça. Ela quase morreu, e sua recuperação demorou meses.

Aos 24 anos, ela se casou com John Tubman, homem negro liberto. Mas quando falou sobre fugir para a liberdade do Norte, ele não quis ouvi-la. Ele disse que a traria de volta, se ela tentasse escapar. Quando ela resolveu arriscar a sorte e ir para o Norte em 1849, o fez sozinha, sem dizer uma palavra a ele. Sua primeira biógrafa, Sarah Bradford, disse que Tubman contou-lhe o seguinte: "Eu já tinha chegado a essa conclusão. Havia apenas duas opções, e tinha *direito* a uma delas: liberdade ou morte. Se eu não pudesse ter uma, teria a outra, porque homem nenhum me pegaria viva. Eu lutaria por minha liberdade enquanto tivesse forças, e quando chegasse o momento de partir, o Senhor deixaria que eles me levassem."

Tubman seguiu para a Filadélfia, Pensilvânia, usando a Ferrovia Clandestina, uma rede secreta formada por negros libertos, abolicionistas brancos e quacres que ajudavam escravos em fuga. Embora tivesse se libertado, ela prometeu retornar a Maryland e retirar sua família. Em 1850, ela fez sua primeira viagem de volta como "condutora" da Ferrovia clandestina — ela resgatava e retirava escravos com a ajuda de simpatizantes ao longo do caminho.

Uma líder de aço

Todo verão e todo inverno, Tubman trabalhava como doméstica, reunindo os fundos de que necessitava para fazer as viagens de volta ao Sul. E toda primavera e todo outono, ela arriscava a vida indo para o Sul e retornando com mais pessoas. Ela era destemida, e, sua liderança era inabalável. O trabalho dela era extremamente perigoso, e quando as pessoas pelas quais era responsável fraquejavam ou voltavam atrás, era firme como aço. Tubman sabia que escravos fugidos que retornassem seriam espancados e torturados até darem informações sobre aqueles que os tinham ajudado. Assim, ela nunca permitia que nenhuma pessoa a quem guiasse nessa jornada desistisse. "Mortos não contam histórias — disse a um escravo covarde, colocando uma pistola carregada junto à sua cabeça. — Você vai ou morre!"

Entre 1850 e 1860, Harriet Tubman resgatou mais de trezentas pessoas, incluindo muitos dos membros de sua família. No total, fez 19 viagens e se orgulhava muito do fato de que nunca perdera uma pessoa aos seus cuidados. "Nunca tirei meu trem dos trilhos e nunca perdi um passageiro", dizia. Na época, os brancos do Sul ofereciam por sua cabeça uma recompensa de 12 mil dólares — uma fortuna. Quando a Guerra Civil começou, ela tinha tirado mais pessoas da escravidão que qualquer outro americano na história — branco ou negro, homem ou mulher.

Respeito crescente

A reputação e a influência de Tubman produziam respeito, e não apenas entre os escravos que sonhavam em conseguir a liberdade. Nortistas influentes, de ambas as raças, a procuravam. Ela falava em manifestações e em residências por toda Filadélfia, Pensilvânia; Boston, Massachusetts; St. Catharines, Canadá; e Auburn, Nova York, onde acabou se instalando. Ela era procurada por pessoas influentes, como o senador William Seward, que depois se tornou secretário de Estado de Abraham Lincoln, e o franco abolicionista e ex-escravo Frederick Douglass. Os conselhos e a liderança de Tubman também eram pedidos por John Brown, o famoso abolicionista revolucionário. Brown sempre se referiu à ex-escrava como "General Tubman" e declarou o seguinte a respeito dela: "Era um oficial melhor que a maioria dos que já tinha visto. Poderia comandar um exército tão bem quanto tinha liderado seus pequenos grupos de fugitivos."[1] Essa é a essência da lei do respeito.

Um teste de liderança

Harriet Tubman pareceria uma improvável candidata à liderança, porque o baralho certamente estava preparado contra ela. Não freqüentara a escola, portanto não tinha cultura. Começou a vida como escrava. Vivia em uma cultura que não respeitava os afro-americanos. E trabalhava em um país no qual as mulheres ainda não tinham direito a voto. Apesar de tudo isso, tornou-se uma líder inacreditável. A razão era simples: as pessoas naturalmente seguem líderes mais fortes que elas mesmas. Todos que entraram em contato com ela reconheceram sua forte capacidade de liderança e se sentiram compelidos a segui-la. É assim que a lei do respeito funciona.

Não é um jogo de adivinhação

As pessoas não seguem as outras por acaso. Elas seguem indivíduos cuja liderança elas respeitam. Pessoas que têm um 8 em liderança (em uma escala de 1 a 10, em que 10 representa o patamar mais alto) não saem à procura de um tipo 6 para seguir — elas naturalmente seguem um 9 ou um 10. O menos capacitado segue o mais altamente capacitado e dotado. Eventualmente, um líder forte pode escolher seguir alguém mais fraco que ele mesmo. Mas, quando isso acontece, há um motivo. Por exemplo, o líder mais forte pode fazer isso por respeito ao trabalho ou às realizações do outro. Ou pode estar seguindo a cadeia de comando. Em geral, porém, os seguidores são atraídos por pessoas que são líderes melhores que eles mesmos. Essa é a lei do respeito.

> Quanto mais capacidade de liderança a pessoa tem, mais rapidamente reconhece a liderança — ou a ausência dela — nos outros.

Quando as pessoas se reúnem pela primeira vez em um grupo, veja o que acontece. Elas começam a interagir, e os líderes do grupo partem para o ataque imediatamente. Eles pensam em termos da direção que desejam tomar e de quem querem levar com eles. Inicialmente, as pessoas podem fazer experiências em muitas direções diferentes, mas, depois que elas se conhecem, não demora muito para que reconheçam os líderes mais fortes e passem a segui-los.

Líderes seguem seus próprios caminhos quando um grupo é formado

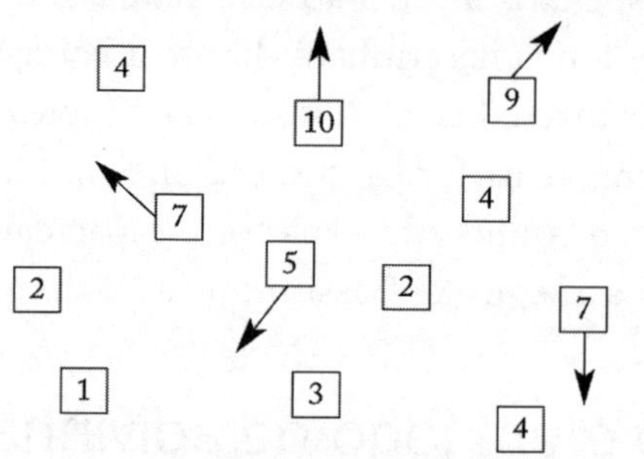

Rapidamente as pessoas mudam de direção para seguir os líderes mais fortes

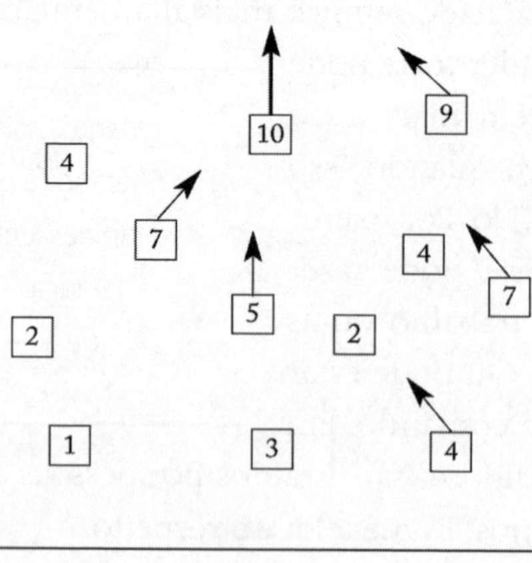

AS PESSOAS NATURALMENTE SE ALINHAM E SEGUEM OS LÍDERES MAIS FORTES QUE ELAS MESMAS

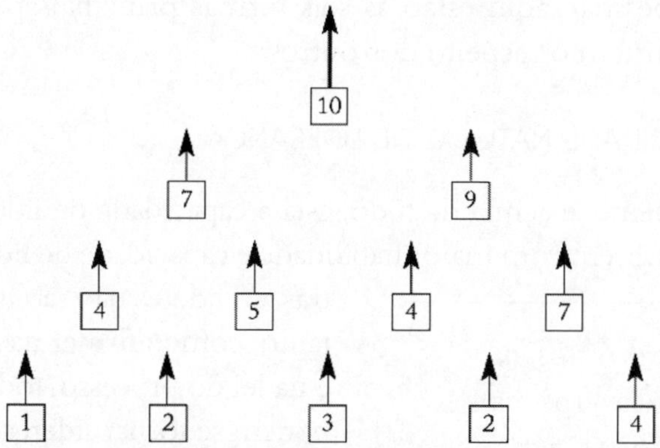

Normalmente, quanto mais capacidade de liderança a pessoa tem, mais rapidamente reconhece a liderança — ou a ausência dela — nos outros. Com o tempo, as pessoas do grupo entram em forma e seguem os líderes mais fortes. Ou fazem isso, ou deixam o grupo para buscar seus próprios interesses.

Lembro-me de uma história que ouvi a qual demonstra como as pessoas passam a seguir os líderes mais fortes. Aconteceu no início da década de 1970, quando o jogador de basquete do *Hall* da Fama Bill Walton entrou para o time da UCLA [Universidade da Califórnia Los Angeles] do técnico John Wooden. Na época, o jovem Walton usava barba. Segundo a história, o técnico teria dito a Walton que os jogadores da UCLA tinham de jogar de cara limpa, nada de barba nem afins. Walton, tentando afirmar sua independência, disse que não rasparia a barba. A resposta seca de Wooden foi a seguinte: "Sentiremos sua falta, Bill." Não é preciso dizer que Walton raspou a barba.

Ganhar o respeito

O que leva uma pessoa a respeitar e a seguir outra? É por causa das qualidades do líder? Será em função de um processo que envolve líder e seguidor? Acontece por causa das circunstâncias? Acredito que todos esses fatores influenciam. Com base em minhas observações e em minha experiência pessoal, aqui estão as seis formas principais pelas quais os líderes conquistam o respeito dos outros:

1 — Capacidade natural de liderança

Primeiramente, e acima de tudo, está a capacidade de liderança. Algumas pessoas nascem com maior habilidade e capacidade de liderar que outras. Os líderes não são iguais. No entanto, como afirmei na lei do limite e na lei do processo, todas as pessoas podem se tornar líderes melhores.

> Quando as pessoas o respeitam como pessoa, o admiram. Quando o respeitam como amigo, o amam. Quando o respeitam como líder, o seguem.

Se você tiver capacidade natural de liderança, as pessoas desejarão segui-lo. Elas demonstrarão o desejo de estar perto de você. Gostarão de ouvi-lo. Ficarão empolgadas quando você transmitir seu ponto de vista. Todavia, se você não demonstrar algumas das práticas e das características relacionadas abaixo, não atingirá seu potencial de liderança, e as pessoas podem não continuar a segui-lo. Uma das maiores armadilhas, em potencial, para os líderes naturais é confiar exclusivamente no talento.

2 — Respeito pelos outros

Ditadores e outros líderes autocráticos baseiam-se na violência e na intimidação para levar as pessoas a fazer o que eles querem. Isso não é liderança de verdade. Por outro lado, os bons líderes baseiam-se no respeito. Eles compreendem que toda liderança é voluntária. Quando os líderes demonstram respeito pelos outros — especialmente pelas pessoas que têm menos poder e uma posição inferior à deles —

conquistam o respeito dos outros. E as pessoas *querem* seguir pessoas que elas respeitam muito.

Conquistar o respeito dos outros obedece a um padrão:

Quando as pessoas o respeitam como pessoa, o *admiram*.
Quando o respeitam como amigo, o *amam*.
Quando o respeitam como líder, o *seguem*.

Se você sempre respeitar os outros e sempre os liderar bem, continuará a ter seguidores.

3 — CORAGEM

Uma das coisas que levavam todos a respeitar Harriet Tubman era sua enorme coragem. Ela estava determinada a ser bem-sucedida, ou a morrer tentando. Ela não se preocupava com o perigo. Sua missão era clara, e essa mulher era totalmente destemida.

O ex-secretário de Estado dos Estados Unidos Henry Kissinger observou: "Um líder não merece esse título a não ser que esteja disposto a, ocasionalmente, defender sozinho alguma posição." Os bons líderes enfrentam grandes perigos e carregam o fardo das críticas incansáveis, mas fazem o que é certo, mesmo correndo o risco de fracassar. Não consigo pensar em nenhum líder da história que não tivesse coragem. Você consegue? A coragem de um líder tem grande valor. Ela dá esperança aos seguidores.

> Um líder não merece esse título a não ser que esteja disposto a, ocasionalmente, defender sozinho alguma posição.
>
> Henry Kissinger

4 — SUCESSO

O sucesso é muito atraente. As pessoas normalmente são atraídas para ele. É um dos motivos pelos quais, em nossa sociedade, as pessoas se interessam pela vida das celebridades, torcem por equipes esportivas e acompanham as carreiras de astros do *rock*.

O sucesso é ainda mais importante quando aplicado às pessoas que nos lideram. As pessoas respeitam as realizações dos outros. E é difícil argumentar contra um bom histórico. Quando os líderes são bem-sucedidos em suas próprias empreitadas, as pessoas os respeitam. Quando eles conseguem liderar uma equipe rumo à vitória, então os seguidores acreditam que eles a conquistarão novamente. Por conseguinte, os seguidores os seguem porque querem fazer parte do sucesso no futuro.

5 — LEALDADE

Vivemos em uma época de contratos abertos. Atletas profissionais pulam de time em time, sempre em busca do melhor negócio; presidentes de companhias negociam pacotes financeiros absurdamente altos e, depois, já milionários, abandonam o barco quando as coisas dão errado. Segundo uma fonte, o trabalhador médio, ao chegar aos 36 anos de idade, já terá mudado de ocupação dez vezes.[2]

Em uma cultura de mudanças, de reviravoltas e de transições constantes, a lealdade é um bem precioso. Assim, quando as coisas ficam difíceis, o líder que não abandona a equipe até a missão ser concluída demonstra sua lealdade à organização. Esse tipo de líder busca seguidores que têm respeito por ele e por suas ações, mesmo quando estas os ferem.

6 — VALOR AGREGADO AOS OUTROS

Talvez a principal fonte de respeito por um líder seja sua dedicação a agregar valor aos outros. Como já discuti isso longamente em a lei da adição, não preciso me repetir aqui. Mas você pode estar certo de que os seguidores valorizam líderes que agregam valor a eles. E seu respeito por eles continua muito alto depois do relacionamento ter chegado ao fim.

Avalie o respeito que desperta

Se você quiser avaliar quanto respeito tem como líder, a primeira coisa a fazer é ver quem você atrai. Dennis A. Peer observou: "Uma medida da liderança é o calibre das pessoas que escolhem segui-lo. A segunda coisa a fazer é ver como seu pessoal reage quando você pede um compromisso ou uma mudança.

Quando os líderes são respeitados e pedem um compromisso, seu pessoal se ergue e se compromete. Eles estão prontos para assumir os riscos, subir a colina, trabalhar muitas horas, fazer o que for necessário para realizar o trabalho. Da mesma forma, quando líderes respeitados pedem mudanças, os seguidores estão dispostos a abraçá-las. Mas quando líderes que não são respeitados pedem compromisso ou mudança, as pessoas duvidam, questionam, dão desculpas ou simplesmente se afastam. É muito difícil para um líder que não conquistou o respeito fazer com que as outras pessoas o sigam.

> Uma medida da liderança é o calibre das pessoas que escolhem segui-lo.
> Dennis A. Peer

Um líder respeitado abdica de seu posto

Em outubro de 1997, o basquete universitário viu a aposentadoria de um grande líder, uma pessoa que tinha granjeado respeito ao passar mais de trinta anos de sua vida se entregando aos outros. Seu nome é Dean Smith, o principal técnico de basquete da Universidade da Carolina do Norte. Ele teve uma carreira marcante comandando os Tar Heels, e é considerado o melhor técnico de todas as categorias. Em 32 anos como técnico principal na Carolina do Norte, ele ganhou o número impressionante de 879 jogos.[3] Seus times registraram 27 temporadas consecutivas de vinte vitórias. Eles conquistaram treze títulos da Conferência da Costa do Atlântico, disputaram onze quartas-de-final, e ganharam dois campeonatos nacionais.

O respeito que Smith conquistou entre seus pares é enorme. Quando ele marcou a entrevista coletiva para anunciar sua aposentadoria, pessoas como os técnicos do *Hall* da Fama John Thompson, que Smith derrotou no campeonato nacional de 1982, e Larry Brown foram dar-lhe seu apoio. Michael Hooker, chanceler da Universidade da Carolina do Norte, fez a Smith um convite aberto para que ele fizesse praticamente tudo o que quisesse na faculdade nos anos seguintes. Até mesmo o presidente dos Estados Unidos telefonou para homenagear Smith.

Os mais próximos eram os que mais respeitavam Smith

Mas a lei do respeito pode ser identificada mais claramente na carreira de Smith observando a forma pela qual seus jogadores interagiam com ele. Eles o respeitavam por várias razões. Esse homem ensinou a eles tanto sobre basquete quanto sobre a vida. Estimulou-os a buscar conquistas acadêmicas, com praticamente todos os jogadores conseguindo se formar. Tornou-os vencedores. E demonstrou lealdade e respeito inacreditáveis para com eles. Charlie Scott, que jogou com Smith e se formou na Carolina do Norte em 1970, jogou basquete profissional e depois foi diretor de *marketing* da Champion Products. Em relação ao tempo passado com Smith, ele relatou:

> O líder precisa saber, precisa saber que sabe e precisa ser capaz de deixar absolutamente claro para todos os que o cercam que ele sabe.
> Clarence B. Randall

> Como um dos primeiros atletas universitários negros da Conferência do Atlântico, passei por muitos momentos difíceis em minha época na Carolina do Norte, mas o técnico Smith sempre me ajudou. Em certa ocasião, enquanto deixávamos a quadra depois de um jogo na Carolina do Sul, um dos torcedores deles me chamou de "macaco". Dois assistentes precisaram impedir que o técnico Smith fosse atrás do cara. Foi a primeira vez que vi o técnico Smith claramente aborrecido e fiquei chocado. Mas acima de tudo, fiquei orgulhoso dele.[4]

Durante o tempo que passou na Carolina do Norte, Smith causou um grande impacto. Sua liderança não apenas conquistou vitórias e o respeito dos jogadores, mas também ajudou a produzir 49 homens notáveis que se transferiram para o basquete profissional. A lista inclui grandes nomes como Bob McAdoo, James Worthy e, claro, Michael Jordan — não apenas um dos melhores jogadores do basquete, mas também um líder admirável.

James Jordan, pai de Michael, atribui boa parte do sucesso do filho a Smith e a sua liderança. Antes de um dos jogos das eliminatórias em Chicago em 1993, o pai de Jordan observou:

> As pessoas subestimam o programa que Dean Smith implantou. Ele ajudou Michael a descobrir sua capacidade atlética e se valer dela. Mas, mais importante que isso, ele construiu em Michael um caráter que determinou sua carreira. Não acho que Michael foi privilegiado com mais ensinamentos que qualquer outro jogador. Ele teve a oportunidade de aproveitar os ensinamentos e, na Carolina, conseguiu fundir tudo isso. É assim que percebo sua trajetória e acho que foi isso que tornou Michael o jogador tão bem-sucedido que conhecemos.[5]

Michael Jordan compreendeu o que representava seguir um bom líder. Nos últimos anos de sua carreira, ele era inflexível sobre seu desejo de jogar apenas com um técnico — Phil Jackson, o homem que ele considera o melhor do esporte. Faz sentido. Um líder como Jordan queria seguir um líder forte — mais forte que ele mesmo. É a lei do respeito. É possível que o desejo de Jordan fora plantado quando o jovem jogador da Carolina do Norte, que ainda se desenvolvia, era liderado e orientado por seu técnico bastante firme, Dean Smith.

Se você já se sentiu frustrado porque as pessoas que você quer que o sigam relutam, talvez seja porque você queira liderar pessoas cuja liderança é maior que a sua. Isso cria uma situação difícil. Se você é um 7, como líder, aqueles que são 8, 9 ou 10 dificilmente o seguirão — por mais que sua visão seja atraente ou quão bem refletido seja o plano que você concebeu.

O matemático André Weil observou: "Um homem de primeira classe tentará se cercar dos seus iguais, ou, se possível, de pessoas melhores. O homem de segunda categoria se cercará de homens de terceira categoria. O homem de terceira categoria se cercará de homens de quinta categoria." Isso não é necessariamente por desígnio nem porque líderes mais fracos são inseguros. Isso acontece por causa da lei do respeito. Quer você goste quer não, é assim que a liderança funciona.

Assim, o que você pode fazer quanto a isso? Tornar-se um líder melhor. Há sempre esperança para um líder que deseja crescer. As pessoas que são naturalmente 7 podem nunca se tornar um 10 —, mas podem chegar a 9. Sempre há espaço para crescer. E quanto mais você cresce, melhores serão as pessoas que você atrairá. Por quê? Porque as pessoas naturalmente seguem líderes melhores que elas mesmas.

APLICAR A LEI DO RESPEITO À SUA VIDA

1 — Pense na última vez em que você pediu a funcionários, seguidores ou voluntários que se comprometessem com algo que você liderava, ou que mudassem algo que faziam errado. Qual foi a reação deles? Em geral, com que presteza as pessoas se unem a você nessas situações? Isso pode ser usado como um bom mecanismo de avaliação do seu grau de liderança.

2 — Veja as qualidades que ajudam um líder a conquistar respeito:

- Capacidade de liderança (capacidade natural)
- Respeito pelos outros
- Coragem
- Histórico de sucessos
- Lealdade
- Valores agregados aos outros

Faça uma avaliação de si mesmo em cada campo em uma escala de 1 (baixa) a 10 (alta). Uma das melhores formas de aumentar seu "número de liderança" é melhorar em cada uma das áreas. Em uma só frase, escreva uma prática, um hábito ou uma meta que o ajude a melhorar em cada uma das áreas. A seguir, durante um mês, dedique-se a cada uma delas para que isso passe a fazer parte de sua vida.

3 — Uma das minhas definições de sucesso prediletas é ter o respeito daqueles que estão mais perto de mim. Acredito que, se minha família (que me conhece melhor) e meus colegas mais próximos (que trabalham comigo todos os dias) tiverem respeito por mim, então sou um sucesso e minha liderança será eficaz.

Se você tiver coragem, pergunte às pessoas mais próximas o que elas mais respeitam em você. E peça a elas que digam em que áreas você mais precisa crescer. Depois decida melhorar com base nesse *feedback* honesto.

CAPÍTULO OITO

A LEI DA INTUIÇÃO

Líderes avaliam tudo em função da liderança

Ao longo dos dez anos em que falei para platéias sobre as 21 leis da liderança, descobri que a lei da intuição é a mais difícil de ensinar. Quando falo sobre ela, os líderes naturais compreendem instantaneamente, os líderes que aprenderam a ser líderes, por fim, compreendem, e os não-líderes apenas olham para mim sem entender nada.

Os líderes vêem as coisas de uma forma diferente dos outros, eles avaliam tudo em função da liderança. Têm a intuição de liderança, e isso determina tudo o que eles fazem, é uma parte inseparável do que eles são.

Todos somos intuitivos

Nem todas as pessoas são intuitivas na área da liderança, mas todas as pessoas têm intuição. Por que digo isso? Porque as pessoas são intuitivas nas áreas em que são fortes. Darei um exemplo. Como sou um comunicador e falo muito em público, as pessoas, eventualmente, querem ouvir minha esposa, Margaret, e ela, às vezes, recebe um convite para falar em algum acontecimento. À medida que a data se aproxima, Margaret trabalha em sua apresentação, faz anotações, mas, inevitavelmente, acabamos tendo uma conversa como esta:

— John, como você acha que devo começar?

— Depende — respondo.

— Isso não ajuda muito.

— Margaret, não estou tentando dificultar. Cada situação é diferente.

— Certo, mas o que você faria?

— Bem, conversaria com muitos dos membros da platéia antes do evento para ter uma noção de quem são eles — sabe, apenas verificar o público. E prestaria atenção ao que o anfitrião dissesse e às pessoas que falassem antes de mim para ter uma idéia se deveria me referir a algo que eles disseram ou que aconteceu antes. Buscaria uma forma de me ligar ao público.

> As pessoas são intuitivas nas áreas em que são fortes.

— Isso não me ajuda — responde ela, frustrada.

Para ser honesto, as perguntas dela me frustram tanto quanto minhas respostas a frustram. Tenho dificuldade em explicar o que eu faria porque, para mim, a comunicação é intuitiva; é um dos meus pontos fortes.

Virar a mesa

Isso não é uma crítica à Margaret. Ela é muito mais talentosa que eu em muitas áreas. Para dar uma idéia, quando me preparo para falar em algum evento e procuro escolher a roupa, sou um inútil. Normalmente, acontece uma destas duas coisas: eu fico de pé na frente do armário, paralisado e pasmo, absolutamente incapaz de descobrir o que combina com o quê. Ou escolho alguma coisa, visto, entro no quarto e Margaret diz:

—John, você não vai vestir *isso*, vai?

— Ah, não, claro que não. O que *você* acha que devo usar?

Assim, Margaret se encaminha para o armário e olha durante dois segundos.

— Ainda não o vi com este paletó, então que tal este? — diz ela, começando a pegar algumas peças.

A seguir, acrescenta:

— E se você vestir esta camisa com esta gravata? Vai ficar ótimo.

Enquanto ela escolhe as calças, tento ajudar pegando os sapatos.

— Não, você não pode calçar esses sapatos com esta roupa — diz ela para a seguir sugerir. — Ei, use estes aqui, e este cinto.

Quando estou no evento, recebo cumprimentos sobre meu vestuário, assim, quando volto para casa, penduro tudo aquilo junto porque sei que são roupas que combinam. Assim, na próxima vez em que me arrumar para um evento, visto aquilo e entro confiante no quarto. Mas Margaret faz o seguinte comentário:

— Você não pode vestir *isso* novamente — e, de novo, começamos essa mesma rotina.

Margaret tem um instinto inacreditável no que diz respeito a *tudo* que é artístico. Tem uma grande noção de estilo e um olho fantástico para cores. Consegue pintar, fazer arranjos de flores, desenhar, encontrar lindas antiguidades, fazer jardinagem, decoração — tudo. É intuitiva nas áreas em que é forte. Graças a ela, todas as casas em que moramos sempre foram lindas. Realmente, acho que qualquer decorador profissional apreciaria seu estilo. Tenho sorte porque me beneficio do talento dela.

Mais que fatos

Intuição é algo muito difícil de explicar por não ser concreto. Não se baseia apenas em evidências empíricas. Se você já viu reprises do antigo programa de TV *Dragnet* (ou se tem a minha idade e viu quando foi lançado), provavelmente conhece a frase que Jack Webb tornou famosa:

— Apenas os fatos, madame, apenas os fatos.

A lei da intuição depende de *muito mais que fatos*. A lei da intuição fundamenta-se em fatos e também em outros fatores intangíveis, como a moral dos funcionários, o impulso organizacional e a dinâmica das relações.

Colin Powell, general da reserva do exército e ex-secretário de Estado, deu uma boa explicação para o uso da intuição de liderança e sua importância. Ele observou que muitos líderes têm problemas quando querem ter um volume exaustivo de informações ou esperam ter todas as questões respondidas antes de tomar decisões. Powell diz que tem o hábito de tomar uma decisão de liderança após reunir apenas de 40% a 60% das informações que podem ser conseguidas e usar sua experiência para fazer a diferença. Em outras palavras, ele baseia suas decisões de liderança tanto na intuição quanto nos fatos. Ele se baseia na lei da intuição. E isso, muitas vezes, separa os grandes líderes daqueles apenas bons.

Liderança é seu viés

Bons líderes vêem tudo com um viés de liderança; por conseguinte, eles, de forma intuitiva, quase que de modo automático, sabem o que fazer no que diz respeito a liderar. Esse instinto de ler e de reagir é claro nos melhores líderes. Por exemplo, considere a carreira de outro general da reserva do exército dos Estados Unidos: H. Norman Schwarz-kopf. Ele, reiteradas vezes, recebeu comandos que outros evitavam, mas foi capaz de reverter situações em função de sua excepcional intuição de liderança e capacidade de ação. Líderes, com freqüência, conseguem fazer o mesmo.

> Schwarzkopf, reiteradas vezes, foi capaz de reverter situações em função de sua excepcional intuição de liderança.

Quando já tinha 17 anos de exército, Schwarzkopf, por fim, recebeu a oportunidade de comandar um batalhão. Foi em dezembro de 1969, em seu segundo período no Vietnã, como tenente-coronel. O comando, que ninguém queria, era o do Primeiro Batalhão do Sexto Regimento de Infantaria, o "Primeiro do Sexto". Como o grupo tinha péssima reputação, foi apelidado de "Pior do Sexto". Para confirmar, Schwarzkopf, ao assumir o comando, foi informado de que o batalhão acabara de ser reprovado na inspeção anual com uma pontuação terrível: apenas 16 pontos dos 100 possíveis. Ele tinha apenas 30 dias para colocar seus homens em forma.

Vendo através das lentes da liderança

Após a cerimônia de passagem de comando, Schwarzkopf se reuniu com o comandante que saía. Antes de partir, ele disse a Schwarzkopf: "Isto é para você", e deu a ele uma garrafa de *scotch*. "Você vai precisar. Bem, espero que você se saia melhor que eu. Tentei liderar o melhor que pude, mas este é um batalhão desleixado. Tem péssimo moral. E tem uma péssima missão. Boa sorte."

Schwarzkopf esperava se defrontar com uma situação péssima, mas ela era ainda pior do que imaginara. Seu antecessor não conhecia a primeira coisa que precisamos saber sobre liderança. O homem nunca deixara a segurança da base para inspecionar suas tropas. E os resultados eram assustadores. Todo o batalhão era um caos. Os oficiais eram indiferentes, os procedimentos militares de segurança mais básicos não eram seguidos, os soldados estavam morrendo desnecessariamente. O comandante que saía estava certo: era um batalhão desleixado, com péssimo moral. Mas ele não percebera que, em grande parte, era culpa dele mesmo.

Ao longo das semanas seguintes, a intuição de liderança de Schwarzkopf foi despertada, e ele entrou em ação. Implementou procedimentos, treinou novamente a tropa, desenvolveu líderes e deu aos homens rumo e senso de propósito. Quando chegou o momento da inspeção de trinta dias, eles conseguiram ser aprovados. E os homens começaram a pensar: *Ei, podemos fazer direito. Podemos ser um sucesso. Não somos mais o pior do Sexto*. Como resultado, menos homens morreram, o moral aumentou e o batalhão começou a ser eficiente em sua missão. A transformação do batalhão foi tão grande que ele, poucos meses após ter sido assumido por Schwarzkopf, foi escolhido para realizar missões mais difíceis — aquelas que só podiam ser realizadas por um grupo disciplinado, bem liderado e com moral alto.

Quem você é determina o que você vê

Como Schwarzkopf conseguiu modificar aquele grupo de soldados? Da mesma forma como ele sempre superara todas as missões: a lei da intuição. Outros oficiais tinham o mesmo treinamento e acesso aos mesmos recursos. E Schwarzkopf não era, necessariamente, mais inteligente que seus equivalentes. O que ele introduziu foi uma forte intuição de liderança. Via tudo com um viés de liderança.

O que você é determina o que você vê. Uma cena do filme *As grandes férias* exemplifica isso perfeitamente. No filme, Chet, interpretado por John Candy, está de férias com a família em uma comunidade de um pequeno lago na floresta. Ele recebe a visita inesperada de sua cunhada com o marido, Roman, interpretado por Dan Aykroyd. Os dois homens sentam-se na varanda da cabana com vista para o lago e para quilômetros de belas florestas e começam a conversar. E Roman, um espertalhão de fala rápida, apresenta a Chet sua visão:

— Vou lhe dizer o que eu estou vendo. [...] Vejo os recursos não explorados do Norte de Minnesota, Wisconsin, e Michigan. Vejo um consórcio de desenvolvimento explorando mais de um milhão e meio de dólares em produtos da floresta. Vejo uma fábrica de papel e, caso haja metais estratégicos, atividade de mineração; um cinturão verde entre as casas do condomínio e uma grande instalação administrativa. [...] Mas eu quero saber, o que você vê?

> O que você é determina o que você vê.

— Eu, hã? Só vejo árvores — respondeu Chet.

— Bem, ninguém jamais o acusou de ter uma grande visão — retrucou Roman.

Chet via árvores, porque ele estava lá para desfrutar do cenário. Roman via oportunidades de negócios, porque ele era uma pessoa interessada em ganhar dinheiro. A forma como você vê o mundo ao seu redor é determinada por quem você é.

Como os líderes pensam

Em função de sua intuição, os líderes avaliam tudo com um viés de liderança. As pessoas que nascem com uma capacidade de liderança natural são particularmente fortes na área de intuição de liderança. Outras têm de trabalhar duro para desenvolvê-la e conquistá-la. Mas seja como for, a intuição é fruto de duas coisas: a combinação de habilidade natural, as áreas fortes da pessoa, e habilidades aprendidas. A intuição é bem informada, e isso faz com que as questões de liderança apareçam ao líder de uma forma que não ocorre aos outros.

Vejo a intuição da liderança como a capacidade de o líder ler o que está acontecendo. Por esse motivo, digo que os líderes são leitores.

LÍDERES SÃO LEITORES DA SITUAÇÃO

Hoje, faço muitas coisas. Escrevo, dou palestras, oriento e tenho uma rede de influência. Também sou dono de duas empresas. Embora converse com os presidentes das minhas empresas semanalmente, eles cuidam das operações cotidianas, e só apareço no escritório ocasionalmente.

Recentemente, John Hull, presidente e superintendente da EQUIP, comentou:

"John, quando você vai ao escritório mergulha em nosso mundo muito facilmente." Achei que tinha sido uma escolha de palavras interessantes, então perguntei o que ele queria dizer.

> Capacidade natural e habilidades aprendidas criam uma intuição bem informada que faz com que as questões de liderança se revelem aos líderes.

"Você tem consciência da atmosfera e do ambiente. Faz boas perguntas e, rapidamente, entra no nosso ritmo. Você nunca parece deslocado quando volta ao escritório." Quando refleti, dei-me conta de que ele descrevia minha utilização da intuição de liderança.

Em todas as circunstâncias, os líderes percebem detalhes que escapam aos outros. Eles se "sintonizam" na dinâmica de liderança. Muitos líderes descrevem isso como uma capacidade de "sentir no ar" as coisas em sua organização. Podem sentir as atitudes das pessoas. São capazes de detectar a química de uma equipe. Podem dizer quando as coisas estão tinindo, quando estão desacelerando ou prestes a paralisar. Não precisam folhear boletins, relatórios nem examinar balanços. Conhecem a situação *antes* de terem todos os fatos. Isso é fruto de sua intuição de liderança.

LÍDERES SÃO LEITORES DE TENDÊNCIAS

A maioria dos seguidores concentra-se em seu trabalho. Eles pensam em termos de tarefas a realizar, de projetos ou de metas específicas. É como deve ser. A maioria dos administradores está preocupada com eficiência e eficácia. Eles, muitas vezes, têm uma visão mais ampla que os funcionários, pensando em termos de semanas, meses ou, até mesmo, anos.

Mas os líderes têm uma visão ainda mais ampla. Eles enxergam anos ou décadas à frente.

Tudo o que acontece ao redor de nós se dá no contexto de um quadro mais amplo. Os líderes têm a capacidade — e a responsabilidade — de se afastar do que está acontecendo no momento e identificar não apenas onde a organização está, mas para onde se encaminha. Algumas vezes, eles podem conseguir isso por intermédio de análises, mas, com freqüência, os líderes, primeiro, sentem e, depois, encontram os dados que justificam. A intuição diz a eles que algo está acontecendo, que as condições estão mudando e que estão surgindo problemas ou oportunidades. Os líderes sempre precisam estar alguns passos à frente do seu melhor pessoal, ou não são líderes de verdade. Eles só podem fazer isso se forem capazes de ler as tendências.

Líderes são leitores de recursos

Uma grande diferença entre os líderes e os outros é a forma como eles vêem os recursos. Um bom trabalhador se depara com um desafio e pensa: *O que eu posso fazer para ajudar?* Um grande realizador pergunta: *Como eu posso resolver este problema?* Uma pessoa de desempenho máximo especula: *O que preciso fazer para atingir o nível seguinte e superar isto?*

> Líderes que querem ter sucesso maximizam todo o patrimônio e os recursos que têm em benefício de sua organização.

Os líderes pensam de outro modo. Pensam em termos de recursos e de como maximizá-los. Eles identificam um desafio, um problema ou uma oportunidade e pensam: *Quem é a melhor pessoa para cuidar disso? Quais recursos já temos — matérias-primas, tecnologias, informação e assim por diante — e quais nos ajudarão nessa empreitada? Qual o custo financeiro disso? Como posso estimular minha equipe para alcançar esse objetivo?*

Os líderes vêem tudo com um viés de liderança. Concentram-se em mobilizar pessoas e recursos para atingir suas metas, e não em se valer de seus próprios recursos individuais. Líderes que querem ter sucesso maximizam todo o patrimônio e os recursos que têm em benefício de sua organização. Por isso, eles estão sempre conscientes daquilo que têm à sua disposição.

LÍDERES SÃO LEITORES DE PESSOAS

O presidente Lyndon Johnson, certa vez, disse que você não pertence à política se, quando entrar em uma sala, não for capaz de dizer quem está a seu favor e quem está contra você. A afirmação também se aplica a qualquer outro tipo de líder. Líderes intuitivos podem sentir o que acontece com as pessoas e conhecer suas esperanças, medos e preocupações. Eles são capaz de sentir o que está acontecendo em uma sala — se há curiosidade, dúvida, relutância, ansiedade ou alívio. Como ele tem a habilidade para fazer isso, é capaz de liderar eficazmente.

Ler pessoas é talvez a habilidade intuitiva mais importante que os líderes podem ter. Afinal, se o que você faz não envolve pessoas, então não é liderança. E se você não convence as pessoas a segui-lo, então, na verdade, não lidera.

LÍDERES SÃO LEITORES DE SI MESMOS

Finalmente, bons líderes desenvolvem a capacidade de ler a si mesmos. O poeta James Russell Lowell observou: "Ninguém pode produzir coisas grandiosas se não for absolutamente sincero ao lidar consigo mesmo." Líderes precisam conhecer não apenas sua força, seus pontos fracos, suas habilidades e suas fraquezas, mas também sua disposição no momento. Por quê? Porque os líderes podem deter a evolução com tanta facilidade quanto podem ajudar a produzi-la. Na verdade, é mais fácil prejudicar uma organização que criar uma. Já vimos excelentes organizações, que levaram gerações para se estruturar, desmoronar em questão de anos.

Quando os líderes são centrados em si mesmos, pessimistas ou rígidos, prejudicam com freqüência suas organizações, porque acabam caindo na armadilha de achar que não podem ou não devem mudar. E, quando isso acontece, a organização enfrenta dificuldades para melhorar. Então, seu declínio é inevitável.

Três níveis de intuição de liderança

Se você diz a si mesmo: "*Gostaria de ser capaz de ler essa dinâmica na minha organização, mas eu não consigo ver as coisas intuitivamente*", não se desespere. A boa notícia é que você pode melhorar sua intuição de liderança, mesmo que não seja um líder nato. Como já mencionei, intuição de liderança é a intuição bem informada. Quanto menos talento natural para a liderança você tiver, mais você precisa se esforçar para desenvolver habilidades e ganhar experiência. Esses dois aspectos podem ajudá-lo a desenvolver padrões de raciocínio, e padrões de raciocínio podem ser aprendidos.

Descobri que todas as pessoas se encaixam em três grandes níveis de intuição:

1 — *Aqueles que compreendem a liderança naturalmente*

Algumas pessoas nascem com excepcionais dons de liderança. Elas entendem as pessoas instintivamente e sabem como movê-las do ponto A ao ponto B. Na infância, já agem como líderes. Observe-as no parque e poderá ver outras crianças as seguindo. As pessoas com intuição de liderança natural podem crescer a partir disso e se tornar líderes mundiais de grande calibre.

2 — *Aqueles que podem ser ensinados a compreender a liderança*

A maioria das pessoas está nesta categoria. Têm habilidades pessoais adequadas e, se forem ensinadas, podem desenvolver intuição. A liderança pode ser aprendida. No entanto, pessoas que não tentam melhorar sua liderança e nunca se esforçam para desenvolver sua intuição estão condenadas a ser vulneráveis em sua liderança pelo resto da vida.

3 — *Aqueles que nunca compreenderão a liderança*

Acredito que praticamente todos são capazes de desenvolver habilidades de liderança e intuição. Mas, ocasionalmente, deparo-me com alguém que parece não ter em sua estrutura óssea o osso da liderança e que não está interessado em desenvolver as habilidades necessárias para liderar. Esse não é o seu caso, porque essas pessoas nunca pegam um livro sobre liderança.

Desenvolver a intuição pela mudança do modo de pensar

Há vários anos, ao ser convidado a visitar a Universidade do Sul da Califórnia, fiz uma descoberta sobre o futebol americano universitário e sobre como os zagueiros são treinados a fim de estruturar o pensamento com relação a sua posição. Na época, o técnico era Larry Smith. Ele me convidou para falar para o time de futebol que dirigia, os Trojans, antes de um jogo importante; e também permitiu que eu visitasse a sala de planejamento de ataque do time.

Em quadros negros que cobriam todas as paredes, os técnicos mapeavam todas as situações em que seu time poderia estar — em função de jogadas, jardas percorridas e ponto do campo. E, para cada situação, os técnicos planejavam uma jogada específica para vencer, com base em seus anos de experiência e do seu conhecimento intuitivo do jogo.

Quando estava lá, percebi uma cama de lona junto a uma das paredes. Quando perguntei para o que servia, o coordenador de ataque disse-me:

— Sempre passo a noite de sexta-feira aqui para ter certeza de que também sei todas as jogadas.

— Sim, mas você tem todas elas escritas naquela folha que amanhã levará com você para a lateral do campo. Por que simplesmente não as utiliza?

— Não posso confiar naquilo. Não há tempo. Veja, no momento em que o joelho do jogador que leva a bola toca na grama, tenho de saber qual jogada escolher em seguida, de acordo com a situação. Não tenho tempo para folhear a fim de decidir o que fazer.

O trabalho dele era colocar a intuição da equipe de técnicos em ação em um instante.

Mas os técnicos não param por aí. Os três zagueiros da USC têm de decorar todas aquelas jogadas. Na noite anterior ao jogo, vi os técnicos interrogarem aqueles jovens, apresentando a eles uma situação depois da outra. O trabalho dos zagueiros era dizer qual jogada era a certa em cada uma das situações. Os técnicos queriam que aqueles jogadores estivessem tão bem informados e tão preparados que sua intuição assumisse o controle durante o jogo. Isso os ajudaria a liderar eficazmente a equipe.

Líderes resolvem problemas ao usar a lei da intuição

Sempre que líderes enfrentam um problema, eles automaticamente o avaliam — e começam a resolvê-lo — usando a lei da intuição. Eles avaliam tudo com um viés de liderança. Por exemplo, a intuição de liderança entrou em ação recentemente na Apple Computer. Praticamente, todos conhecem a história de sucesso da Apple. A empresa foi criada em uma garagem, em 1976, por Steve Jobs e Steve Wozniak. Apenas quatro anos depois, a empresa lançou ações, a 22 dólares por cota, e vendeu 4,6 milhões dessas cotas. Mais de quarenta funcionários e investidores ficaram milionários da noite para o dia.

Mas a história da Apple não é apenas de sucesso. Desde aqueles primeiros anos, houve muitas variações em relação ao sucesso da Apple, ao valor de suas ações e à capacidade de conquistar clientes. Jobs deixou a Apple em 1985, foi expulso em uma batalha com o presidente da companhia, John Sculley, ex-presidente da Pepsi que Jobs recrutara em 1983. Sculley foi substituído por Michael Spindler, em 1993, e Gilbert Amelio, em 1996. Nenhum deles foi capaz de restaurar o sucesso anterior da Apple. Em seus dias de glória, a Apple vendia 14,6% de todos os computadores pessoais nos Estados Unidos. Em 1997, as vendas caíram para 3,5%. Foi quando a Apple, em busca de ajuda, voltou-se novamente para a liderança de seu fundador, Steve Jobs. A empresa decadente achava que ele poderia salvá-la.

> Um líder precisa ler a situação e saber instintivamente qual é a jogada certa.

Reinvenção da Apple

Jobs revisou a situação intuitivamente e começou a agir de imediato. Ele sabia que era impossível melhorar sem uma mudança de liderança, então, de início, demitiu toda a diretoria anterior, com exceção de dois membros, e empossou novos integrantes. Fez mudanças na liderança executiva. Dispensou a agência de publicidade da empresa e promoveu uma concorrência entre três outras empresas.

Jobs também reorientou a empresa. Queria retornar ao básico, algo que a Apple sempre fizera muito bem: valer-se de sua individualidade para criar produtos que faziam diferença. Na época, ele afirmou: "Nós revisamos o lançamento de novos produtos e cortamos mais de 70% dos projetos, mantendo os 30% que eram preciosos. Depois, acrescentamos outros novos, um novo paradigma em computadores."[1]

> Sempre que líderes enfrentam um problema, eles, automaticamente, o avaliam — e começam a resolvê-lo — usando a lei da intuição.

Nenhuma daquelas ações foi particularmente surpreendente. Mas Jobs também fez algo que realmente demonstrou a lei da intuição em ação. Ele leu a situação da Apple e tomou uma decisão de liderança que ia completamente contra a corrente do raciocínio anterior da Apple. Foi um inacreditável salto de liderança intuitiva. Fez uma aliança estratégica com o homem que os funcionários da Apple consideravam seu arquiinimigo — Bill Gates. Jobs explicou: "Liguei para Bill e disse que a Microsoft e a Apple deveriam trabalhar mais juntas, mas que tínhamos aquele problema a resolver, aquela disputa da propriedade intelectual. Disse-lhe que deveríamos resolver aquela pendência."

Eles negociaram rapidamente um acordo que encerrou o processo da Apple contra a Microsoft. Gates prometeu indenizar a Apple e investir 150 milhões de dólares em ações sem direito a voto. Isso abriu caminho para parcerias futuras e injetou na empresa o capital que era muito necessário. Foi algo que apenas um líder intuitivo teria feito. O valor das ações da Apple aumentou imediatamente em 33%. E, com o tempo, a Apple recuperou parte do prestígio que perdera ao longo dos anos.

> É impossível melhorar sem uma mudança.

Revolucionar a música

Em 2001, Jobs fez outra jogada de liderança baseado em sua intuição. Enquanto os outros fabricantes de computadores investiam em PDAs (Assistente Pessoal Digital), ele estava interessado em música. E, quando Tony Fadell, fornecedor independente e especialista em *hardware*, procurou a Apple com a idéia de um tocador de MP3 e uma empresa de venda de música, a companhia abraçou essa idéia, embora várias outras empresas a tivessem rejeitado. Fadell foi contratado, e eles começaram a trabalhar no que seria conhecido como *iPod*.

Liderança, na verdade, é mais arte que ciência.

O envolvimento de Jobs com o *iPod* é um sinal de sua intuição de liderança. Ben Knauss, que participou do projeto, declara: "A coisa interessante no *iPod* é que, desde o início, mereceu 100% do tempo de Steve Jobs. Não são muitos os projetos que conseguem isso. Ele estava altamente envolvido em todos os aspectos do projeto."[2] Por que Jobs fez isso? Porque sua intuição como líder fez com que ele compreendesse o impacto que o aparelho poderia ter. Era coerente com sua visão de criar um estilo de vida digital.

Jobs estava certo. As vendas foram fenomenais e superaram as vendas de computadores da empresa. A Apple lucrava, enquanto todas das outras empresas de tecnologia sofriam reveses. Na primavera de 2002, já entregara mais de 10 milhões de unidades.[3] Ao final de 2005, a Apple detinha 75% do mercado mundial de tocadores de música digital![4]

A história de Jobs nos traz à mente que liderança, na verdade, é mais arte que ciência. Os princípios da liderança são constantes, mas a aplicação muda a cada líder e a cada situação. Por isso, a intuição é necessária. Sem ela, os líderes ficam vulneráveis, e essa é uma das piores coisas que pode acontecer a um líder. Se você quer liderar por muito tempo, liderar bem e estar à frente dos outros, precisa obedecer à lei da intuição.

APLICAR A LEI DA INTUIÇÃO À SUA VIDA

1 — Como você é no que diz respeito a confiar em sua intuição? Você é uma pessoa de fatos ou de sensações? Para ser melhor na lei da intuição, você precisa primeiramente estar disposto a *confiar* em sua intuição. Comece a trabalhar nas áreas em que você é mais forte.

Primeiramente, determine qual é seu talento natural mais forte. Depois, use esse talento, prestando atenção em seus sentimentos, instintos e intuição. Quando você sabe que algo é "certo" antes de ter provas? Quando você pode dizer que está "ligado"? Seus instintos nesse campo já o traíram? Se isso aconteceu, quando e por quê? Descubra sua aptidão para a intuição nos pontos em que é forte antes de tentar aplicar isso à liderança.

2 — Uma das capacidades mais importantes na liderança é ler as pessoas. Como você se classifica nessa área? Você consegue dizer o que os outros sentem? Você consegue sentir quando as pessoas estão aborrecidas? Alegres? Confusas? Com raiva? Você antecipa o que os outros pensam?

Se essa não é uma área em que você é forte, então busque melhorar ao fazer o seguinte:

- Leia livros sobre relacionamentos.
- Envolva mais pessoas em conversas.
- Torne-se um observador de pessoas.

3 — Eduque-se para pensar em termos de mobilização de pessoas e utilização de recursos. Pense sobre projetos e metas do momento. Depois imagine como atingi-las, mas você não deve fazer nenhum trabalho, exceto recrutar, fortalecer e motivar os outros.

Talvez, você queira escrever o seguinte em um cartão e mantê-lo no bolso ou na agenda:

- Quem é a melhor pessoa para cuidar disso?
- Quais recursos temos e quais nos ajudarão?
- Quais são os custos desse projeto?
- Como posso estimular minha equipe para ter sucesso?

CAPÍTULO NOVE

A LEI DO MAGNETISMO

Você é quem você atrai

Líderes eficientes estão sempre em busca de boas pessoas. Acho que todos temos uma relação mental de que tipos de pessoas gostaríamos ter em nossa organização ou departamento. Pense nisso. Você sabe quem procura neste exato momento? Para você, qual é o perfil do funcionário perfeito? Que qualidades ele deve ter? Você gostaria que ele fosse agressivo ou empreendedor? Está em busca de líderes? Faz diferença se está na casa dos vinte, dos quarenta ou dos sessenta anos? Pare agora, tire um tempo e faça uma lista das qualidades que gostaria de encontrar nas pessoas de sua equipe. Ache um lápis ou uma caneta e faça isso agora, antes de continuar a ler.

Meu pessoal deveria ter estas qualidades:

____

____

____

____

Mas o que determinará se as pessoas que você quer são as que você consegue, ou se elas têm as qualidades que você deseja? Talvez você se surpreenda com a resposta. Acredite ou não, aqueles que você atrai não é algo determinado pelo que você *quer*. É determinado por quem você *é*.

Retorne à lista que acabou de fazer e, em cada característica que identificou, defina se você tem essa qualidade. Por exemplo, se você escreveu que gostaria de ter "grandes líderes" e você, realmente, é um excelente líder, temos aí uma identificação. Faça uma marca (*) ao lado dela. Mas se sua liderança não é acima da média, marque com um X e escreva "líder apenas mediano", junto a ela. E se você escreveu que quer pessoas "empreendedoras" e tem essa qualidade, faça uma marca. Do contrário, marque com um X e assim por diante. Agora revise a lista toda.

> Aqueles que você atrai não é algo determinado pelo que você quer. É determinado por quem você é.

Se você vir um punhado de xis, então enfrenta problemas, porque as pessoas que você descreveu não são do tipo que desejarão segui-lo. Na maioria das situações, a não ser que você tome medidas duras para compensar isso, você atrai pessoas que têm as mesmas qualidades que você. É a lei do magnetismo: você é quem você atrai.

Da música para a liderança

Quando eu era garoto, minha mãe costumava dizer que os pássaros do mesmo tipo se juntam. Eu achava que era um ditado sábio, principalmente quando estava com meu irmão mais velho, Larry, e jogava bola com ele. Ele era um bom atleta, então eu achava que aquilo também me tornava bom. À medida que cresci, acho que, instintivamente, reconheci que os bons alunos passavam o tempo com bons alunos, pessoas que só queriam brincar ficavam juntas e assim por diante. Mas acho que não entendi realmente o impacto da lei do magnetismo até me mudar para San Diego, Califórnia, e tornar-me líder da última igreja da qual fui pastor.

Meu antecessor na Skyline Church era o Dr. Orval Butcher. Ele é um homem maravilhoso, com muitas qualidades admiráveis. Uma delas é sua musicalidade. Ele toca piano e tem uma bela voz de tenor irlandês, até hoje, embora já esteja na casa dos 80 anos de idade. No momento em que cheguei, em 1981, a Skyline tinha uma sólida reputação de boa música e era conhecida em todo o país por suas impressionantes produções musicais. De fato, a igreja estava repleta de músicos e de cantores talentosos. E, nos 27 anos em que o Dr. Butcher comandou a igreja, apenas dois diretores musicais trabalharam com ele — um registro inacreditável. (Em comparação, durante meus 14 anos lá, empreguei cinco pessoas para essa função.)

Por que havia tantos músicos excepcionais na Skyline? A resposta está na lei do magnetismo. Pessoas com talento musical eram naturalmente atraídas pelo Dr. Butcher. Elas o respeitavam e o compreendiam. Partilhavam sua motivação e seus valores. Estavam junto com ele. Líderes ajudam a moldar a cultura de sua organização em função de o que são e de o que fazem. A música era valorizada. Era praticada e apresentada com excelência. Era usada para atingir toda a comunidade. Estava, profundamente, entranhada na cultura da organização.

Eu, por outro lado, gosto de música, mas não sou músico. É engraçado, mas quando fui entrevistado para ocupar a posição na Skyline, uma das primeiras perguntas que eles fizeram foi se eu sabia cantar. Eles ficaram muito desapontados quando eu disse que não. Após eu ingressar na igreja, o número de novos músicos que chegavam diminuiu rapidamente. Nós ainda tínhamos muitos deles, porque o Dr. Butcher criara impulso e deixara um maravilhoso legado na área. Mas sabe que tipo de gente passou a chegar? Líderes. Eu valorizava a liderança, a moldava, dava aulas sobre ela e a recompensava. A liderança estava entranhada no tecido da organização. Na época em que deixei a Skyline, não apenas era uma igreja com centenas de excelentes líderes, mas também a igreja crescera e produzira centenas de líderes. A razão era a lei do magnetismo. Nossa organização tornou-se um ímã para pessoas com capacidade de liderança.

Em que elas se parecem?

Talvez você tenha começado a pensar nas pessoas que atraiu para sua organização. Talvez esteja dizendo para si mesmo: *Espere um pouco. Posso apon-*

tar vinte coisas que tornam meu pessoal diferente de mim. E minha resposta seria: É claro. Somos todos indivíduos. Mas as pessoas que são atraídas para você, provavelmente, têm mais semelhanças que diferenças, principalmente em algumas áreas fundamentais.

Dê uma olhada nas seguintes características. Se você recrutou e contratou uma equipe, provavelmente descobrirá que você e as pessoas que o seguem têm muito em comum em várias dessas áreas fundamentais:

Geração

A maioria das organizações reflete as características de seus principais líderes, e isso vale também para a idade. Na época do *boom* das companhias ponto.com, na década de 1990, milhares de empresas foram fundadas por pessoas na faixa dos vinte ou trinta e poucos anos de idade. E quem eles contrataram? Outras pessoas dessa mesma faixa etária. Em praticamente todos os tipos de organizações, as pessoas que entram, geralmente, são da mesma faixa etária que os líderes que as contrataram. Isso, muitas vezes, ocorre em departamentos. Algumas vezes, acontece na empresa como um todo.

> Se você acha que seu pessoal é negativista, melhor verificar sua atitude.

Postura

Poucas vezes, vi pessoas positivas e negativistas se atraírem. As pessoas que vêem a vida como uma série de oportunidades e desafios empolgantes não querem ouvir os outros que falam, o tempo todo, sobre as coisas ruins que acontecem. Sei que, no meu caso, isso é verdade. E não só as pessoas atraem outras com atitudes semelhantes, mas também essas atitudes tendem a se tornar semelhantes. Atitude é uma das qualidades mais contagiantes do ser humano. Pessoas com boa atitude tendem a fazer as pessoas ao seu redor se sentir mais positivas. Aquelas com atitude ruim tendem a derrubar as outras.

Histórico

No capítulo sobre a lei do processo, escrevi sobre Theodore Roosevelt. Uma de suas realizações memoráveis foi o impressionante ataque ao Monte San Juan, com os Rough Riders, durante a Guerra Hispano-Americana. Roosevelt recrutou pessoalmente aquela companhia de cavalaria composta exclusivamente de voluntários que, conforme se afirma, era um grupo de pessoas especialmente peculiar. Era composto basicamente de dois tipos de homens: aristocratas ricos do nordeste do país e vaqueiros do Oeste. Por quê? Porque Theodore Roosevelt era um nova-iorquino de origem aristocrática, educado em Harvard, que se transformou em um verdadeiro vaqueiro e caçador de grandes animais nos estados do Oeste, a Dakota do Norte e a Dakota do Sul. Ele era um líder firme e genuíno nesses dois mundos e, por conseguinte, atraía esses dois tipos de pessoas.

As pessoas atraem outras de histórico semelhante, como também são atraídas por elas. Operários tendem a se juntar. Empregadores tendem a contratar pessoas da mesma raça. Pessoas escolarizadas tendem a respeitar e valorizar outras igualmente escolarizadas. Esse magnetismo natural é tão forte que as organizações que valorizam a diversidade precisam lutar contra ele.

Na NFL [Liga Profissional de Futebol Americano], por exemplo, os donos dos times são brancos e, por décadas, todos os técnicos principais foram brancos. Mas, como os membros da liga valorizavam a diversidade racial, implementaram uma política de diversidade que determinava que os times tinham de incluir, pelo menos, um candidato pertencente a uma minoria no processo de entrevistas para a seleção de técnicos principais. Essa política levou à contratação de um número maior de técnicos principais afro-americanos de qualidade. (Mas, exceto pela área racial, o histórico de todos os técnicos continua a ser extremamente semelhante).

Valores

As pessoas são atraídas por líderes com valores semelhantes aos seus. Pense nas pessoas que se juntaram ao presidente John F. Kennedy após sua eleição em 1960. Ele era um jovem idealista que queria mudar o mundo e, portanto, atraiu pessoas com perfil semelhante. Quando ele criou o Corpo da Paz, convocou as pessoas a servir, dizendo: "Não pergunte o que seu país pode fazer por você; mas o que você pode fazer por seu país." Milhares de jovens idealistas se apresentaram para responder a esse desafio.

Não faz diferença se os valores partilhados são positivos ou negativos. Nos dois casos, a atração é igualmente forte. Pense em alguém como Adolf Hitler. Ele era um líder muito firme (como você pode avaliar por sua grande influência). Mas seus valores eram inteiramente corrompidos. Que tipo de pessoas ele atraiu? Líderes com valores semelhantes: Hermann Goering, fundador da Gestapo; Joseph Goebbels, um profundo anti-semita que comandou a máquina de propaganda de Hitler; Reinhard Heydrich, segundo no comando da polícia secreta nazista, que ordenou execuções em massa de adversários do regime nazista; e Heinrich Himmler, chefe da SS e diretor da Gestapo que iniciou a execução sistemática de judeus. Todos eram líderes firmes, e todos eram homens inteiramente maus. A lei do magnetismo é poderosa. Quaisquer que sejam as suas características, é exatamente isso o que você provavelmente encontra nas pessoas que o seguem.

Energia

É bom que pessoas com níveis de energia semelhantes sejam atraídas umas para as outras, porque, quando você junta uma pessoa muito enérgica com outra pouco enérgica e pede que trabalhem juntas, elas podem levar uma a outra à loucura. A pessoa muito enérgica acha que a pouco enérgica é preguiçosa, e a pouca enérgica acha que a muito enérgica é insana.

Talento

As pessoas não procuram líderes medíocres para seguir. As pessoas são atraídas por capacidade e qualidade, especialmente na área em que são talentosas. Elas, mais provavelmente, respeitarão e seguirão alguém que tenha seu tipo de talento. As pessoas de negócios querem seguir chefes com capacidade de construir uma organização e de produzir lucros.

Jogadores de futebol querem seguir técnicos com grande talento para o futebol. Pessoas criativas querem seguir líderes dispostos a pensar de modo diferente. Os semelhantes se atraem. Isso pode parecer óbvio. Ainda assim, conheci muitos líderes que esperavam que pessoas altamente talentosas os seguissem, embora eles não tivessem os talentos daquelas pessoas nem demonstrassem valorizá-los.

CAPACIDADE DE LIDERANÇA

Finalmente, as pessoas que você atrai terão capacidade de liderança semelhante à sua. Ao discutir a lei do respeito, disse que as pessoas seguem naturalmente líderes mais fortes que elas. Mas também é preciso levar em conta a lei do magnetismo, que determina que você é quem você atrai. Se você é um 7 no que diz respeito à liderança, mais provavelmente atrairá para você mais pessoas dos tipos 5 e 6 que dos tipos 2 e 3. Os líderes que você atrai serão semelhantes a você em estilo e capacidade.

Viver a liderança

Al McGuire, ex-técnico de basquete da Marquette University, disse certa vez: "Uma equipe deve ser um prolongamento da personalidade do técnico. Meus times são arrogantes e antipáticos." É mais que uma questão do tipo "deve ser" — times não podem deixar de ser uma extensão da personalidade de seu líder.

Em 1996, criei minha organização sem fins lucrativos, EQUIP, que faz treinamento internacional de líderes. Adivinhe que tipo de doadores atraímos para a EQUIP? Líderes! Homens e mulheres que lideram outros, e que também compreendem o valor e o impacto do treinamento de líderes, sempre são atraídos para a EQUIP.

Agir contra a natureza

Ao ler este capítulo, talvez se descubra em uma das seguintes situações. Talvez diga a si mesmo: *Não gosto das pessoas que atraio. Será que estou em uma armadilha?* A resposta é não. Se você está insatisfeito com a capacidade de liderança das pessoas que atrai, abrace a lei do processo e se esforce para aumentar sua capacidade de liderança. Se você quer fazer uma organização crescer, faça o líder crescer. Se você acha que as pessoas que atrai não são confiáveis, investigue o seu caráter. Desenvolver um caráter mais sólido pode ser difícil, mas o retorno é enorme. Um bom caráter melhora todos os aspectos da vida de uma pessoa.

Por outro lado, talvez você diga: *Gosto de quem eu sou e das pessoas que atraio.* Isso é ótimo! Então dê o passo seguinte de uma liderança efetiva. Trabalhe para recrutar pessoas que sejam diferentes de você para compensar suas fraquezas. Se você não o fizer, importantes tarefas da organização, provavelmente, serão negligenciadas, e, por conseguinte, a organização será prejudicada. Uma organização nunca atinge todo seu potencial se todos nela forem visionários ou se todos foram contadores.

> É possível para o líder sair e recrutar pessoas diferentes dele, mas essas não são as pessoas que ele atrairia naturalmente.

É possível para o líder sair e recrutar pessoas diferentes dele, mas essas não são as pessoas que ele atrairia naturalmente. Atrair pessoas diferentes exige um grande grau de intencionalidade. Para que você seja bem sucedido, as pessoas precisam acreditar em você, e o seu ponto de vista precisa ser convincente. Você poderá aprender mais sobre isso na lei da aquisição.

A história muda de rumo

Assim que você compreende a lei do magnetismo, passa a vê-la em ação em quase todas as situações: negócios, governo, esporte, educação, forças armadas e muito mais. Ao ler livros de história, procure as pistas dela. Um dos maiores exemplos da lei do magnetismo pode ser encontrado entre os líderes militares da Guerra Civil americana. Quando os estados do Sul se separaram, havia dúvidas sobre por qual lado muitos dos generais lutariam. Robert E. Lee era considerado o melhor general do país, e o presidente Lincoln chegou a oferecer a ele o comando do exército da União. Mas Lee jamais lutaria contra a Virginia, sua terra natal. Ele recusou a oferta e se juntou aos confederados — e os melhores generais da terra o seguiram.

Caso Lee escolhesse liderar o exército da União, muitos dos outros bons generais o seguiriam para o Norte. Por conseguinte, a guerra, provavelmente, teria durado muito menos. Alguns acreditam que ela poderia ter durado dois anos, em vez de cinco, e que centenas de milhares de vidas teriam sido poupadas. Isso é apenas para mostrar que, quanto melhor você for como líder, melhores líderes atrairá. E isso tem um impacto inacreditável em tudo o que você faz.

> Quanto melhor você for como líder, melhores líderes atrairá.

Que tipo de pessoa você atrai para sua organização ou departamento? Os líderes que você deseja têm potencial, são capazes e firmes? Ou poderiam ser melhores? Lembre-se, a qualidade deles, no final, não depende de um processo de contratação, de um departamento de recursos humanos ou mesmo do que você considera ser a qualidade do conjunto de candidatos. Depende de você. Você é quem você atrai. Essa é a lei do magnetismo. Se você quer atrair pessoas melhores, torne-se o tipo de pessoa que você deseja atrair.

Aplicar a lei do magnetismo à sua vida

1 — Se você pulou o exercício de escrever as qualidades que deseja em seus seguidores, faça-o agora. Assim que tiver terminado (ou caso já o tenha feito), pense em *por que* deseja as qualidades que relacionou. Quando as escreveu, pensou que descrevia pessoas como você ou diferentes de você? Caso haja alguma disparidade entre a imagem que você tem de si mesmo e a de seus empregados, talvez seu grau de autoconsciência seja baixo, e isso talvez esteja impedindo seu crescimento pessoal. Converse com um colega ou um amigo de confiança que o conheça bem para ajudá-lo a identificar seus pontos fracos.

2 — Em função do que você atrai, talvez precise melhorar nas áreas de caráter e de liderança. Encontre orientadores dispostos e capazes de ajudá-lo a crescer em cada área. Bons candidatos para orientadores de caráter podem ser um pastor ou conselheiro espiritual, um profissional cuja capacidade você respeite ou um treinador profissional. Idealmente, seu mentor de liderança deve trabalhar na mesma área, ou ter profissão semelhante, e estar vários degraus acima de você na carreira.

3 — Se você já atrai o tipo de pessoas que deseja, é hora de levar sua liderança ao patamar seguinte. Trabalhe para compensar suas fraquezas e recrutar pessoas que complementem sua liderança na área de habilidades. Faça uma lista de suas cinco maiores forças no que diz respeito às habilidades. Depois enumere suas cinco maiores fraquezas.

Agora é hora de produzir um perfil de quem você procura. Comece com talentos que correspondam a suas fraquezas. Acrescente a isso valores e posturas semelhantes às suas. Também leve em conta se a idade, o histórico e a educação são fatores importantes. Ajudaria se fossem diferentes? Finalmente, procure alguém que seja um bom líder em potencial ou que pelo menos compreenda e valorize o modo como a liderança funciona. Poucas coisas são mais frustrantes para um bom líder que um parceiro com mentalidade burocrática.

CAPÍTULO DEZ

A LEI DA CONEXÃO

Líderes tocam o coração antes de pedir uma mãozinha

Há incidentes na vida e nas carreiras dos líderes que se tornam momentos de definição para sua liderança. Na percepção dos seguidores, do público em geral e dos historiadores, esses momentos muitas vezes mostram o que aqueles líderes são e o que eles representam. Eis um exemplo do que quero dizer: acredito que a presidência de George W. Bush pode ser resumida por dois momentos definidores pelos quais ele passou durante seu mandato.

Uma conexão estabelecida

O primeiro desses momentos ocorreu no início do seu primeiro mandato e definiu todo o seu período de governo. No dia 11 de setembro de 2001, os Estados Unidos foram atacados por terroristas que lançaram aviões contra o World Trade Center e o Pentágono. As pessoas no país ficaram com raiva. Ficaram com medo. Estavam inseguras quanto ao futuro. E também choravam a morte de milhares de pessoas cuja vida foi ceifada pelos terroristas.

Apenas quatro dias depois da queda das torres do World Trade Center, Bush foi ao *Ground* Zero. Ele passou algum tempo lá com bombeiros, policiais e membros das equipes de resgate. Apertou mãos. Ouviu.

Conheceu a devastação. Agradeceu às pessoas que estavam trabalhando e disse a elas: "O país transmite seu amor e sua compaixão a todos que estão aqui." Relatos dizem que o ânimo das pessoas, exaustas com as buscas, aumentou quando o presidente chegou e começou a apertar a mão delas.

As câmeras mostraram Bush de pé sobre os escombros com o braço em torno do bombeiro Bob Beckwith. Quando alguns na multidão gritaram que não conseguiam ouvi-lo, Bush gritou de volta: "Eu consigo ouvir vocês. O resto do mundo ouve vocês. E as pessoas que derrubaram estes prédios nos ouvirão em breve."[1]

As pessoas aplaudiram. Elas se sentiram valorizadas. Sentiram-se compreendidas. Bush tinha se ligado a elas de uma forma que ninguém o tinha visto fazer até aquele momento.

Ninguém em casa

O segundo incidente ocorreu no segundo mandato de Bush e definiu esse período. Foi em 31 de agosto de 2005, apenas dois dias depois da passagem do furacão Katrina. Após os diques de Nova Orleans terem se rompido, e a água inundado a cidade, Bush, em vez de visitar o local, como fizera em Nova York após o 11 de setembro, preferiu sobrevoar a cidade no Air Force One, olhando através de uma das pequenas janelas do jato para ver os estragos. Para as pessoas da costa do Golfo, foi o retrato da indiferença.

Enquanto a tragédia se desenrolava, nenhuma autoridade em nenhuma instância de governo se ligou às pessoas de Nova Orleans: nem o presidente, nem o governador, nem o prefeito. No momento em que o prefeito Ray Nagin ordenou a evacuação da cidade, era tarde demais para que muitos moradores pobres conseguissem sair. Ele mandou pessoas para o estádio Superdome, aconselhando-as a comer antes de ir, porque o governo local não fizera provisões para elas. Enquanto isso, convocou entrevistas coletivas e se queixou de que não estava recebendo ajuda. E as pessoas mais afetadas pelos problemas se sentiram abandonadas, esquecidas e traídas.

Depois que o pior da tragédia já tinha passado, o presidente Bush, independentemente do que dissesse ou quanta ajuda oferecesse, foi incapaz de reconquistar a confiança das pessoas. É verdade que, quando o prefeito democrata Nagin foi reeleito, menos de um ano depois do desastre, agradeceu a Bush por "ajudar os cidadãos de Nova Orleans". E Donna Brazile, outra democrata, desde aquela época, descreveu Bush como "muito engajado" no processo de reconstrução e o elogiou por levar o Congresso a destinar recursos para a reconstrução dos diques.[2] Mas, naquele momento, Bush não podia desfazer a imagem de indiferença que criara. Ele fracassou em se ligar às pessoas. Ele violara a lei da conexão.

O coração em primeiro lugar

No que diz respeito a trabalhar com pessoas, o coração vem antes da mente. Isso vale tanto em casos que você se comunica com um estádio cheio de pessoas, comanda uma reunião de equipe ou tenta se relacionar com seu cônjuge. Pense em como você reage às pessoas. Quando você ouve um palestrante ou um professor, quer ouvir um monte de estatísticas áridas ou um monte de fatos? Ou preferiria que o palestrante se ligasse a você no aspecto humano — talvez com uma historinha ou uma brincadeira? Se você já integrou uma equipe vitoriosa nos negócios, nos esportes ou em outra área, sabe que o líder não se limita a dar instruções e colocá-lo no caminho. Sabe que ele se ligou a você na esfera emocional.

Para que os líderes sejam eficazes, precisam se ligar às pessoas. Por quê? Porque você primeiramente precisa tocar o coração das pessoas antes de pedir uma mãozinha. É a lei da conexão. Todos os grandes líderes e comunicadores reconhecem essa verdade e a seguem quase instintivamente. Você não consegue colocar as pessoas em ação, a não ser que, antes, as toque com a emoção.

Frederick Douglass foi um grande orador e líder afro-americano do século XIX. Sabe-se que ele tinha uma capacidade impressionante de se ligar às pessoas e tocar o coração delas quando falava. O historiador Lerone Bennett disse o seguinte a respeito de Douglass: "Ele conseguia fazer as pessoas *rirem* de um senhor de escravos pregando o dever da obediência cristã, fazia com que *vissem* a humilhação de uma mulher negra violada por um senhor de escravos brutal, conseguia fazê-las *ouvir* os soluços de uma mãe separada do filho. Por intermédio dele, as pessoas podiam chorar, amaldiçoar e ter emoções; por intermédio dele, podiam *viver* a escravidão."

O grande conector

Bons líderes se preocupam em se ligar aos outros o tempo todo, quer estejam se comunicando com toda uma organização, quer estejam trabalhando com um único indivíduo. Quanto mais forte o relacionamento que você estabelece com os seguidores, maior a conexão que você forja — e mais provável é que esses seguidores queiram ajudá-lo.

> Você não consegue colocar as pessoas em ação a não ser que, antes, as toque com a emoção. O coração vem antes da mente.

Costumava dizer à minha equipe: "As pessoas não se interessam por quanto você sabe até saberem o quanto você se interessa." Eles resmungavam porque me ouviam sempre dizer isso, mas reconheciam que ainda assim era verdade. Você cria credibilidade com as pessoas quando se liga a elas e mostra que realmente se interessa e quer ajudá-las. Como resultado, elas normalmente reagem do mesmo jeito e querem ajudar você.

O presidente Ronald Reagan é um excelente exemplo de um líder capaz de se ligar tanto a platéias quanto a indivíduos. Sua capacidade de estabelecer uma comunicação com uma platéia se reflete no apelido que recebeu como presidente: o Grande Comunicador. Mas ele também tinha a capacidade de tocar o coração dos indivíduos próximos a ele. Ele poderia ter sido chamado de o Grande Conector.

A ex-autora de discursos de Reagan, Peggy Noonan, disse que, quando Reagan voltava para a Casa Branca de viagens longas, e a equipe ouvia seu helicóptero pousar no gramado, todos paravam de trabalhar, e Donna Elliott exclamava: "Papai voltou!"

Eles mal podiam esperar para vê-lo. Alguns funcionários resmungam quando seus chefes aparecem. O pessoal de Reagan sentia-se encorajado, porque ele tinha se ligado a eles.

Conecte-se às pessoas individualmente

Um dos segredos para se conectar aos outros é reconhecer que, mesmo em um grupo, é preciso se relacionar com as pessoas como indivíduos. O general Norman Schwarzkopf observou: "Vi líderes competentes ficarem em frente a um pelotão, mas eles apenas viam um pelotão. Mas grandes líderes ficam em frente a um pelotão, mas vêem 44 indivíduos, cada um deles com suas aspirações, cada um dos quais quer viver, cada um dos quais quer se sair bem."[3]

> Quanto mais forte o relacionamento e a conexão entre os indivíduos, mais provável é que o seguidor queira ajudar o líder.

Tive, ao longo de minha carreira, a oportunidade de falar para algumas platéias maravilhosas. As maiores foram em estádios com mais de 60 mil pessoas na platéia. Alguns de meus colegas que ganham a vida com palestras me perguntaram: "Como você consegue falar com tantas pessoas?"

O segredo é simples. Não tento falar para os milhares. Concentro-me em falar para uma pessoa. É a única forma de se ligar às pessoas. E o mesmo acontece na hora de escrever um livro. Não penso nos milhões de pessoas que lêem meus livros. Penso em você. Acredito que, se conseguir me ligar a você como indivíduo, então o que, eu tenho a oferecer talvez possa ajudá-lo. Se eu não me ligar a *você*, então você interromperá a leitura e fará outra coisa.

> Para se ligar a pessoas em um grupo, relacione-se com elas como indivíduos.

Como estabelecer a conexão? Quer você fale para uma grande platéia quer bata papo no corredor com um indivíduo, a orientação é a mesma:

1 — *Conecte-se consigo mesmo*

Você precisa saber quem é e confiar em si mesmo, caso deseje se conectar aos outros. As pessoas não atendem ao chamado de uma trombeta insegura. Seja confiante e seja você mesmo. Se você não acredita em quem é e aonde quer chegar, trabalhe isso antes de fazer qualquer outra coisa.

2 — *Comunique-se de forma aberta e sincera*

As pessoas podem identificar um impostor a quilômetros. O lendário técnico da NFL [Liga Profissional de Futebol Americano], Bill Walsh, observou: "Nada é mais eficaz que um elogio sincero e preciso, e nada é mais prejudicial que um cumprimento fingido."

Os líderes autênticos conectam-se com os outros.

3 — *Conheça seu público*

Quando você trabalha com indivíduos, conhecer o público significa saber os nomes das pessoas, conhecer suas histórias, perguntar sobre seus sonhos. Quando você se comunica com uma platéia, tem de aprender sobre a organização e suas metas. Você quer falar sobre algo que interessa a elas, não apenas sobre algo que interessa a você.

4 — *Viva a sua mensagem*

Talvez a coisa mais importante que você pode fazer como líder e comunicador é praticar o que você prega. É a origem da credibilidade. Muitas pessoas no mercado estão dispostas a dizer uma coisa para o público, mas fazer algo diferente nos bastidores. Estas não duram.

5 —*Vá aonde elas estão*

Como comunicador, não gosto de nenhuma barreira à comunicação. Não gosto de estar distante demais da minha platéia ou acima demais dela em um palco. Definitivamente, não quero barreiras físicas entre mim e as pessoas. Mas o *método* de comunicação da pessoa também pode ser uma barreira. Quando falo no palco ou estou sentado em meu escritório com alguém, tento falar a língua daquela pessoa, chegar até ela. Tento estar sintonizado na cultura, no histórico e na educação do outro. Adapto-me aos outros. Não espero que eles se adaptem a mim.

6 — *Concentre-se neles, não em você*

Se você entrar em um elevador comigo e pedir que eu conte o segredo da boa comunicação antes de saltar no próximo andar, direi a você para se concentrar nos outros, não em si mesmo. Esse é o principal problema de palestrantes inexperientes e também o principal problema de líderes ineficazes. Você sempre estabelece a conexão mais rapidamente quando não se concentra em si mesmo.

7 — *Acredite neles*

Uma coisa é se comunicar com as pessoas porque acredita ter algo de valor a dizer. Outra muito diferente é se comunicar com as pessoas porque acredita que elas têm valor. A opinião que as pessoas têm de nós diz menos respeito ao que elas vêem em nós do que ao que podemos ajudá-las a ver em si mesmas.

8 — *Ofereça orientação e esperança*

As pessoas esperam que os líderes as ajudem a chegar aonde querem ir. Mas os bons líderes fazem mais que isso. O general francês Napoleão Bonaparte disse: "Líderes são mercadores da esperança." É uma grande verdade, quando você dá esperança às pessoas, dá a elas um futuro.

Esse é o trabalho do líder

Alguns líderes têm problemas com a lei da conexão porque acreditam que estabelecer a conexão é responsabilidade dos seguidores. Isso é verdade, principalmente em relação aos líderes posicionais. Eles estão habituados a pensar: *Sou o chefe. Tenho a posição. Eles são meus funcionários. Que eles venham a mim.*

Mas líderes de sucesso que obedecem à lei da conexão sempre tomam a iniciativa. Eles dão o primeiro passo com os outros e, depois, fazem o esforço de continuar a construir relacionamentos. Nem sempre é fácil, mas é importante para o sucesso da organização. Um líder tem de fazer isso, sem levar em conta a quantidade de obstáculos existentes.

Aprendi essa lição em 1972, quando passei por uma situação muito difícil. Mudei-me para Lancaster, Ohio, pois aceitara ser líder de uma igreja lá. Para mim, seria um grande passo no que diz respeito à responsabilidade. Antes de aceitar a posição, soube que a igreja acabara de passar por uma grande batalha em torno de um projeto de construção. O líder de uma das facções, Jim, era a pessoa de maior influência na igreja. Também descobri que Jim tinha a reputação de ser negativista e independente. Ele gostava de usar sua influência para levar as pessoas em direções que nem sempre ajudavam a organização.

> Uma coisa é se comunicar com as pessoas porque você acredita que tem algo valioso a dizer. Outra muito diferente é se comunicar com as pessoas porque você acredita que elas têm valor.

Como o líder anterior da igreja enfrentara a oposição de Jim mais de uma vez, sabia que teria de derrotá-lo. Do contrário, sempre teria conflitos com ele. Se você quer alguém ao seu lado, não tente convencê-lo — conecte-se a ele. Era o que eu estava decidido a fazer. Assim, ao assumir a posição, a primeira coisa que fiz foi marcar uma reunião com Jim em meu escritório.

Admito que não tinha muita vontade de me encontrar com Jim. Ele era um homem grande — 1,90m de altura e cerca de 120 quilos. Era muito intimidador. Ademais, tinha 65 anos de idade, e eu, apenas 25. A reunião tinha tudo para dar errado. Quando ele se sentou no escritório, disse-lhe: "Jim, sei que você é a pessoa de maior influência nesta igreja e quero que você saiba que farei todo o possível para estabelecer um bom relacionamento com você. Gostaria de almoçar com você toda terça-feira no Holiday Inn para conversarmos. Embora eu seja o líder aqui, nunca tomarei nenhuma decisão relativa às pessoas sem antes discuti-la com você. Realmente quero trabalhar com você."

A seguir, prossegui: "Mas também quero que saiba que ouvi dizer que você é uma pessoa muito negativista e que gosta de travar batalhas. Se você decidir trabalhar contra mim, imagino que estaremos em lados opostos. E como você tem muita influência, sei que vencerá a maioria das vezes, pelo menos no início. Mas estabelecerei relacionamentos com as pessoas e trarei novas pessoas para esta igreja. E esta igreja vai crescer, e, algum dia, terei mais influência que você."

Fiz uma pausa e continuei: "Mas eu não quero lutar contra você. Você tem 65 anos de idade. Digamos que tenha mais 10 ou 15 anos de boa saúde e produtividade pela frente. Se quiser, poderá tornar esses anos os melhores de sua vida e fazer com que ela tenha valor. Podemos fazer grandes coisas nessa igreja, mas a decisão é sua.

Quando terminei, Jim não disse uma só palavra. Ele se levantou, caminhou até o saguão e tomou água no bebedouro. Segui-o até lá fora e esperei. Não sabia se ele me repreenderia, declararia guerra ou me mandaria passear."

É função do líder iniciar a conexão com as pessoas.

Depois de muito tempo, Jim se empertigou e virou-se. Ao fazê-lo, vi que lágrimas corriam pela sua face. Ele, a seguir, deu-me um forte abraço e disse: "Pode contar comigo ao seu lado." E Jim ficou do meu lado. No final, ele viveu mais dez anos, e, como estava disposto a me ajudar, um jovem com uma visão, realizamos juntos muitas coisas positivas. Mas isso nunca teria acontecido se eu não tivesse tido a coragem de tentar estabelecer uma conexão com ele naquele primeiro dia em meu escritório.

Quanto maior o desafio, maior a conexão

Nunca subestime o poder de estabelecer conexões e construir relacionamentos com as pessoas antes de pedir que elas o sigam. Se você estudou a vida de comandantes militares notáveis, provavelmente percebeu que os melhores praticavam a lei da conexão. Li que, na França, durante a Primeira Guerra Mundial, o general Douglas disse ao comandante de um batalhão antes de um ataque perigoso: "Major, quando for dado o sinal de subir até o alto, quero que vá à frente de seus homens. Se o fizer, eles o seguirão." A seguir, MacArthur retirou a cruz de condecoração do seu uniforme e a colocou no do major. Ele, de fato, o condecorara por heroísmo antes de pedir que o demonstrasse. O major, claro, liderou seus homens; eles o seguiram até o topo e atingiram seu objetivo.

Nem todos os exemplos da lei da conexão são tão dramáticos, mas todos eles são eficazes. Por exemplo: diz-se que Napoleão tinha o hábito de conhecer todos os seus oficiais pelo nome e lembrava-se de onde viviam e que batalhas travaram com ele. Robert E. Lee era conhecido por visitar seus homens nos acampamentos na noite anterior a qualquer grande batalha. Ele, com freqüência, enfrentava os desafios no dia seguinte sem ter dormido. Mais recentemente, li sobre como Norman Schwarzkopf se conectou às suas tropas na primeira Guerra do Golfo. No Natal de 1990, ele passou o dia nos refeitórios entre os homens e as mulheres que estavam distantes de suas famílias. Em sua autobiografia, ele relata:

Pode parecer piegas, mas realmente é verdade: as pessoas não se preocupam com o quanto você sabe até saberem o quanto você se preocupa.

> Apertei as mãos de todos os que estavam na fila, fui para trás do balcão para cumprimentar os cozinheiros e ajudantes e atravessei todo o refeitório, parando em cada mesa, desejando a todos Feliz Natal. Depois, fui para o segundo e o terceiro refeitórios e fiz a mesma coisa. Voltei para a primeira barraca e repeti o exercício, porque, naquele momento, ali estavam outros soldados, novos rostos. Ali, sentei-me com alguns dos soldados e jantei. Ao longo de quatro horas, devo ter dado quatro mil apertos de mão.[4]

Schwarzkopf era general. Ele não precisava fazer aquilo, mas fez. Ele utilizou um dos métodos mais eficazes para se ligar às pessoas, algo que chamo de *caminhar lentamente pela multidão*. Pode parecer piegas, mas realmente é verdade: as pessoas não se preocupam com o quanto você sabe até saberem o quanto você se preocupa. Como líder, encontre tempo para estar à disposição das pessoas. Aprenda o nome delas. Diga-lhes o quanto você as valoriza. Descubra o que elas estão fazendo. E, o mais importante, escute. Líderes que se relacionam com as pessoas e realmente se conectam a elas são líderes que as pessoas seguirão até os confins da terra.

O resultado da conexão

Quando um líder realmente faz o trabalho de se conectar ao seu pessoal, isso fica claro no modo como a organização funciona. Os funcionários demonstram lealdade e ética de trabalho muito clara. A visão do líder passa a ser a aspiração das pessoas. O impacto é inacreditável.

Uma das empresas que admiro é a Southwest Airlines. A empresa faz sucesso e apresenta lucros, enquanto outras companhias fracassaram e faliram. Herb Kelleher, fundador da empresa e atual presidente executivo do conselho, é a pessoa responsável pelo sucesso inicial da organização e a criação de sua cultura.

Amo o que os funcionários da Southwest fizeram no Dia do Patrão de 1994, porque mostra o tipo de conexão que Kelleher estabeleceu com seu pessoal. Eles publicaram um anúncio de página inteira no jornal *USA Today* para enviar a seguinte mensagem a Kelleher:

> Obrigado, Herb
> Por lembrar do nome de todos nós.
> Por dar apoio à Casa Ronald McDonald.
> Por ajudar a carregar a bagagem no Dia de Ação de Graças.
> Por beijar todos (e isso inclui todos mesmo).
> Por escutar.
> Por administrar a única grande companhia aérea lucrativa.
> Por cantar em nossa festa de fim de ano.
> Por cantar apenas uma vez por ano.
> Por nos deixar trabalhar de bermudas e tênis.
> Por disputar o LUV Classic com apenas um taco de golfe.
> Por falar mais alto que Sam Donaldson.
> Por pilotar sua Harley-Davidson para a sede da Southwest.
> Por ser um amigo, não apenas um chefe.
> Feliz Dia do Chefe, de cada um dos seus 16.000 funcionários.[5]

Uma demonstração de afeto como essa só acontece quando o líder trabalhou duro para se conectar com seu pessoal.

Nunca subestime a importância de construir pontes entre você e as pessoas que você lidera. Há um antigo ditado: para guiar a si mesmo, use a cabeça; para guiar os outros, use o coração. Essa é a natureza da lei da conexão. Sempre toque o coração de uma pessoa antes de pedir a ela uma mãozinha.

APLICAR A LEI DA CONEXÃO À SUA VIDA

1 — O que realmente quer dizer "conecte-se a você mesmo"? Quer dizer *conhecer* e *gostar* de quem você é. Comece avaliando seu nível de autoconsciência. Responda às seguintes perguntas:

- Como descreveria minha personalidade?
- Qual é minha maior força de caráter?
- Qual é minha maior fraqueza de caráter?
- Qual é meu maior bem?
- Qual é meu maior déficit?
- Quão bem me relaciono com os outros (1 a 10)?
- Quão bem me comunico com os outros (1 a 10)?
- É fácil gostar de mim (1 a 10)?

Depois peça que três pessoas que o conheçam bem respondam às mesmas perguntas sobre você. Compare as respostas. Se as respostas delas forem muito diferentes das suas, você tem uma dificuldade de percepção que precisa corrigir. Procure um orientador, um parceiro ou um conselheiro para ajudá-lo a ser mais consciente de si mesmo e ajudá-lo a valorizar seus pontos fortes e a lidar de modo positivo com suas fraquezas.

2 — Aprenda a caminhar lentamente pela multidão. Quando você estiver em meio a seus funcionários e colegas de trabalho, transforme em prioridade estabelecer relacionamentos e conexões. Antes de entrar

nas questões de trabalho, estabeleça uma conexão. Com pessoas que você ainda não conhece, isso pode levar algum tempo. Com pessoas que você conhece bem, ainda assim procure manter uma conexão. Isso talvez custe a você alguns minutos por dia, mas os dividendos futuros serão enormes. E isso transformará o local de trabalho em um ambiente mais positivo.

3 — Bons líderes são bons comunicadores. Em uma escala de 1 a 10, como você classificaria sua capacidade de falar em público? Se você classificou a si mesmo abaixo de 8, precisa trabalhar para melhorar suas habilidades. Leia livros sobre comunicação, faça um curso ou entre para uma organização educacional sem fins lucrativos, como a Toastmasters. E aperfeiçoe suas habilidades, ao praticar seus ensinamentos e ao se comunicar. Se não tiver oportunidade de fazer isso no trabalho, então tente um trabalho voluntário.

CAPÍTULO ONZE

A LEI DO CÍRCULO ÍNTIMO

O potencial de um líder é determinado por aqueles mais próximos dele

Quando vemos uma pessoa inacreditavelmente bem dotada, há sempre a tentação de achar que o sucesso foi fruto apenas do talento pessoal. Pensar isso é comprar uma mentira. Ninguém realiza sozinho algum grande feito. Líderes não são bem-sucedidos por si sós. O potencial de um líder é determinado por aqueles mais próximos dele. O que faz diferença é o círculo íntimo do líder.

Talento inacreditável

Lance Armstrong é um dos atletas mais talentosos do planeta. Graças a seus talentos físicos, ele foi chamado de aberração da natureza. Seu esporte, o ciclismo, é talvez o que mais exige de um atleta. O Tour de France, que ele venceu sete vezes seguidas — feito impressionante —, foi comparado a correr vinte maratonas em vinte dias consecutivos. Os corredores percorrem aproximadamente 3,2 mil quilômetros em terreno muitas vezes montanhoso em um período de três semanas. Nos dias das principais corridas, eles consomem até 10 mil calorias para conseguir a energia de que precisam.

Armstrong, como conquistador do Tour de France, tornou-se lenda. O escritor Michael Specter oferece uma visão da capacidade de Armstrong:

> Três tipos de ciclistas são bem sucedidos em corridas longas como o Tour de France: aqueles muito bons na subida, mas que são apenas razoáveis em provas de tempo, nas quais o ciclista corre sozinho contra o relógio; aqueles que conseguem ganhar as provas de tempo, mas sofrem nas montanhas, e ciclistas que são razoavelmente bons nas duas modalidades. Aparentemente, agora há um quarto grupo: Armstrong; ele se tornou o melhor do mundo em subidas. [...] E não há ciclista melhor em provas de tempo.[1]

Armstrong claramente está em uma categoria à qual poucos outros podem pertencer. Sua determinação é indiscutível. Seu regime de treinamento, inigualável. Seu talento, extraordinário. Mas ele, sem uma equipe, não teria conseguido um único título no Tour.

Uma equipe inacreditável

O ciclismo é um esporte de equipe, embora o espectador comum possa não perceber isso. Durante as disputas do Tour de France, Armstrong teve uma equipe inacreditável. À frente da equipe estavam Chris Carmichael, seu treinador, e Johan Bruyneel, um ex-ciclista que funcionava como diretor esportivo da equipe e principal estrategista. Os dois homens eram indispensáveis, já que Armstrong, de início, tinha a tendência a seguir seu próprio programa de treinamento, menos eficaz, e a executar suas próprias táticas, o que o levou a derrotas fragorosas. Mas assim que esses dois membros do círculo interno assumiram seus lugares, Armstrong começou a maximizar seus dons.

Para levar a idéia de equipe mais longe, os patrocinadores de fornecedores de equipamento de Armstrong — Trek, Nike, AMD, Bontrager, Shimano e Oakley — foram convidados a trabalhar juntos, como um grupo, em vez de simplesmente contribuírem isoladamente, sem conhecimento do que os outros faziam. Na época, isso foi uma revolução e ajudou a levar a equipe a um desempenho muito melhor. Hoje, essa prática é comum no ciclismo profissional.

E, é claro, essa equipe também incluía os outros ciclistas que corriam com ele todos os anos. Em 2005, último ano de Armstrong, seus colegas de equipe eram José Azevedo, de Portugal; Manuel Beltrán, Benjamin Noval e José Luis Rubiera, da Espanha; Pavel Padmos, da República Tcheca; Yaroslav Popovych, da Ucrânia; Paolo Savoldelli, da Itália; e George Hincapie, dos Estados Unidos.

Bruyneel explicou: "Eu queria uma equipe experiente para o último Tour de Lance, e esse foi o fator determinante."[2] Cada uma dessas pessoas levou habilidades únicas para a equipe. "Acho que, com essa formação, nossa equipe ficou muito mais forte", declarou Armstrong. "Temos muitos elementos consistentes de anos anteriores, como a armada espanhola para as subidas, caras fortes como George, Pavel e Benjamin, o vencedor do Giro em Savoldelli, além de um cara como Popo (Popovych) com um futuro brilhante. Anseio por liderar essa equipe e tentar dar ao grande pessoal da Discovery uma camiseta amarela."

"Lance é o primeiro a dizer que nunca teria vencido o Tour de France sem a ajuda de seus colegas" conforme ele explica no site do Team Discovery na Internet. "Todos os outros ciclistas sacrificam a glória individual na corrida para trabalhar para só um ciclista, Lance, o que significa muito, considerando-se o que está em jogo. Mas, ao longo dos anos, Lance dedicou todo seu tempo para acompanhar o trabalho de sua equipe, de modo que o trabalho é coletivo. Se a equipe tivesse se sacrificado, e Lance não tivesse conseguido o objetivo no final, teríamos sido obrigados a repensar o plano."[3]

Líderes têm de apresentar resultados. Não há substituto para o desempenho. Mas sem uma boa equipe, eles muitas vezes não têm a oportunidade. Seu potencial é determinado por aqueles mais próximos dele. Essa é a lei do círculo íntimo.

Por que você e eu precisamos de uma equipe

Recentemente, as pessoas no mundo dos negócios redescobriram o sentido das equipes. Nos anos 1980, a palavra da moda nos círculos de negócios era gerenciamento. Depois, nos anos 1990, a ênfase era em liderança. Hoje, no século XXI, a ênfase é em liderança de equipe. Por quê? Porque ninguém faz tudo bem.

Quando, anos atrás, comecei a ensinar as leis de liderança, muitas pessoas se assustavam com a idéia de 21 leis. Entendia esse sentimento. Acredito firmemente em fazer as coisas o mais simples possível. Sempre argumentei que os bons comunicadores pegam algo complicado e o tornam simples. Gostaria muito de compilar menos que 21 leis de liderança. Mas, quando procuro extrair a essência da liderança, continuo a ver 21 coisas que um líder precisa fazer bem para liderar eficazmente. Contudo, ao mesmo tempo, reconheço que nenhum líder pode fazer bem todas essas 21 coisas. Por isso, todo líder precisa de uma equipe de pessoas. Como observou Madre Teresa:

> Vocês podem fazer coisas que eu não posso. Eu posso fazer o que vocês não podem. Juntos, podemos fazer grandes coisas.
>
> Madre Teresa

— Vocês podem fazer coisas que eu não posso. Eu posso fazer o que vocês não podem. Juntos, podemos fazer grandes coisas.

Esse é o poder da lei do círculo íntimo.

Nenhum líder caminha sozinho

Nem todos reconhecem que os mais próximos contribuem ou para estruturar seu nome ou para derrubá-lo. Ainda há líderes que se aferram ao Cavaleiro Solitário, como modelo de liderança. Um dos melhores exemplos de como esse ideal de liderança é irreal pode ser encontrado em *American Spirit* [*Espírito americano*], de Lawrence Miller:

> Os problemas sempre são resolvidos da mesma forma. O Cavaleiro Solitário e seu fiel companheiro índio [...] entram a cavalo na cidade. O mascarado Cavaleiro Solitário, com identidade, com histórico e com estilo de vida misteriosos, nunca se torna íntimo daqueles que ajudará. Seu poder reside, em parte, na sua mística. Em dez minutos, o Cavaleiro Solitário compreendeu o problema, identificou quem são os caras maus e partiu em busca deles. Ele, rapidamente, descobre os caras maus, saca sua arma e os coloca atrás das grades. E sempre há aquela cena maravilhosa no final [em que] as vítimas

indefesas estão de pé, em frente à fazenda ou na praça da cidade, encantadas, pois tudo é maravilhoso agora que elas foram salvas.[4]

Conversa fiada! Não há líderes do tipo Cavaleiro Solitário. Pense bem: se você está só, não lidera ninguém, não é mesmo?

O especialista em liderança Warren Bennis estava certo quando afirmou: "O líder descobre grandeza no grupo, ou ajuda os membros a encontrar isso por conta própria."[5]

> Não há líderes do tipo Cavaleiro Solitário. Pense bem: se você está só, então não lidera ninguém, não é mesmo?

Pense em um líder altamente eficiente, e você encontrará alguém que se cercou de um forte círculo íntimo. Meu amigo Joseph Fisher me trouxe à lembrança isso ao falar sobre o impacto do evangelista Billy Graham. Seu sucesso é resultado de um fantástico círculo íntimo: Ruth Bell Graham, Grady Wilson, Cliff Barrows e George Beverly Shea. Eles o tornaram maior do que ele poderia ser sozinho. É possível ver isso nos negócios, no ministério, nos esportes e, até mesmo, em relacionamentos familiares. Aqueles mais próximos de você determinam seu grau de sucesso.

Quem você coloca em seu círculo íntimo?

A maioria das pessoas cria um círculo íntimo de pessoas. No entanto, elas, via de regra, não fazem isso de forma estratégica. Nós, naturalmente, tendemos a nos cercar das pessoas que gostamos ou das pessoas com as quais ficamos à vontade. Poucas pessoas pensam de forma adequada em como aqueles mais próximos têm um impacto em sua eficácia ou em seu potencial de liderança. Isso pode ser visto o tempo todo em certos atletas que se transferem para as categorias profissionais e em artistas que conseguem sucesso na profissão. Alguns se destroem, e outros nunca atingem seu potencial, e isso, com freqüência, pode ser atribuído ao tipo de pessoas com as quais elas passam seu tempo.

Para colocar em prática a lei do círculo íntimo, você precisa ser objetivo na construção de relacionamentos. Precisa pensar no cumprimento de sua missão e no sucesso das pessoas que o seguem. Só quando você atinge seu potencial como líder é que seu pessoal tem a chance de atingir o potencial deles.

> Só quando você atinge seu potencial como líder é que seu pessoal tem a chance de atingir o potencial deles.

Ao refletir sobre que indivíduos devem integrar seu círculo íntimo, faça a si mesmo as seguintes perguntas. Se puder responder de forma afirmativa a essas perguntas, então eles são excelentes candidatos a membros do seu círculo íntimo.

1 — *Eles têm grande influência junto aos outros?*

Um dos segredos do sucesso na liderança é a capacidade de influenciar as pessoas que influenciam as outras. Como fazer isso? Leve influenciadores para seu círculo íntimo. Foi o que fiz com Jim na igreja em Lancaster, Ohio, sobre quem escrevi na lei da conexão. Quando cheguei, Jim era a pessoa mais influente na organização. Ao construir um relacionamento com Jim e levá-lo para meu círculo íntimo, fazia duas coisas. Primeiro, exercia minha influência sobre ele — partilhava com ele meus valores, meus pontos de vista e minha filosofia de liderança. Queria que ele levasse esse ponto de vista a outras pessoas na organização. Em segundo lugar, descobri o que ele pensava. Se ele tivesse dúvidas ou objeções em relação ao que eu queria fazer, eu poderia descobrir isso imediatamente e trabalhar com ele nesse aspecto específico. E como ele tinha muitos anos de experiência com as pessoas da organização, ele muitas vezes me ajudou a contornar campos minados sobre os quais eu não sabia nada.

2 — *Eles contribuem com um dom complementar?*

Por causa de meu dom de liderança, atraio naturalmente líderes. E também sou muito atraído para os líderes. Costuma-se dizer que quando grandes rebatedores de beisebol se juntam a outros bons rebatedores, só falam sobre rebatidas. Acontece o mesmo no caso dos bons líderes. Quando eles se juntam, partilham suas experiências, fazem perguntas uns aos outros e testam idéias. Mas uma das melhores coisas que fiz em minha carreira em liderança foi levar para meu círculo íntimo algumas pessoas fundamentais que são fortes nas áreas em que sou fraco.

Uma dessas pessoas é Linda Eggers, minha assistente. Recomendo a jovens executivos que sua primeira e mais importante contratação é a da assistente. Linda é uma preciosidade! Ela já trabalha comigo há vinte anos. Ela tem uma cabeça incrível para detalhes, é incansável e, como "Radar" O'Reilly, do filme *Mash*, tem a capacidade de antecipar o que precisarei antes mesmo de que me dê conta. Além do mais, ela me conhece tão bem que pode falar com os outros em meu nome, sabendo como responderia às perguntas em pelo menos 90% das vezes.

3 — *Eles têm uma posição estratégica em sua organização?*

Algumas pessoas fazem parte de seu círculo íntimo por causa de sua importância para a organização. Se vocês não estão juntos, toda a organização tem problemas. John Hull certamente corresponde a essa descrição em minha vida. As duas organizações que ele lidera para mim, EQUIP e ISS, não funcionam sem ele. Algumas das coisas mais relevantes e efetivas que faço são realizadas por intermédio da EQUIP. A organização já treinou mais de um milhão de líderes ao redor do planeta e prepara-se para treinar ainda mais.

Se algo colocasse a EQUIP no rumo errado, muitas coisas em minha vida seriam interrompidas. Isso produziria um caos pessoal. Por isso John, um grande líder, comanda a organização — e, por isso, ele está perto de mim em meu círculo íntimo.

4 — *Eles agregam valor a mim e à organização?*

Na lei da adição, mostrei como as pessoas somam, subtraem, multiplicam ou dividem no que diz respeito aos outros. As pessoas em seu círculo íntimo devem ser agregadoras ou multiplicadoras. Devem ter um registro comprovado de patrimônio da organização. Há um poema de Ella Wheeler Wilcox que minha mãe costumava recitar para mim quando era criança e jovem:

> Há dois tipos de pessoas na Terra hoje,
> Apenas dois tipos, não mais que isso.

Não as boas e as más, pois é bem sabido
Que as boas são meio-más, e as más, meio-boas.
Não! Os dois tipos de pessoa de que falo
São as que o sustentam e as que se encostam em você.
Há dois tipos de pessoas na Terra hoje,
Apenas dois tipos, não mais que isso.
Não as santas e as pecadoras, pois é bem sabido,
Que as boas são meio-más, e as más, meio-boas.
Não! Os dois tipos de pessoa de que falo
São as que o sustentam e as que se encostam em você.

Para seu círculo íntimo, procure apenas as que o sustentam.

Aqueles que compõem o círculo íntimo também devem agregar valor a você como pessoa. Isso não é egoísmo. Se elas tiverem um efeito negativo, prejudicarão sua capacidade de liderar bem, e isso pode afetar seu pessoal e sua organização.

É solitário no alto, então é melhor levar alguém com você.

Alguém, certa vez, disse-me: "É solitário lá no alto, então é melhor saber por que você está lá."

É verdade que os líderes carregam um fardo pesado. Quando você está na frente, pode ser um alvo fácil. Por isso, digo-lhe: "É solitário lá no alto, então é melhor levar alguém com você."

Quem seria melhor que alguém que o sustente, não por ser alguém que concorde, mas por ser amigo e apoio consistente? Salomão, do antigo Israel, reconhecia essa verdade: "Assim como o ferro afia o ferro, o homem afia seu companheiro".[6] Busque para seu círculo íntimo pessoas que o ajudem a melhorar.

5 — *Eles têm um impacto positivo sobre os outros membros do círculo íntimo?*

Acredito plenamente na química de equipe, e você, se seu círculo íntimo trabalhar junto e funcionar como uma equipe, precisa também levar em conta como os membros interagem. Primeiro, você quer que eles se ajustem uns aos outros. Assim como membros de um time de basquete têm habilidades complementares e papéis compatíveis, você quer que cada integrante de seu círculo íntimo tenha um lugar em sua vida no qual possa contribuir sem pisar nos pés dos outros.

Em segundo lugar, você quer que os membros do círculo íntimo tornem uns aos outros melhores, que melhorem o jogo uns dos outros. Algumas vezes, isso acontece porque eles se encorajam. Outras vezes, ajudam-se mutuamente ao partilhar informações e sabedoria. E, outras vezes ainda, isso é fruto de competição amigável. Não importa como isso acontece, se eles aumentam a capacidade dos outros membros da equipe, também melhoram seus líderes.

Identifique... cultive... recrute

Há mais uma pergunta que você deve fazer sobre possíveis integrantes do círculo íntimo. Ela não é relacionada a uma das cinco perguntas apresentadas acima, e uma resposta afirmativa não quer dizer automaticamente que eles devem integrar seu círculo íntimo. Todavia, uma resposta negativa, definitivamente, quer dizer que não devem fazer parte de seu círculo íntimo. A pergunta é a seguinte: eles demonstram excelência, maturidade e bom caráter em tudo que fazem?

Você só pode responder a essa pergunta se os conhecer bastante bem, o que quer dizer que, provavelmente, escolherá membros para o círculo íntimo do interior de sua organização. De fato, na maioria dos casos, você precisa desenvolvê-los antes que eles estejam prontos para integrar esse círculo. Ao procurar pessoas e ao trabalhar com elas, use o conselho de Ned Barnholt, executivo veterano e presidente aposentado, e também superintendente e consultor da Agilent Technologies. No que diz respeito à liderança, ele acredita que há três tipos de pessoas em uma organização: (1) os indivíduos que a percebem quase imediatamente e agem em função disso; (2) os céticos que não sabem o que fazer com isso; e (3) os negativistas que esperam que aquilo acabe. Ele declara: "Eu costumava gastar a maior parte do meu tempo com aqueles que eram mais negativistas, tentando convencê-los a mudar. Agora, passo meu tempo com as pessoas do primeiro [grupo]. Estou investindo em meu melhor patrimônio."[7]

Nunca pare de melhorar seu círculo íntimo

Tenho de admitir que sou abençoado com um círculo íntimo incrível, composto de parentes, antigos funcionários, colegas admiráveis e mentores. Todos eles agregam valor a mim e me ajudam a ter um impacto maior do que seria capaz de causar se estivesse sozinho. Estou sempre em busca de pessoas para esse círculo, porque, desde que tinha 40 anos de idade, sabia que sozinho você só chega até determinado ponto. Assim que atinge seu limite de tempo e energia, a única forma de aumentar seu impacto é por intermédio dos outros. Todas as pessoas em meu círculo íntimo têm alto desempenho e ampliam minha influência além do meu alcance, ou ajudam-me a crescer e a tornar-me um líder melhor.

> O potencial de todo líder é determinado pelas pessoas mais próximas dele.

Claro que nenhum líder começa com um círculo íntimo forte. Quando os líderes assumem novas posições, muitas vezes precisam construir seu círculo íntimo do zero. Foi o meu caso em 1981, quando aceitei a oferta para liderar a Skyline Church, na área de San Diego, Califórnia. A igreja tinha uma grande história e reputação nacional. Fora fundada na década de 1950, por Orval Butcher, um homem maravilhoso, que estava prestes a se aposentar após trabalhar lá por 27 anos. O Dr. Butcher tocara a vida de milhares de pessoas com sua liderança. Era uma boa igreja, mas tinha um problema: não crescia havia anos.

Uma das primeiras coisas que fiz, após assumir a função, foi me reunir com cada membro da equipe para avaliar as capacidades individuais. Quase que imediatamente descobri que a igreja se estabilizara. Os membros da equipe eram boas pessoas, mas não eram grandes líderes. Não importava o que eu fizesse com eles, eles nunca seriam capazes de levar a organização ao ponto que precisávamos alcançar. Em uma igreja daquele tamanho, a equipe é o círculo íntimo do líder. Se a equipe é forte, o líder pode ter um impacto enorme. Se a equipe é fraca, ele não conseguirá causar grande impacto. É a lei do círculo íntimo.

A tarefa que tinha pela frente era clara. Precisava afastar os líderes fracos e trazer outros melhores. Era a única forma pela qual conseguiria modificar a situação. Mentalmente, dividi as pessoas em três grupos, de acordo com sua capacidade de liderança e de produzir resultados. O terço inferior, dispensei imediatamente e comecei a substituir pelas melhores pessoas que pude encontrar. Depois, comecei a trabalhar com o terço intermediário e, a seguir, com os que eram considerados do alto escalão. A organização, imediatamente, começou a crescer. Depois de três anos, todos os membros originais da equipe, com exceção de dois, tinham sido substituídos por líderes mais bem preparados. Como o círculo íntimo estava em um novo patamar, a organização também era capaz de ir para um novo patamar. Com o passar dos anos, aumentamos a freqüência semanal de mil para 3,3 mil pessoas.

> Contrate a melhor equipe que puder encontrar, desenvolva-a o máximo possível e passe a eles tudo o que puder.

O crescimento e o sucesso que tivemos na Skyline se deveram à lei do círculo íntimo. Quando montamos a equipe certa, nosso potencial é multiplicado. E, em 1995, quando saí, outros líderes de todo o país buscaram contratar meus principais membros da equipe para suas organizações. Eles reconheceram o poder da lei do círculo íntimo e quiseram contratar a melhor equipe que pudessem para aumentar seu potencial.

Lee Iacocca diz que o sucesso é fruto não do que você conhece, mas de quem você conhece e de como se apresenta a cada uma dessas pessoas. Há muita verdade nisso. Se você quer aumentar sua capacidade e maximizar seu potencial como líder, seu primeiro passo sempre é se tornar o melhor líder possível. O seguinte é se cercar dos melhores líderes que conseguir encontrar. Nunca se esqueça de que o potencial de um líder é determinado por aqueles mais próximos dele. É a lei do círculo íntimo. É a única forma de você atingir o patamar mais alto possível.

Aplicar a lei do círculo íntimo à sua vida

1 — Você sabe quem são os membros do seu círculo íntimo? Antes de você ocupar uma posição de liderança, eles são as pessoas a quem você procura em busca de conselhos e de apoio e às quais pede ajuda para realizar as coisas. Quando você lidera uma equipe pequena, todos esses funcionários também são parte de seu círculo íntimo.

Enumere os nomes dos integrantes do seu círculo íntimo. Ao lado de cada nome, escreva aquilo com que a pessoa contribui. Se elas não tiverem um papel bem definido ou uma função clara, escreva com o que você acha que elas têm *potencial* para contribuir. Busque lacunas e duplicações. Depois comece a procurar pessoas para preencher as lacunas e avalie como eliminar redundâncias. E esteja preparado para desafiar os atuais integrantes com o possível aumento de suas expectativas.

2 — Grandes círculos íntimos não são formados por acaso. Líderes eficazes estão sempre desenvolvendo os atuais e os futuros membros do círculo íntimo. Como eles fazem isso?

- Passam mais tempo estrategicamente com eles para orientá-los e desenvolver relacionamentos.
- Dão a eles mais responsabilidades e esperam mais deles.
- Dão a eles mais crédito quando as coisas funcionam bem e os responsabilizam, quando o contrário acontece.

Estude sua lista de membros do círculo íntimo para descobrir se está dando esses passos com eles. Caso contrário, faça mudanças. Além disso, esteja certo de usar essa estratégia de desenvolvimento com um conjunto de membros em potencial do círculo íntimo.

3 — Se você lidera uma equipe maior, nem todos os que trabalham para você farão parte de seu círculo íntimo. Quando você deve se transferir para um círculo íntimo menor, uma espécie de equipe dentro da equipe?

- Quando sua equipe imediata for superior a sete.
- Quando você já não conseguir liderar todos diretamente.
- No caso de trabalho voluntário, quando outros, além da equipe remunerada, também devam estar no círculo íntimo.

Se isso descreve sua situação, valendo-se da mesma estratégia de desenvolvimento apresentada acima, comece a pensar em criar um círculo íntimo menor.

CAPÍTULO DOZE

A LEI DO FORTALECIMENTO

Só líderes seguros dão poder aos outros

Praticamente, todo mundo já ouviu falar em Henry Ford, o revolucionário inovador da indústria automobilística e uma lenda da história empresarial americana. Em 1903, ele foi um dos fundadores da Ford Motor Company, acreditando que o futuro do automóvel estava em torná-lo acessível ao trabalhador americano médio. Ford declarou:

> Construirei um carro motorizado para as multidões. Será grande o bastante para a família, mas pequeno o suficiente para que uma pessoa o guie e consiga mantê-lo. Será construído com os melhores materiais, pelos melhores homens disponíveis, a partir dos projetos mais simples que a engenharia moderna puder conceber. Mas terá um preço tão baixo que todo homem que tenha um bom salário será capaz de ter um — para desfrutar, com sua família, da bênção das horas de prazer nos grandes espaços abertos de Deus.

Henry Ford realizou essa visão com o Modelo T, e ele mudou a face da vida americana no século XX. Em 1914, Ford produzia quase 50% de todos os automóveis nos Estados Unidos. A Ford Motor Company parecia uma história de sucesso americana.

Um capítulo menos conhecido da história

Entretanto, nem toda a história de Ford é de conquistas positivas, e um dos motivos é que ele não seguiu a lei do fortalecimento. Henry Ford era tão apaixonado por seu Modelo T que nunca quis modificá-lo nem melhorá-lo — tampouco queria que alguém ajustasse seu projeto. Certo dia, quando um grupo de seus projetistas o surpreendeu dando a ele um protótipo de um modelo melhorado, Ford, furioso, arrancou as portas das dobradiças e destruiu o carro com as próprias mãos.

Por quase vinte anos, a Ford Motor Company ofereceu apenas um projeto, o Modelo T, que Henry Ford desenvolvera pessoalmente. Apenas em 1927, ele — a contragosto —, finalmente, concordou em oferecer ao público um novo carro. A empresa produziu o Modelo A, mas era inacreditavelmente inferior a seus concorrentes em inovações técnicas. Apesar de sua liderança inicial e da incrível vantagem sobre os concorrentes, a Ford Motor Company continuou a perder fatias do mercado. Em 1931, passou a deter apenas 28% desse mercado, pouco mais da metade do que produzia 17 anos antes.

Henry Ford era a antítese do líder fortalecedor. Ele sempre enfraquecia seus líderes e vigiava por cima de seus ombros. Ele, até mesmo, chegou a criar um departamento de sociologia na Ford Motor Company para avaliar seus funcionários e para conduzir a vida particular deles. Com o passar do tempo, ele se tornou cada vez mais excêntrico. Certa vez, ele entrou no escritório de contabilidade e arremessou os livros da empresa na rua, dizendo: "Simplesmente coloque todo o dinheiro que recebemos em um grande barril e, quando chegar um carregamento de material, vá ao barril e pegue o suficiente para pagar por ele."

O relacionamento mais peculiar de Ford talvez fosse com seus executivos, especialmente seu filho Edsel. O jovem Ford trabalhava na empresa desde criança. À medida que Henry tornava-se cada vez mais excêntrico, Edsel passou a trabalhar mais duro para manter a empresa funcionando. Se não fosse por Edsel, a Ford Motor Company, provavelmente, teria fechado as portas na década de 1930. Henry acabou dando a Edsel a presidência da empresa, mas, ao mesmo tempo, minava a atuação do filho. Mais que isso, sempre que um novo líder ascendia na empresa, Henry o derrubava. Por conseguinte, a empresa continuou a perder seus melhores executivos. Os poucos que permaneceram ficaram porque imaginavam que um dia o velho Henry morreria, e Edsel, finalmente, assumiria o controle e ajeitaria as coisas. Mas não foi o que aconteceu. Em 1943, Edsel morreu, aos 49 anos de idade.

Outro Henry Ford

O filho mais velho de Edsel, Henry Ford II, de 26 anos de idade, deixou a Marinha para retornar a Dearborn, Michigan, e assumir a empresa. Inicialmente, ele enfrentou a oposição dos entrincheirados seguidores de seu pai. Mas, em dois anos, conseguiu conquistar o apoio de várias pessoas fundamentais, recebeu o apoio da diretoria (sua mãe controlava 41% das ações da Ford Motor Company) e convenceu seu avô a se afastar para que ele pudesse substituí-lo como presidente.

O jovem Henry assumia uma empresa que não tinha lucros havia quinze anos. Na época, perdia 1 milhão de dólares *por dia*! O jovem presidente sabia que aquilo estava acima dele, então começou a procurar líderes. Felizmente, o primeiro grupo se aproximou dele. O coronel Charles "Tex" Thornton chefiou uma equipe de dez homens que tinham trabalhado juntos no Departamento de Guerra durante a Segunda Guerra Mundial. A contribuição deles para a Ford Motor Company foi fundamental. Nos anos seguintes, o grupo produziu seis vice-presidentes e dois presidentes da empresa.

O segundo influxo de liderança se deu com a entrada de Ernie Breech, um experiente executivo da General Motors e ex-presidente da Bendix Aviation. O jovem Henry o contratou como vice-presidente executivo da Ford, posição logo abaixo de Henry, com a expectativa de que ele assumisse o comando e mudasse a sorte da empresa. Ele foi bem-sucedido. Breech logo incorporou mais de 150 impressionantes executivos da General Motors e, em 1949, a Ford Motor Company estava novamente nos trilhos. Naquele ano, a empresa vendeu mais de um milhão de Fords, Mercurys e Lincolns — as melhores vendas desde o Modelo A.

Quem é o chefe?

Se Henry Ford II tivesse seguido a lei do fortalecimento, a Ford Motor Company poderia ter crescido o bastante para engolir a General Motors e voltar a ser a maior empresa automobilística. Mas apenas líderes seguros conseguem dar poder aos outros, e Henry se sentiu ameaçado. O sucesso de Tex Thornton, Ernie Breech e Lewis Crusoe, um lendário executivo da GM, que Breech levara para a empresa, fez Henry se preocupar com seu próprio lugar na Ford. Sua posição não era baseada na influência, mas em seu nome e no controle das ações da empresa por sua família.

> O melhor executivo é aquele que tem bastante noção a ponto de escolher os melhores homens para fazer o que ele quer que seja feito, e que tem bastante contenção a ponto de evitar interferir no trabalho deles enquanto eles o realizam.
>
> Theodore Roosevelt

Qual foi a solução de Henry? Ele começou a lançar um executivo contra o outro: primeiro Thornton contra Crusoe; depois, após Thornton ter sido demitido, ele fez Crusoe voltar-se contra Breech. Os biógrafos de Ford, Peter Collier e David Horowitz, descreveram assim o método do segundo Henry Ford:

> O instinto de sobrevivência de Henry se manifestou com uma certa habilidade combinada com uma espécie de fraqueza. Ele tinha dado a Crusoe o poder de fazer praticamente o que quisesse; ao retirar suas graças de Breech e transferi-las para seu tenente, ele transformou em antagonistas os dois homens mais fundamentais para o sucesso da Ford. No entanto, Henry, embora tivesse perdido a confiança em Breech, ainda assim o deixou oficialmente encarregado pelo controle, porque isso aumentava seu espaço de manobra. E, como superior de Crusoe, Breech podia ser útil caso Henry quisesse manter Crusoe nos trilhos.[1]

Esse se tornou o padrão de liderança de Henry Ford II. Sempre que um executivo conquistava poder e influência, Henry abalava a autoridade da pessoa ao transferi-la para uma posição de menor poder, ao apoiar os subordinados daquele executivo ou ao humilhá-lo publicamente. Essa manobra foi aplicada enquanto Henry II esteve na Ford. Lee Iacocca, um presidente da Ford, após deixar a empresa, comentou: "Henry Ford, como aprendi pessoalmente, tinha o péssimo hábito de se livrar de líderes fortes."

Iacocca diz que, certa vez, Henry Ford II descreveu sua filosofia de liderança a ele, anos antes de o próprio Iacocca se tornar seu alvo. Ford disse: "Se um camarada trabalha para você, não o deixe confortável demais. Não permita que ele se sinta à vontade e faça as coisas do jeito dele. Sempre faça o oposto do que ele espera. Faça com que seu pessoal sempre se sinta ansioso e inseguro."[2]

O que significa liderar bem?

Os dois Henry Ford foram incapazes de viver segundo a lei do fortalecimento. Em vez de identificar líderes, formá-los, dar a eles recursos, autoridade e responsabilidade e, depois, deixá-los livres para conseguir resultados, eles, alternadamente, encorajavam e minavam seus melhores funcionários. A insegurança desses homens impossibilitou que eles dessem poder aos outros. Por fim, isso minou sua liderança pessoal potencial, criou problemas na vida das pessoas ao redor deles e prejudicou a organização. Se líderes querem ter sucesso, precisam estar dispostos a fortalecer os outros. Gosto do modo como o presidente Theodore Roosevelt definiu esse aspecto: "O melhor executivo é aquele que tem bastante noção a ponto de escolher os melhores homens para fazer o que ele quer que seja feito, e que tem bastante contenção a ponto de evitar interferir no trabalho deles enquanto eles o realizam."

Para liderar os outros bem, precisamos ajudá-los a atingir seu potencial. Isso significa estar ao lado deles, encorajá-los, dar a eles poder e ajudá-los a alcançar o sucesso. Não é bem o que normalmente vem a nossa mente quando pensamos em liderança. Quais são os dois jogos de liderança que aprendemos quando crianças? Rei da rua e Siga o líder. Qual é o objetivo do Rei da rua? Derrubar as outras pessoas para que você possa ser o líder. E quanto a Siga o líder? Você faz coisas que *sabe* que seus seguidores não conseguem para se distinguir deles e para parecer mais poderoso. O problema com esses jogos é que você, para vencer, precisa fazer todas as outras pessoas perderem. Os jogos são baseados em insegurança, o oposto do modo de criar líderes.

Quando viajo para países em desenvolvimento, torno-me especialmente consciente de como a idéia de fortalecimento pode parecer estranha a líderes emergentes. Em culturas nas quais você tem de lutar para se tornar algo, muitas vezes a idéia é que você precisa combater os outros para sustentar sua liderança. Mas isso reflete uma limitação. A verdade é que, se transferir para os outros uma parte do seu poder, ainda deterá muito desse poder.

> Liderar bem não é se enriquecer — é fortalecer os outros.

Quando ensino a lei do fortalecimento em países emergentes, peço, com freqüência, a colaboração de um voluntário para que possa mostrar visualmente o que acontece quando um líder insiste em rebaixar as pessoas, em vez de elevá-las. Peço ao voluntário para ficar na minha frente e coloco as mãos em seus ombros. A seguir, começo a puxá-lo para baixo. Quanto mais baixo tento empurrá-lo, mais tenho de me curvar para conseguir meu intento. Enquanto o empurro para baixo, tenho de me abaixar. O mesmo acontece na liderança: para manter as pessoas embaixo, você precisa descer com elas. E você, quando faz isso, perde o poder de elevar os outros.

Barreiras ao fortalecimento

Liderar bem não é se enriquecer — é fortalecer os outros. Os estudiosos de liderança Lynne McFarland, Larry Senn e John Childress afirmam que "o modelo de fortalecimento de liderança muda o foco de 'poder de posição' para 'poder pessoal' em que todas as pessoas recebem papéis de liderança de modo que possam contribuir com plena capacidade"[3]. Só pessoas fortalecidas conseguem atingir seu potencial. Quando um líder não quer, ou não pode fortalecer os outros, ele cria, na organização, barreiras que os seguidores não conseguem superar. Se as barreiras permanecem por tempo demais, as pessoas desistem e param de tentar, ou partem para outra organização na qual possam maximizar seu potencial.

Quando os líderes fracassam em fortalecer os outros, isso normalmente se deve a três razões principais:

Primeira barreira ao fortalecimento: desejo de segurança no emprego

O principal inimigo do fortalecimento é o medo de perder o que temos. Líderes fracos temem que, se ajudarem os subordinados, eles mesmos podem se tornar dispensáveis. Mas a verdade é que a única forma de se tornar *indispensável* é quando você se tornar *dispensável*. Em outras palavras, se você é capaz de, continuamente, fortalecer os outros e ajudá-los a se desenvolver de modo que se tornem capazes de assumir seu posto, você se torna tão valioso para a organização a ponto de se tornar indispensável. Esse é o paradoxo da lei do fortalecimento.

> O principal inimigo do fortalecimento é o medo de perder o que temos.

Você talvez se pergunte: "E se eu perdesse meu emprego por fortalecer os outros, e meus superiores não reconhecessem minha contribuição?" Isso pode acontecer a curto prazo. Mas se você continua a criar e a fortalecer líderes, desenvolverá um padrão de realização, de excelência e de liderança que será reconhecido e recompensado. Se as equipes que você lidera sempre parecem ter sucesso, as pessoas descobrirão que você as lidera bem.

Segunda barreira ao fortalecimento: resistência à mudança

John Steinbeck, escritor ganhador do Prêmio Nobel, afirmou: "É da natureza do homem, à medida que envelhece, protestar contra as mudanças, especialmente as mudanças para melhor."

Por sua própria natureza, o fortalecimento produz mudanças constantes, porque encoraja as pessoas a crescer e a inovar. A mudança é o preço do progresso. Nem sempre é fácil conviver com isso.

A maioria das pessoas não gosta de mudanças. Esse é um fato. Mas uma das principais responsabilidades dos líderes é constantemente melhorar suas organizações. Como líder, você precisa aprender a abraçar as mudanças, desejá-las e buscá-las. Líderes eficazes não apenas desejam a mudança, mas também se tornam agentes de mudança.

TERCEIRA BARREIRA AO FORTALECIMENTO: FALTA DE AUTO-ESTIMA

John Peers observou: "Você não pode liderar uma carga de cavalaria se achar que fica engraçado em cima de um cavalo."

Pessoas conscientes de si mesmas raramente são boas líderes. Elas se concentram em si mesmas, preocupam-se com a aparência, com o que os outros pensam, se são estimadas ou não. Elas não podem dar poder aos outros, porque acham que elas mesmas não têm poder. E você não pode dar o que não tem.

> Grandes líderes conquistam autoridade ao abrir mão dela.
>
> James B. Stockdale

Os melhores líderes têm uma grande auto-estima. Eles acreditam em si mesmos, em sua missão e em seu pessoal. Como diz o escritor Buck Rogers: "Para aqueles que confiam em si mesmos, a mudança é um estímulo, porque eles acreditam que uma pessoa pode fazer diferença e influenciar o que acontece ao redor deles. Essas pessoas são as realizadoras e as motivadoras."

Elas também são as fortalecedoras.

Só os líderes seguros são capazes de renunciar. Mark Twain, certa vez, observou que grandes coisas acontecem quando você não se preocupa com quem fica com o crédito. Mas acredito que é possível ir além disso. Acredito que as maiores coisas só acontecem quando você dá o crédito aos outros. O almirante James B. Stockdale, candidato a vice-presidente, declarou: "A liderança deve se basear na boa-vontade. [...] Ela representa um compromisso claro e de todo o coração para ajudar os seguidores [...], e, como líderes, precisamos de homens de bom coração que ajudem tanto que, de fato, eliminem a necessidade de sua função. Mas líderes assim nunca perdem a função, nunca ficam sem seguidores. Por mais estranho que possa parecer, os grandes líderes conquistam autoridade ao abrir mão dela."

Se você deseja ser um grande líder, precisa obedecer à lei do fortalecimento.

O presidente do fortalecimento

Um dos maiores líderes dos Estados Unidos era conhecido por sua humildade e sua disposição de transferir seu poder e sua autoridade aos outros: Abraham Lincoln. O grau de sua segurança como líder pode ser vista na escolha do seu gabinete. A maioria dos presidentes escolhe aliados que pensam de modo semelhante. Mas não Lincoln. Em uma época de agitação para o país, quando as facções eram fortes, Lincoln reuniu um grupo de líderes que seria forte pela diversidade e pelo desafio mútuo. Um dos biógrafos de Lincoln explicou assim seu método:

> Um presidente escolher um adversário político para um cargo no gabinete era algo sem precedentes, mas, deliberadamente, cercar-se depois de todos os seus antagonistas desapontados parecia ser um convite à tragédia. Lincoln, para simbolizar suas intenções sinceras, quis o conselho de homens tão fortes quanto ele, ou ainda mais fortes. Que ele não tenha demonstrado medo de ser esmagado ou atropelado por homens como aqueles revelava ou absoluta ingenuidade ou uma confiança serena em sua capacidade de liderança.[4]

O desejo de Lincoln de unificar o país era mais importante que seu conforto pessoal. Sua força e sua autoconfiança permitiram que ele colocasse em prática a lei do fortalecimento e atraísse grandes líderes para seu círculo.

Encontrar líderes fortes para fortalecer

Lincoln, repetidamente, demonstrou a capacidade de fortalecer os outros. Isso teve um papel fundamental em seu relacionamento com os generais durante a Guerra Civil. No início, ele teve dificuldade de encontrar quem merecesse sua confiança. Quando os estados do Sul se separaram, os melhores generais da terra seguiram rumo Sul para servir à Confederação. Mas Lincoln nunca perdeu a esperança nem deixou de dar a seus líderes poder e liberdade, mesmo que aquela estratégia tivesse falhado com os generais anteriores.

Por exemplo, em junho de 1863, Lincoln entregou o comando do Exército do Potomac nas mãos do general George G. Meade. Lincoln esperava que ele fizesse um trabalho melhor que o dos generais anteriores, Ambrose E. Burnside e Joseph Hooker. Algumas horas depois da nomeação de Meade, Lincoln enviou um mensageiro a ele. A mensagem do presidente, em parte, dizia:

> Considerando-se as circunstâncias, ninguém jamais recebeu um comando mais importante que esse, e não tenho dúvidas de que você justificará plenamente a confiança que este Governo depositou em você. Nenhuma instrução deste quartel-general o importunará. Seu exército está livre para agir com liberdade, do modo que achar adequado, em função das circunstâncias que se apresentarem; [...] todas as forças em sua área de atuação estarão sujeitas às suas ordens.[5]

O primeiro desafio relevante de Meade surgiu quando ele comandou o exército em uma pequena cidade da Pensilvânia, Gettysburg. Foi um teste no qual ele foi aprovado com mérito. No final, porém, Meade não seria o general que faria pleno uso do poder oferecido por Lincoln. Caberia a Ulysses S. Grant mudar o rumo da Guerra. Mas, quando necessário, Meade deteve o exército de Lee e impediu o general confederado de seguir para Washington.

> Para empurrar as pessoas para baixo, você precisa descer com elas.

O uso da lei do fortalecimento, por Lincoln, era tão coerente quanto o hábito que Henry Ford tinha de violá-la. Quando seus generais se saíam bem, Lincoln dava a eles o crédito; quando se saíam mal, assumia a culpa. Donald T. Phillips, especialista em Lincoln, reconheceu: "Durante toda a Guerra, Lincoln continuou a aceitar publicamente a responsabilidade por batalhas perdidas ou por oportunidades desperdiçadas."[6] Lincoln conseguiu resistir durante a Guerra e continuar a dar poder aos outros por sua segurança pétrea.

O poder do fortalecimento

Você não precisa ser um líder da estatura de Lincoln para fortalecer os outros. O principal ingrediente para fortalecer os outros é uma profunda crença nas pessoas. Se você acredita nos outros, eles acreditarão neles mesmos.

Quando recebo um bilhete de encorajamento de alguém próximo de mim, eu o guardo. Tenho carinho por essas coisas. Anos atrás, recebi um bilhete de Dan Reiland, a pessoa de fora da minha família com quem, provavelmente, mais trabalhei para fortalecê-lo ao longo dos anos. Dan era meu pastor executivo quando eu estava na Skyline. Eis o que ele escreveu:

> John,
>
> O máximo em orientar passou a ser realidade. Estão pedindo que eu lecione sobre fortalecimento! Só posso fazer isso porque você me fortaleceu antes. Ainda está muito claro em minha mente o dia em que você assumiu um risco e me escolheu como seu pastor executivo. Você confiou a mim uma grande responsabilidade, a liderança diária da equipe e dos ministros de sua igreja. Você me liberou com autoridade. [...] Você acreditou em mim — talvez mais do que eu mesmo acreditava em mim. Você demonstrou sua fé e sua confiança em mim de tal forma que pude confiar em sua crença, e ela acabou por também se tornar minha. [...]
>
> Sou muito grato pelo impacto modificador que você teve em minha vida. Dizer obrigado não faz justiça ao meu sentimento. "Eu o amo e o valorizo", é mais apropriado. Talvez, a melhor forma de mostrar minha gratidão seja passar o presente que você me deu para outros líderes em minha vida.
>
> DAN.

Sou grato a Dan por tudo o que ele fez por mim e acredito que ele me devolveu muito mais do que dei a ele. E realmente gostei do tempo que passei com Dan, ajudando-o a crescer.

A verdade é que o fortalecimento é poderoso — não apenas para a pessoa que está sendo desenvolvida, mas também para o mentor. Engrandecer os outros engrandece ainda mais você. Dan me tornou melhor do que sou não apenas por que me ajudou a conquistar muito mais do que poderia fazer sozinho, mas também porque todo o processo me tornou um líder melhor.

> Engrandecer os outros engrandece ainda mais você.

Esse é o impacto da lei do fortalecimento. É um impacto que você pode experimentar como líder desde que esteja disposto a acreditar nas pessoas e a abrir mão do poder.

Aplicar a lei do fortalecimento à sua vida

1 — Como você se classificaria em relação à auto-estima? Você é confiante? Acredita que tem valor? Funciona com base na idéia de que tem algo de positivo a oferecer às pessoas e a sua organização? Está disposto a assumir riscos?

Se você se considera fraco na área de segurança, terá problemas com a lei do fortalecimento. Precisará tomar medidas práticas para agregar valor a si mesmo ou para descobrir por que sua auto-estima é tão baixa.

2 — Você é uma pessoa que acredita nos outros? Faça uma relação das pessoas que trabalham para você. Se forem muitas para você relacionar aqui, escreva apenas os nomes daquelas mais próximas de você. Em seguida, avalie o potencial de cada pessoa — não a capacidade atual — em uma escala de 1 a 10.

Se os números forem baixos, então sua crença nas pessoas provavelmente não é muito alta. Até modificar isso, terá dificuldade em fortalecer os outros. Comece a se concentrar nas qualidades e características positivas das pessoas. Procure os pontos mais fortes das pessoas e imagine como elas poderiam utilizar esses pontos mais fortes para fazer conquistas relevantes. Imagine os indivíduos em que elas poderiam se tornar caso usassem ao máximo seus dons e suas oportunidades. Assim, ajude-as a conseguir isso.

3 — Se sua tendência natural é conquistar o poder e se aferrar a ele, precisará experimentar uma mudança de paradigma para se tornar um líder fortalecedor. Comece a escolher as melhores pessoas e as colocar no caminho do sucesso. Treine-as, dê-lhes recursos e, depois, ajude-as a estabelecer metas realizáveis que ajudem você e a organização. Depois entregue a elas a responsabilidade e a autoridade para seguir em frente. E se, inicialmente, elas fracassarem, ajude-as a continuar tentando até que sejam bem-sucedidas. Quando você experimentar o prazer e a eficácia organizacional de fortalecer os outros, abrir mão do seu poder passará a ser algo muito gratificante e, certamente, adotará essa prática.

CAPÍTULO TREZE

A LEI DA IMAGEM

As pessoas fazem o que elas vêem

Há vários anos, o cineasta Steven Spielberg e o ator Tom Hanks produziram uma série de televisão para a HBO chamada *Band of Brothers* [*Band of Brothers, Companhia de heróis*], baseada no livro de mesmo título do historiador Stephen Ambrose. Os dez episódios contaram a história da Companhia Easy, um grupo de pára-quedistas da 101.ª Divisão Aerotransportada que combateu na Segunda Guerra Mundial. Os homens da Companhia Easy eram durões, como todos os soldados, e combateram heroicamente desde a invasão da Normandia até o final da guerra.

A história da Companhia Easy é um grande estudo de liderança, pois os vários sargentos, tenentes e capitães que comandaram os homens tinham diferentes estilos de liderança, bons e ruins. Quando a liderança foi boa, fez diferença, não apenas no modo como os soldados atuavam, mas no resultado das batalhas e, por fim, da guerra.

A imagem errada

Desde o primeiro episódio da série, os diferentes estilos de liderança foram apresentados. Herbert Sobel, oficial comandante da Companhia Easy durante o treinamento, foi apresentado como um líder brutal e autocrata com tendências sádicas. Ele tratava os homens de forma mais dura que qualquer outro comandante de companhia. Ele cancelava passes arbitrariamente e impunha punições. Mas Sobel, a julgar pela pesquisa feita por Ambrose, era ainda pior do que foi mostrado na série.

Sobel tratava os homens sem misericórdia, o que estava certo, já que ele os preparava para o combate. Mas ele não exigia o mesmo de si, mal conseguindo passar nos testes físicos exigidos dos pára-quedistas. Ele também não demonstrava o mesmo grau de competência que exigia de todos os outros. Ambrose escreve sobre um incidente ocorrido durante o treinamento que foi representativo do estilo de liderança de Sobel:

> Em certo exercício noturno, ele [Sobel] decidiu ensinar uma lição a seus homens. Ele e o sargento Evans se arrastaram para a posição da companhia para roubar rifles dos homens adormecidos. A missão foi um sucesso; pela manhã, Sobel e Evans tinham quase 50 rifles. Com grande exagero, Evans reuniu a companhia, e Sobel começou a dizer aos homens como eles eram péssimos soldados.[1]

O que Sobel não percebeu foi que os homens que ele atacou não eram os seus. Ele invadira o acampamento errado e roubara rifles pertencentes à Companhia Fox. Não se deu conta de seu erro até o comandante da Companhia Fox aparecer com 45 de seus homens.

Os homens que serviam com Sobel debocharam dele e o enfraqueceram. Quando a Companhia Easy começou a se preparar para a invasão da Normandia, muitos homens faziam apostas para saber qual deles atiraria em Sobel quando, por fim, entrassem em combate. Felizmente, Sobel foi afastado do posto de comandante da companhia e transferido antes que entrassem em combate.

Outra imagem ruim

Outro oficial com uma péssima liderança foi retratado em um episódio intitulado *The Breaking Point* [*O ponto de ruptura*]. Ele abordava a Batalha do Bulge, quando os soldados se preparavam para tomar a cidade de Foy dos alemães. Naquele ponto, os homens da Companhia Easy eram veteranos experientes e estavam em um dos momentos mais difíceis da guerra.

Eles sofriam com o frio terrível e com os disparos implacáveis da artilharia alemã.

Naquela época, um pelotão da Companhia Easy era comandado pelo tenente Dike, um líder com conexões políticas, mas sem experiência anterior de combate. O estilo de liderança de Dike era evitar seus homens, recusar-se a tomar decisões e desaparecer por longos períodos para "dar uma volta", inclusive quando ele era mais necessário. Nenhum dos homens o respeitava. E quando Dike finalmente foi obrigado a liderar seus homens no ataque à cidade, fracassou terrivelmente e foi afastado do comando.

Uma imagem diferente

Felizmente, a maioria dos líderes da Companhia Easy era excelente, e um deles, em especial, recebeu a condecoração Cruz de Serviços Relevantes e foi considerado pelos homens "o melhor líder de combate da Segunda Guerra Mundial".[2] Seu nome era Dick Winters. Ele começou como líder de pelotão na Companhia Easy durante o treinamento e foi promovido a comandante da companhia depois da Normandia e, depois, a oficial executivo do batalhão. Terminou a carreira militar com a patente de major.

Winters, repetidamente, ajudou seus homens a ter um desempenho do mais alto nível. E sempre esteve à frente deles, dando o exemplo e assumindo os riscos junto com seus homens. Ambrose descreve a filosofia de liderança de Winters como, simplesmente, aquela em que "oficiais vão à frente"[3]. Sempre que sua tropa precisava atacar uma posição inimiga, Winters estava à frente liderando o ataque.

Um dos incidentes mais marcantes que demonstrou o modo de liderança de Winters ocorreu pouco depois do Dia D, a caminho de Carentan, uma cidade que a Companhia Easy precisava tomar dos alemães. Quando os pára-quedistas americanos sob seu comando se aproximaram da cidade, tornaram-se alvo das metralhadoras alemãs. Escondidos em valas dos dois lados da estrada, eles não puderam avançar quando receberam a ordem. Mas se eles não se movessem, seriam destroçados. Winters tentou estimulá-los. Ele os lisonjeou. Estimulou-os. Correu de uma vala a outra com as balas zunindo. Finalmente, pulou no meio da estrada, balas perfurando o chão ao redor dele, e gritou para que os homens se mexessem. Todos se ergueram e avançaram ao mesmo tempo. E eles ajudaram a tomar a cidade.

Mais de 35 anos depois, Floyd Talbert, na época sargento, escreveu para Winters a fim de comentar o incidente: "Jamais me esquecerei da cena em que o vi no meio daquela estrada. Você foi minha inspiração. Todos os meus garotos sentiram o mesmo."[4] Em 2006, Winters resumiu o modo como via a liderança, dizendo: "Podia não ser o melhor comandante de combate, mas sempre tentei ser isso para meus homens. Eles dependiam de mim para analisar cuidadosamente toda a situação tática, maximizar os recursos que tínhamos à nossa disposição, pensar sob pressão e, depois, liderá-los dando o exemplo pessoal."[5]

> Grandes líderes parecem sempre incorporar duas qualidades aparentemente incompatíveis. Eles, ao mesmo tempo, são altamente visionários e altamente práticos.

Quando perguntaram a Ambrose o que levou a Companhia Easy a se destacar na Guerra, a "estar acima" dos colegas, a resposta foi clara: "Eles não eram muito melhores que outros pára-quedistas, que os Rangers ou os fuzileiros. Eram uma das muitas unidades de elite durante a guerra. Mas o que os tornou especiais, mesmo entre aqueles que já eram selecionados e especiais, foi a liderança. [...] Os grandes oficiais — os comandantes, os líderes de pelotão e os sargentos, mas nem todas as unidades de elite tiveram tanta sorte com seus líderes, e isso fez a diferença."[6]

Por que isso fez tanta diferença? Porque as pessoas fazem o que elas vêem. Essa é a lei da imagem. Quando os líderes mostram o caminho com as ações certas, seus seguidores as copiam e têm sucesso.

Fazer com que a imagem ganhe vida

Grandes líderes parecem sempre incorporar duas qualidades aparentemente incompatíveis. Eles, ao mesmo tempo, são altamente *visionários* e altamente *práticos*. Sua visão permite que eles vejam além do imediato. Eles podem antecipar o que está por vir e o que precisa ser feito. Líderes têm a compreensão de como...

Missão gera *objetivo* — ao responder à pergunta *Por quê?*
Visão gera uma *imagem* — ao responder à perguntas *O quê?*
Estratégia gera um *plano* — ao responder à pergunta *Como?*

Como observou o escritor Hans Finzel: "Líderes são pagos para serem sonhadores. Em liderança, quanto mais alto você chega, mais seu trabalho é sobre o futuro."

Ao mesmo tempo, líderes são suficientemente práticos para saber que visão sem ação não leva a nada. Eles se tornam responsáveis por ajudar seus seguidores a entrar em ação. Isso pode ser difícil, porque os seguidores muitas vezes não conseguem antecipar o futuro como o líder o faz. Não conseguem criar uma imagem do que é melhor para a equipe. Não têm a noção do quadro ampliado. Por quê? Porque a visão tem a tendência de ser fluída.

> Quando o líder modela a visão eficiente, faz com que a imagem ganhe vida.

Os líderes são organizadores da visão. Portanto, o que eles devem fazer para preencher a lacuna entre a visão deles e a dos seus seguidores? Para muitos líderes, a tentação é simplesmente transmitir a visão. Não entenda mal, a comunicação certamente é importante. Bons líderes precisam transmitir a visão de forma clara, criativa e contínua. A *transmissão* eficaz da visão pelo líder torna a imagem clara. Mas isso não é o bastante. O líder também precisa viver a visão. Quando o líder *modela* a visão de modo eficiente, faz com que a imagem ganhe vida.

Bons líderes sempre têm consciência do fato de que dão o exemplo e de que os outros farão o mesmo que eles, para o bem ou para o mal. Em geral, quanto melhores forem os atos dos líderes, melhores serão os das pessoas.

Isso não quer dizer que os líderes têm todas as respostas. Qualquer um que já tenha liderado sabe disso. Muitas vezes, os líderes de maior impacto são aqueles que lideram bem em meio à incerteza. Andy Stanley, excelente líder e comunicador, abordou esse tema. Há alguns anos, na conferência para líderes Catalyst, ele disse:

> Incerteza não é indicador de liderança fraca. Na verdade, isso indica necessidade de liderança. A natureza da liderança exige que sempre haja um elemento de incerteza. A tentação é pensar: *Se fosse um bom líder, saberia exatamente o que fazer*. Aumento de responsabilidade quer dizer lidar com um número cada vez maior de questões intangíveis, portanto, incerteza mais complexa. Os líderes podem não ter certeza, mas não podemos deixar de ser claros. As pessoas não seguirão uma liderança confusa.

É nos momentos difíceis em que há muita incerteza — e o caos ameaça tomar conta de todos — que os seguidores mais precisam receber de seus líderes uma imagem clara. É quando eles precisam de um líder que abrace a lei da imagem. O retrato vivo que eles vêm em seu líder produz energia, paixão e motivação para seguir em frente.

Moldar visões para os líderes

Se você deseja ser o melhor líder possível, não pode ignorar a lei da imagem. Enquanto você se esforça para ser um melhor exemplo para seus seguidores, lembre-se do seguinte:

1 — *Os seguidores sempre vêem o que você faz*

Se você é pai, provavelmente já percebeu que seus filhos estão sempre atentos ao que você faz. Diga o que quiser, mas seus filhos aprendem mais com o que eles vêem do que com qualquer outra coisa. Como pais, Margaret e eu descobrimos isso muito cedo. Não importava o que ensinássemos a nossos filhos, eles insistiam em se comportar como nós. Muito frustrante. O lendário técnico de basquete da UCLA [Universidade da Califórnia Los Angeles] John Wooden cita um poema que explica isso perfeitamente:

> Nem palavra escrita
> nem apelo dito
> Podem ensinar nossos jovens

o que deveriam ser
Nem todos os livros
em todas as estantes,
Mas apenas o que os mestres
são em si.[7]

Assim como as crianças observam os pais e reproduzem seu comportamento, funcionários fazem o mesmo quando observam seus chefes. Se os chefes chegam atrasados, os funcionários sentem que podem fazer o mesmo. Se os chefes pegam atalhos, os funcionários também os pegam. As pessoas fazem o que vêem,

Os seguidores podem duvidar do que seus líderes dizem, mas, normalmente, acreditam no que eles fazem. E imitam. Colin Powell, general da reserva do exército dos Estados Unidos e ex-secretário de Estado observou: "Você pode fazer todos os memorandos e todos os discursos de motivação que quiser, mas se o resto das pessoas em sua organização não o vir se esforçar muito todos os dias, também não se esforçarão."

Whitley David afirmou: "Um bom supervisor é um catalisador, não um sargento durão. Ele cria uma atmosfera em que pessoas inteligentes estão dispostas a segui-lo. Ele não ordena, ele convence."

Nada é mais convincente do que viver aquilo em que você diz acreditar.

2 — *É mais fácil ensinar o certo que fazer o certo*

O escritor Mark Twain ironizou: "Fazer o certo é maravilhoso. Ensinar o que é certo é mais maravilhoso ainda — e muito mais fácil."

> Os seguidores podem duvidar do que seus líderes dizem, mas, normalmente, acreditam no que eles fazem.

Isso não é verdade? É sempre mais fácil ensinar o que é certo do que fazer o certo. É um dos motivos por que muitos pais (e chefes) dizem: "Faça o que digo, não o que faço."

Um dos meus primeiros desafios como líder foi elevar minha vida para que alcançasse o patamar dos meus ensinamentos. Ainda me lembro do dia em que decidi que não ensinaria nada que não tentasse praticar. Foi uma decisão difícil, mas, como jovem líder, estava aprendendo a aceitar a lei da imagem. O escritor Norman Vincent Peale afirmou: "Nada é mais convincente que pessoas que dão bons conselhos e maus exemplos."

Eu diria que uma idéia relacionada também é verdade: "Nada é mais convincente que pessoas que dão bons conselhos e bons exemplos."

Recentemente, recebi, no mesmo dia, telefonemas de dois repórteres — um do *Chicago Tribune* e outro do *USA Today* — que queriam saber mais sobre como ensinar ética no setor de negócios. Ambos fizeram perguntas semelhantes. Eles queriam saber se a ética podia ser ensinada. Respondi afirmativamente. "Mas muitas das empresas que dão aulas de ética têm problemas éticos — retrucou um dos repórteres", "porque a ética só pode ser instilada nos outros se for ensinada e *moldada* para eles", respondi.

> Líderes falam, mas não ensinam até que pratiquem o que pregam.
>
> FEATHERSTONE

Há líderes demais que são como agentes de viagem ruins. Eles mandam as pessoas para lugares que eles nunca visitaram. Deveriam ser mais como guias de turismo, levando as pessoas para lugares que conhecem e partilhando com elas a sabedoria de suas próprias experiências.

John Wooden costumava dizer aos seus jogadores: "*Mostrem*-me o que vocês podem fazer; não me *digam* o que podem fazer."

Acredito que os seguidores têm a mesma postura em relação a seus líderes. Eles querem *ver* seus lideres em ação, dando o melhor de si, mostrando o caminho e dando exemplo. Featherstone observou: "Líderes falam, mas não ensinam até que pratiquem o que pregam."

Essa é a lei da imagem.

3 — *Devemos mudar antes de tentar melhorar os outros*

Os líderes são responsáveis pelo desempenho do seu pessoal. A responsabilidade final é deles. Eles acompanham o progresso das pessoas, dão os rumos a elas e as responsabilizam. E para melhorar o desempenho da equipe, os líderes precisam atuar como agentes de mudança. Contudo, um dos grandes riscos à boa liderança é a tentação de tentar mudar os outros sem antes fazer mudanças em si mesmo.

Como líder, sou a primeira pessoa que preciso liderar. Sou a primeira pessoa que devo tentar mudar. Meus padrões de excelência devem ser mais altos para mim que os que estabeleço para os outros. Para continuar a ser líder com credibilidade, preciso, antes, trabalhar em minha mudança pessoal, de forma mais árdua e por mais tempo. Isso não é fácil nem natural, mas é fundamental. Honestamente, sou muito como a Lucy das tirinhas que diz a Charlie Brown que quer mudar o mundo. Quando Charlie Brown, impressionado, pergunta como ela pretende começar, ela responde: "Vou começar por você, Charlie Brown. Vou começar por você."

Há pouco tempo atrás ensinava sobre a idéia do líder 360°. Ou seja, um líder que exerce sua influência não apenas para baixo, com aqueles que ele lidera, mas também para cima, com seu chefe, e para os lados, com seus colegas. Durante uma sessão de perguntas e respostas, uma pessoa da platéia perguntou: "O que é mais difícil? Liderar para cima, para os lados ou para baixo?" "Nenhuma delas. O mais difícil é liderar a mim mesmo", respondi rapidamente.

Se liderarmos de outra forma que não pelo exemplo, enviamos aos outros uma imagem confusa da liderança. Se, antes, trabalharmos para melhorar a nós mesmos e se fizermos disso nossa principal missão, é mais provável que os outros nos sigam.

4 — *O melhor presente que o líder pode dar é ser o bom exemplo*

Uma pesquisa feita pela Opinion Research Corporation para a Ajilon Finance pediu que os trabalhadores americanos escolhessem a característica que consideravam mais importante na pessoa que as lidera. Eis os resultados:

POSIÇÃO	CARACTERÍSTICA	PERCENTAGEM
1	Liderança pelo exemplo	26%
2	Ética e moral sólidas	19%
3	Conhecimento do negócio	17%
4	Justiça	14%
5	Inteligência e competência em geral	13%
6	Reconhecimento dos funcionários	10%[8]

Mais que tudo, os funcionários querem líderes coerentes, cujas crenças estejam alinhadas com seus atos. Eles querem bons modelos que liderem à frente.

A liderança é mais captada que ensinada. E como alguém capta a liderança? Vendo bons líderes em ação! A esmagadora maioria dos líderes surge por causa do impacto que líderes estabelecidos exerceram sobre eles ao moldar a liderança e aos os orientar.

Quando penso em minha jornada de liderança, sinto que tive a sorte de ter excelentes modelos de liderança dos quais "captei" vários aspectos da liderança:

- Entendi perseverança, ao ver meu pai enfrentar e superar a adversidade.
- Entendi intensidade, ao observar a liderança apaixonada de Bill Hybels.
- Entendi encorajamento, ao ver como Ken Blanchard valorizava as pessoas.
- Entendi visão, ao ver como Bill Bright transformava sua visão em realidade.

Continuo a aprender com bons modelos e esforço-me para dar o exemplo certo às pessoas que me seguem — meus filhos e netos, os funcionários de minhas empresas e as pessoas que participam de minhas palestras e lêem meus livros. Viver o que ensino é a coisa mais importante que faço como líder. Como observou o ganhador do Prêmio Nobel da Paz Albert Schweitzer: "Exemplo é liderança."

Seguir o exemplo do líder

Uma história que exemplifica a lei da imagem é a do rei Davi de Israel. Praticamente todos conhecem a história de Davi e Golias. Quando os exércitos filisteus se lançaram contra o rei Saul e o povo de Israel, Golias, um gigantesco e poderoso soldado profissional, lançou um desafio. Ele disse que enfrentaria o maior campeão de Israel em uma batalha de tudo ou nada. E quem se apresentou para aceitar o desafio? Não foi Saul, o rei poderoso, nem qualquer de seus veteranos experientes. Foi Davi, jovem pastor humilde, que se apresentou para enfrentá-lo. Usando uma funda, ele arremessou uma pedra contra Golias e o nocauteou. A seguir, ele cortou a cabeça de Golias com a espada do gigantesco guerreiro.

Todos nós nos identificamos com essa história e outras similares, porque gostamos de torcer pelo azarão. Mas muitas pessoas não conhecem o restante da história. Davi se tornou um guerreiro e acabou por se tornar rei. Nesse processo, ele formou um grupo de guerreiros que eram chamados de seus "homens poderosos". Pelo menos cinco deles também se tornaram matadores de gigantes, como seu líder. O exemplo dado por Davi ensinou a seus seguidores como se tornar grandes guerreiros e, até mesmo, matadores de gigantes.

Liderança em face do terror

A liderança pelo exemplo sempre tem um profundo impacto nos seguidores. Um dos líderes que admiro é Rudy Giuliani, ex-prefeito de Nova York. Ao longo de sua carreira, primeiro, como advogado a serviço do governo dos Estados Unidos e, depois, como funcionário eleito, Giuliani liderou pelo exemplo. Em seu livro *Leadership* [*Liderança*], diz ter plena consciência de que aquilo que faz estabelece um padrão para aqueles que o seguem.[9] Ele afirma: "Você não pode pedir àqueles que trabalham para você que façam algo que você mesmo não está disposto a fazer. Cabe a você estabelecer o padrão de comportamento."[10]

Na filosofia de liderança de Giuliani, é fundamental a idéia de responsabilidade. Ele escreve:

> Mais que os outros, os líderes devem gostar de ser considerados responsáveis. Nada aumenta mais a confiança de um líder que a disposição de assumir a responsabilidade pelo que acontece em sua gestão. Poder-se-ia acrescentar que nada é mais importante para comprometer os funcionários com alto padrão que um chefe que se compromete com padrões ainda mais altos. Isso vale para qualquer organização.[11]

Responsabilidade foi a base de uma das práticas de Giuliani: a reunião matinal que ele fazia com seus principais assessores todos os dias às 8 horas. Ele faz isso desde 1981. Isso fazia com que ele e seu pessoal, todos os dias, estivessem em sintonia. Eles tinham de dar respostas a ele — e ele era obrigado a tomar decisões rápidas. Ninguém podia esquivar-se. Todos eram responsáveis.

Muitas pessoas reconhecem a capacidade de Giuliani como prefeito. Em sua gestão, a criminalidade na cidade caiu violentamente. Nova York recuperou sua antiga glória como destino turístico, os impostos diminuíram, e os negócios floresceram. Mas o acontecimento que realmente revelou a capacidade de liderança de Giuliani foi, é claro, o 11 de setembro. Quando o inimaginável aconteceu, e a cidade mergulhou no caos, o prefeito estava na linha de frente, liderando, mantendo-se em conato direto com líderes estaduais e federais e comandando as diversas instâncias de governo da cidade.

E quando o pior da crise passou, Giuliani ainda liderava pelo exemplo. Ele não apenas foi um defensor de sua cidade, abrindo os teatros, encorajando as pessoas a levar a vida da forma mais normal possível e pedindo aos visitantes para que fossem a Nova York. Também chorou com aqueles que perderam seus entes queridos. Ele estima que na seqüência dos ataques terroristas, houve de seis a vinte funerais todos os dias. Ele fez questão de ir a pelo menos seis deles por dia e garantiu que houvesse um representante do governo municipal em todos os cultos religiosos.

O exemplo de liderança de Giuliani, sua força e sua resistência inspiraram o país. Em muitos sentidos, as pessoas em todos os Estados Unidos aprenderam a se comportar na nova configuração de mundo que surgiu após 11 de setembro, observando o modelo de Rudolph Giuliani. Ele não permitiria que terroristas determinassem como ele viveria. E é isso o que os bons líderes fazem: dão o exemplo.

É assim que Giuliani resume sua liderança:

> Durante toda minha vida, pensei em como ser um líder — fosse quando comandava, primeiro, a Unidade de Corrupção do escritório do Promotor dos Estados Unidos no distrito sul de Nova York e, depois, a Unidade de Entorpecentes, ou quando recuperei uma empresa de carvão falida de Kentucky após ser nomeado síndico da massa falida, ou ainda ao observar Ronald Reagan, o juiz MacMahon e outros. Depois, dei-me conta de que muito do que fizera, ao estudar essas pessoas, foi uma preparação para o que viria a ser. Inconscientemente, aprendia a administrar.[12]

Em outras palavras, ele simplesmente fez o que vira seus líderes fazer no decorrer de toda sua carreira. Ele colocou em prática a lei da imagem.

APLICAR A LEI DA IMAGEM À SUA VIDA

1 — Se você já coloca em prática a lei do processo, então, neste momento, esforça-se para melhorar suas habilidades e aumentar sua capacidade de liderança. (Se não está, comece!) Mas liderança diz respeito a outras coisas além de habilidades técnicas. O caráter também é fundamental para a liderança, e ele é transmitido pela lei da imagem. O principal exemplo que você dá a seus seguidores é na área de caráter, e essa área é a que você precisa tratar em si mesmo antes de tentar mudar os outros.

Faça uma auditoria do seu caráter. Para começar, faça uma relação de seus valores fundamentais, como integridade, trabalho duro, honestidade e assim por diante. Depois, pondere sobre seus atos no último mês. Caso tenha havido incidentes, quais se mostraram incoerentes com esses valores. Relacione o máximo de coisas de que se lembrar. Não descarte nada rápido demais nem faça racionalizações. Isso mostrará onde é necessário trabalhar em si mesmo. Trabalhe para mudar não apenas suas ações, mas também sua postura.

2 — Peça a um colega de confiança ou a um amigo que o observe por um longo período (pelo menos uma semana) para comparar o que você ensina com a forma como se comporta. Peça que registre qualquer incoerência. Depois programe uma reunião para o final do período de observação para estudar os resultados. Nessa reunião, você poderá fazer perguntas para conseguir esclarecimentos, mas não poderá se defender. Programe-se para mudar suas ações ou sua filosofia para que elas sejam coerentes.

3 — Quais são as três ou cinco coisas que você gostaria que seu pessoal fizesse melhor do que está fazendo agora? Faça uma lista. Depois avalie *seu desempenho* em cada uma delas. (Talvez você também queira que alguém o avalie para ter a certeza de que sua avaliação pessoal é precisa). Se sua própria avaliação for baixa, precisará mudar seu comportamento. Se sua nota for alta, precisará se tornar um exemplo mais claro para seu pessoal. Faça os ajustes necessários.

CAPÍTULO QUATORZE

A LEI DA AQUISIÇÃO

As pessoas compram o líder, depois a visão

No outono de 1997, alguns membros de minha equipe e eu tivemos a oportunidade de viajar para a Índia e fazer quatro palestras sobre liderança, algo que tínhamos feito muitas vezes na última década. A Índia é um país fascinante, com muitas contradições. É um lugar bonito com pessoas calorosas e generosas. Tem uma forte economia emergente. Ao mesmo tempo, tem milhões de seus habitantes que vivem em terrível miséria. Foi lá que me lembrei da lei da aquisição.

Nunca esquecerei o momento em que nosso avião pousou em Nova Délhi. Ao deixar o aeroporto, era como se tivéssemos sido transportados para outro planeta. Havia multidões por todo lado. Pessoas de bicicleta, carros, camelos e elefantes. Pessoas nas ruas, algumas dormindo nas calçadas. Os animais andavam livres, não importava onde estivéssemos. E tudo se movia. Seguindo pela avenida principal, na direção do hotel, percebi outra coisa. Cartazes. Para onde quer que olhássemos, podíamos ver cartazes festejando os 50 anos de liberdade da Índia, junto com enormes retratos de um homem: Mahatma Gandhi.

Um começo obscuro

Hoje as pessoas consideram certo que Gandhi foi um grande líder. Mas a história de sua liderança é um estudo maravilhoso da lei da aquisição.

Mohandas K. Gandhi, chamado Mahatma (que significa "grande alma"), foi educado em Londres. Após concluir sua formação em Direito, ele voltou para a Índia, seguindo depois para a África do Sul. Por vinte anos ele trabalhou nesse país como advogado e ativista político. E, naquela época, ele se desenvolveu como líder, lutando pelos direitos dos indianos e de outras minorias oprimidas e discriminadas pelo governo do *apartheid* da África do Sul.

Ao retornar à Índia, em 1914, Gandhi era muito conhecido e altamente respeitado entre seus concidadãos. Ao longo dos anos seguintes, enquanto liderava protestos e greves por todo o país, as pessoas se uniram a ele, cada vez mais contando com sua liderança. Em 1920 — apenas seis anos após retornar à Índia — ele foi eleito presidente da All India Home Rule League [Liga para o governo autônomo em toda a Índia].

O mais impressionante não foi Gandhi se tornar um líder na Índia, mas ser capaz de mudar a visão que as pessoas tinham de como conseguir a liberdade. Antes de ele começar a liderá-las, as pessoas se valiam da violência em um esforço para atingir seus objetivos. Por anos, as revoltas contra o *establishment* britânico eram habituais. Mas a visão que Gandhi tinha para a mudança na Índia fundamentava-se na desobediência civil, método de oposição de não-violência. Certa vez, ele declarou: "A não-violência é a maior força à disposição da humanidade. É mais poderosa que a mais poderosa arma de destruição concebida pela engenhosidade do homem."

> O líder descobre o sonho e, depois, as pessoas. As pessoas descobrem o líder e, depois, o sonho.

Uma nova abordagem

Gandhi desafiou as pessoas a enfrentar a opressão com desobediência pacífica e não-cooperação. Mesmo quando, em 1919, as tropas britânicas massacraram mais de mil pessoas, em Amritsar, Gandhi convocou as pessoas a resistir — sem revidar. Não foi fácil conquistar as pessoas para que abraçassem seu ponto de vista. Mas, como as pessoas o tinham comprado como seu líder, elas abraçaram sua visão. Depois, elas o seguiram fielmente. Ele pedira que elas não lutassem, e elas pararam de lutar. Quando ele pediu que todos queimassem suas roupas estrangeiras e passassem a vestir apenas tecidos feitos no país, milhões de pessoas fizeram isso. Quando ele decidiu que uma marcha rumo ao mar para protestar contra o decreto do sal seria o ponto de partida para a desobediência civil aos britânicos, os líderes do país o seguiram ao longo dos mais de 300 quilômetros até a cidade de Dandi, onde representantes do governo os prenderam.

Sua luta pela independência foi lenta e dolorosa, mas a liderança de Gandhi era forte o bastante para cumprir a promessa de sua visão. A Índia conquistou o direito de se governar em 1947. Como as pessoas tinham comprado Gandhi, aceitaram sua visão. E ao abraçar a visão, conseguiram realizá-la. É assim que funciona a lei da aquisição. O líder descobre o sonho e, depois, as pessoas. As pessoas descobrem o líder e, depois, o sonho.

Não ponha o carro à frente

Quando faço seminários de liderança, recebo muitas perguntas sobre visão. Invariavelmente, alguém me aborda no intervalo, apresenta-me uma rápida descrição de uma visão corrente e faz a seguinte pergunta: "Você acha que meu pessoal comprará a minha visão?" Minha resposta é sempre a mesma: "Primeiro, diga-me o seguinte: seu pessoal comprou você?"

Veja bem, muitas pessoas que lidam com a área de visão de liderança entenderam isso errado. Elas pensam que se a causa for bastante boa, as pessoas, automaticamente, a comprarão e a seguirão. Mas liderança não funciona desse modo. As pessoas, de início, não seguem causas merecedoras, mas seguem líderes merecedores que defendem as causas nas quais possam acreditar. As pessoas, primeiro, compram o líder e, depois, a visão do líder. Compreender isso muda toda sua abordagem de como liderar as pessoas.

Para a pessoa que assiste a uma de minhas conferências e pergunta se seu pessoal o seguirá, a pergunta passa a ser: "Dei ao meu pessoal motivos para que me comprem?"

Se a resposta for afirmativa, elas comprarão alegremente a visão daquele líder. Mas se o líder não tiver credibilidade junto a seu pessoal, não importa, na verdade, quão boa seja sua visão.

Durante o *boom* das companhias ponto-com, li na *BusinessWeek* um material em que havia o perfil de empreendedores que faziam parcerias com investidores na indústria da computação. Naquela época, o vale do Silício, na Califórnia, estava cheio de pessoas que trabalharam, por um breve período, na indústria de computação e tentavam criar suas próprias empresas. Todos os dias, centenas delas circulavam por ali e tentavam conseguir investidores para colocar em prática suas idéias e seus empreendimentos. A maioria nunca conseguiu apoio. Mas sempre que um empreendedor era bem-sucedido, descobria ser mais fácil conseguir dinheiro na vez seguinte. Muitas vezes, os investidores não estavam sequer interessados em descobrir qual era a visão do empreendedor. Se eles comprassem a pessoa, então aceitavam imediatamente as idéias.

> As pessoas, de início, não seguem causas merecedoras, mas seguem líderes merecedores que defendem causas nas quais possam acreditar.

O autor da matéria entrevistara Judith Estrin, desenvolvedora de *software*, e sua sócia. Na época, elas criaram duas empresas. Ela disse que para abrir a primeira empresa foram necessários seis meses e incontáveis apresentações, embora tivesse uma idéia viável e acreditasse 100% nela. Mas a criação da segunda empresa aconteceu quase que da noite para o dia. Ela só precisou dar dois telefonemas, de poucos minutos, para levantar 5 milhões de dólares. Quando correu a notícia de que ela estava prestes a abrir uma segunda empresa, as pessoas brigavam para dar a ela ainda mais dinheiro. Ela disse: "Os investidores de capital telefonavam para nós e pediam que aceitássemos o dinheiro deles."[1]

> Todas as mensagens que as pessoas recebem são filtradas pelo mensageiro.

Por que tudo mudara de forma tão drástica para ela? Por causa da lei da aquisição. As pessoas a tinham comprado, então elas estavam dispostas a comprar qualquer visão que ela oferecesse, mesmo antes de ver essa visão.

Você é a mensagem

Todas as mensagens que as pessoas recebem são filtradas pelo mensageiro. Se você considera o mensageiro confiável, acredita que a mensagem tem valor. Por isso, atores e atletas são contratados para promover produtos. As pessoas compram tênis Nike porque compraram Michael Jordan, Tiger Woods ou Michael Vick, não necessariamente pela qualidade dos tênis.

O mesmo vale quando atores defendem algumas causas. Os atores, de repente, tornam-se especialistas na causa que defendem? Normalmente, não. Mas isso não importa. As pessoas querem ouvi-los, porque acreditam neles como pessoas, ou porque eles têm credibilidade como realizadores. Depois que as pessoas compram alguém, elas estão dispostas a dar uma chance à visão daquela pessoa. As pessoas querem concordar com as pessoas que seguem.

As pessoas querem concordar com as pessoas que seguem.

Não é uma proposição do tipo ou/ou

Você não pode separar os líderes das causas que defendem. Isso não pode ser feito, por mais que você se esforce. Não é uma proposição ou/ou. Os dois pontos estão juntos. Veja a seguinte tabela. Ela mostra como as pessoas reagem aos líderes e qual é sua visão em circunstâncias diferentes:

LÍDER	+	VISÃO	=	RESULTADO
Não compra		Não compra		Busca outro líder
Não compra		Compra		Busca outro líder
Compra		Não compra		Busca outra visão
Compra		Compra		Segue o líder

Quando os seguidores não gostam do líder ou da visão... buscam outro líder

O único momento em que as pessoas seguirão um líder do qual não gostam com uma visão na qual não acreditam é quando o líder tem alguma espécie de poder. Pode ser em razão de algo muito sinistro, como a ameaça de violência física, ou algo básico, como a capacidade de segurar o contracheque. Se os seguidores tiverem escolha, não seguirão. E mesmo que não tenham muita escolha, começam a procurar outro líder para seguir. É uma situação em que todos perdem.

Quando os seguidores não gostam do líder, mas gostam da visão... buscam outro líder

Você talvez se surpreenda. Embora as pessoas possam achar que a causa é boa, se elas não gostarem do líder, procuram outro. Por isso, no esporte profissional, os técnicos mudam tanto de time. A visão para qualquer time é sempre a mesma: todos querem vencer o campeonato. Mas nem sempre os jogadores acreditam em seu líder. E quando não acreditam nele, o que acontece? Os donos não demitem todos os jogadores. Eles demitem o líder e trazem alguém que esperam que os jogadores comprem. O talento da maioria dos técnicos profissionais é semelhante. A eficácia de seus sistemas não é muito diferente. O que, com freqüência, os distingue é a habilidade de liderança e o grau de credibilidade que têm junto aos jogadores.

Quando os seguidores gostam do líder, mas não da visão... eles mudam a visão

Quando os seguidores não concordam com a visão de seu líder, reagem de diferentes formas. Algumas vezes, esforçam-se para convencer seu líder a mudar a visão. Outras vezes, abandonam seu ponto de vista e adotam o do líder. E ainda em outros casos, conseguem chegar a um acordo. Mas enquanto comprarem o líder, raramente o rejeitam por inteiro. Continuam a segui-lo.

Um excelente exemplo vem da Grã-Bretanha. Tony Blair teve um longo período como primeiro-ministro. Era um líder popular, eleito três vezes. Mas, ao mesmo tempo, a maioria das pessoas na Grã-Bretanha era contra a política de Blair de envolver o país na guerra contra o Iraque. Por que Blair permaneceu tanto tempo no cargo? Porque eles o compraram como líder. Por conseguinte, estavam dispostos a conviver com essa diferença filosófica.

QUANDO OS SEGUIDORES GOSTAM DO LÍDER E DA VISÃO... ELES SEGUEM AMBOS

Quando as pessoas acreditam em seu líder e na visão, seguirão seu líder, sem levar em consideração as condições, por mais ruins que sejam, ou as probabilidades, por mais que estejam contra elas. Por isso, na época de Gandhi, o povo indiano se recusou a reagir enquanto os soldados os chacinavam. Foi isso que inspirou o programa espacial americano a tornar realidade a visão de John F. Kennedy e colocar um homem na lua. Essa é a razão pela qual as pessoas continuam a ter esperança e a manter vivo o sonho de Martin Luther King Jr., mesmo depois de ele ter sido assassinado. É o que continua a inspirar seguidores a continuar na corrida, mesmo quando acham que bateram contra o muro e perderam tudo o que tinham.

Como líder, não basta ter uma grande visão e uma causa valorosa para que as pessoas o sigam. Você precisa se tornar um líder melhor; precisa fazer com que seu pessoal compre você. É o preço que tem de pagar se quiser que sua visão tenha uma chance de se tornar realidade. Você não pode ignorar a lei da aquisição e continuar a ser um líder de sucesso.

Ganhar tempo para que as pessoas o comprem

Se, no passado, você tentou fazer as pessoas agirem de acordo com seu ponto de vista, mas não conseguiu, provavelmente agiu contra a lei da aquisição — talvez sem saber. Reconheci a importância da lei da aquisição em 1972, quando aceitei minha segunda posição de liderança.

No capítulo sobre a lei da navegação, mencionei que, após ter permanecido naquela igreja vários anos, os conduzi ao longo de um programa de construção de muitos milhões de dólares, no qual erguemos um novo auditório. Mas, quando cheguei a essa igreja, não havia um rumo que as pessoas quisessem seguir. Na semana antes da minha chegada a essa nova igreja, mais de 65% dos membros votaram a favor da construção de um novo centro de atividades comunitárias.

Fizera meu dever de casa sobre aquela igreja e, quando cheguei, já sabia que seu crescimento e seu sucesso futuros dependiam não de um novo centro de atividades, mas de um novo auditório. Minha visão para os anos seguintes era absolutamente clara para mim. Mas não podia chegar e declarar de imediato: "Esqueçam a decisão que vocês acabaram de tomar e todo o sofrimento pelo qual passaram para tomá-la. Em vez disso, sigam-me."

Precisava de algum tempo para construir minha credibilidade junto às pessoas.

A seguir, desenvolvi uma estratégia. Consegui que um comitê fizesse um estudo completo de todas as questões envolvidas no projeto do centro de atividades. Disse aos membros: "Se vamos investir esse volume de tempo e de dinheiro, precisamos estar certos do que faremos. Preciso ter informações sobre todos os temas que possam estar relacionados a essa questão."

Aquilo pareceu bastante razoável a todos, e o comitê começou a trabalhar.

Ao longo do ano seguinte, o grupo me procurava todos os meses e transmitia as informações que reunira. E, todas as vezes, eu elogiava o trabalho deles e fazia várias perguntas que exigiam mais pesquisas.

Aquisição não diz respeito ao líder

Como líder, tinha a responsabilidade de assegurar que a organização não cometesse um erro caro que pudesse vir a prejudicá-la no futuro. Postergar a decisão ajudou-me a conseguir tempo suficiente para que eles me comprassem. Enquanto isso, dei duro para construir minha credibilidade junto àquelas pessoas. Estabeleci relações com os líderes da igreja.

Respondi às perguntas de todos de modo que pudessem me compreender e entender como pensava como líder. Partilhei minhas idéias, esperanças e sonhos em relação ao trabalho que estávamos fazendo. E comecei a produzir o crescimento da organização. Isso, mais que tudo, deu às pessoas a confiança em mim e em minha capacidade de liderança.

> Como líder, seu sucesso é medido por sua capacidade de levar as pessoas aonde elas precisam ir. Mas você só consegue isso se, antes, as pessoas comprarem você.

Após cerca de seis meses, as pessoas começaram a ver que a igreja sofria mudanças e movia-se em uma nova direção. Em um ano, o comitê de construção decidiu que o centro de atividades não seria interessante para a igreja e recomendou que ele não fosse construído. Em mais um ano, as pessoas chegaram a um consenso: o segredo do futuro era a construção de um novo auditório. E, no momento certo, 98% das pessoas votaram a favor do projeto, e nós começamos a construção.

Quando cheguei àquela igreja, poderia tentar empurrar minha visão e meus planos para as pessoas. Provavelmente, era o que teria feito em minha primeira posição de liderança, porque era inexperiente e não compreendia que a crença no líder era tão importante quanto a crença na visão. Mas, naquele momento, amadurecera um pouco. Sabia que minha visão era a coisa certa a fazer no momento em que cheguei a essa igreja, em 1972, assim como estava certa dois anos depois, quando a implementamos. Mas se tentasse vender minha visão, em vez de vender a mim mesmo, não teria conseguido ajudar aquelas pessoas a chegar aonde precisavam ir. E, nesse processo, teria abalado minha capacidade de liderá-los.

Como líder, você não ganha pontos por fracassar em uma causa nobre. Você não recebe o crédito de estar "certo", enquanto paralisa sua organização. Como líder, seu sucesso é medido por sua capacidade de levar as pessoas aonde elas precisam ir. Mas você só consegue isso se, antes, as pessoas comprarem você. É a realidade da lei da aquisição.

Aplicar a Lei da Aquisição à sua vida

1 — Você tem uma visão para sua liderança e para sua organização? Por que você lidera? O que você tenta realizar? Escreva suas idéias em uma declaração de visão. Essa visão merece seu tempo e seu esforço? É algo a que você está disposto a dedicar uma parcela relevante de sua vida? (Caso contrário, pense novamente no que está fazendo, e na razão pela qual faz o que faz).

2 — Até que ponto as pessoas que você lidera o compraram? Se sua equipe é pequena, relacione todos os integrantes. Se for grande, enumere as pessoas mais importantes que influenciam a equipe. Agora dê às pessoas notas de 1 a 10 para o grau de aquisição. (1 quer dizer que elas não o seguirão, nem sequer nas áreas em que são obrigadas a fazê-lo em função de seus cargos; e 10 quer dizer que elas o seguirão na batalha mesmo que corram risco de morte). Se seu pessoal não comprou você, não o ajudará a realizar sua visão — mesmo que o adorem. Encontrarão um novo líder que os lidere.

3 — Pense nas formas em que você pode ganhar credibilidade as pessoas individualmente. Há muitas formas de fazer isso:

- Desenvolver um bom relacionamento com elas
- Ser honesto, autêntico e desenvolver confiança
- Aferrar-se a altos padrões e dar um bom exemplo

- Dar a elas as ferramentas para fazer melhor seu trabalho
- Ajudá-las a atingir suas metas pessoais
- Desenvolver essas pessoas como líder

Desenvolva uma estratégia para cada pessoa. Se seu principal objetivo for agregar valor a todas elas, seu fator de credibilidade aumentará rapidamente.

CAPÍTULO QUINZE

A LEI DA VITÓRIA

Líderes descobrem uma forma de a equipe vencer

Você já pensou sobre o que diferencia os líderes que vencem dos líderes que sofrem derrotas? O que é preciso para tornar uma equipe vencedora? É difícil identificar a qualidade que distingue vencedores de perdedores. Cada situação de liderança é diferente da outra. Cada crise tem seus próprios desafios. Mas acho que os líderes vitoriosos têm uma coisa em comum: eles nunca estão dispostos a aceitar a derrota. E, para eles, a vitória como uma possível alternativa é inteiramente inaceitável. Como resultado, eles descobrem o que precisa ser feito para conseguir a vitória.

Foi nosso melhor momento

A crise parece revelar o melhor — e o pior — dos líderes, porque, nesses momentos, a pressão é grande e os riscos são altos. Isso certamente foi verdade durante a Segunda Guerra Mundial quando Adolf Hitler ameaçava esmagar a Europa e reconstruí-la de acordo com sua visão. Mas, contra o poder de Hitler e de sua horda nazista, ergueu-se um líder determinado a vencer, um praticante da lei da vitória: o primeiro-ministro britânico Winston Churchill. Ele inspirou o povo britânico a resistir a Hitler e, por fim, vencer a Guerra.

Muito antes de se tornar primeiro-ministro, em 1940, Churchill falou contra os nazistas. Em 1932, ele parecia ser o único crítico quando alertou: "Não se iludam. [...] Não acreditem que o que a Alemanha pede só é igualdade. [...] Eles procuram armas e, quando as tiverem, acreditem em mim, pedirão de volta os territórios ou as colônias que perderam."

> Líderes vitoriosos nunca estão dispostos a aceitar a derrota. A vitória como uma possível alternativa é inteiramente inaceitável para eles.

Como líder, Churchill podia ver o que estava por vir e tentava preparar o povo da Inglaterra para o que ele considerava uma luta inevitável.

Nos anos seguintes, Churchill continuou a falar contra os nazistas. Em 1938, quando Hitler anexou a Áustria, ele disse aos membros da Câmara dos Comuns:

> Durante cinco anos falei à Câmara dos Comuns sobre essas questões — mas não tive grande sucesso. Vi esta famosa ilha descer de forma incontinente, submissa, a escadaria que leva a um abismo tenebroso. [...] Agora finalmente chegou a hora de levantar a nação. Talvez seja a última oportunidade de levantá-la e termos a chance de evitar a guerra, ou a chance de conseguir a vitória caso nossos esforços para evitá-la fracassem.[1]

Infelizmente, o primeiro-ministro Neville Chamberlain e os outros líderes da Grã-Bretanha não se levantaram contra Hitler. Eles não estavam preparados para fazer o necessário para conseguir a vitória. E mais uma parcela da Europa caiu frente aos nazistas.

Em meados de 1940, a maior parte da Europa estava sob o tacão da Alemanha. Mas, a seguir, aconteceu algo que mudou o curso da história do mundo livre. A liderança da Inglaterra foi dada a Winston Churchill, de 65 anos de idade, um líder corajoso que colocara a Lei da Vitória em prática durante toda a vida. Ele se recusou a se curvar às ameaças nazistas. Por mais de um ano, a Grã-Bretanha enfrentou sozinha a ameaça de invasão alemã. Quando Hitler indicou que queria fazer um acordo com a Inglaterra, Churchill o desafiou. Quando a

Alemanha começou a bombardear a Inglaterra, os britânicos continuaram a resistir firmemente. E, durante todo esse tempo, Churchill buscou uma forma de conseguir a vitória.

Churchill não aceitaria nada menos que a vitória

Churchill convocou o povo britânico repetidas vezes. Começou com seu primeiro discurso após se tornar primeiro-ministro.

> Temos diante de nós um sofrimento do tipo mais terrível. Temos diante de nós, muitos, muitos longos meses de luta e sofrimento. Vocês perguntam: qual é nossa política? Digo: é travar a guerra, no mar, na terra e no ar, com todo o nosso poderio e toda a força que Deus pode nos dar; fazer a guerra contra uma tirania monstruosa, nunca superada no tenebroso e lamentável catálogo dos crimes humanos. Esta é nossa política. Vocês perguntam: "Qual é nossa meta?" Posso responder em uma só palavra: Vitória — vitória a qualquer custo, vitória apesar de todo terror, vitória, por mais longo e difícil que seja o caminho. Pois sem a vitória não há sobrevivência.[2]

Enquanto isso, Churchill fazia tudo o que estava a seu alcance para prevalecer. Ele empregou tropas no Mediterrâneo contra as forças de Mussolini. Embora odiasse o comunismo, aliou-se a Stalin e aos comunistas, enviando ajuda a eles, mesmo quando os suprimentos da Grã-Bretanha corriam risco e sua sobrevivência estivesse ameaçada. E ele desenvolveu seu relacionamento pessoal com outro líder poderoso: Franklin Roosevelt. Embora o presidente dos Estados Unidos relutasse em entrar na guerra, Churchill se esforçou para construir um relacionamento com ele, esperando transformar essa amizade e respeito mútuo em uma completa aliança de guerra. Com o tempo, seus esforços foram recompensados. No dia em que os japoneses bombardearam Pearl Harbor, lançando os Estados Unidos na guerra, Churchill teria observado consigo mesmo: "Então vencemos, afinal de contas."

Outro líder dedicado à vitória

Quando Churchill buscou a ajuda de Franklin Roosevelt, procurava um líder que punha em prática a lei da vitória havia décadas. Era uma marca da vida de Roosevelt. Ele, ao mesmo tempo em que derrotava a poliomielite, descobrira como ser politicamente vitorioso. Quando foi eleito presidente e se tornou responsável por tirar o povo americano da Grande Depressão, era apenas mais uma situação impossível que ele aprendeu a superar. E ele superou. Ao longo da década de 1930, o país, em grande parte graças à sua liderança, recuperava-se lentamente.

> "Qual é nossa meta?" Posso responder em uma só palavra: Vitória — vitória a qualquer custo, vitória apesar de todo terror, vitória, por mais longo e difícil que seja o caminho. Pois sem a vitória não há sobrevivência.
> Winston Churchill

Sem dúvida, havia muito em jogo durante a guerra. Arthur Schlesinger Jr., historiador ganhador do prêmio Pulitzer, observou: "A Segunda Guerra Mundial viu a democracia lutar por sua sobrevivência. Em 1941, só tinham restado apenas cerca de uma dúzia de Estados democráticos na Terra. Mas surgiram grandes lideranças a tempo de se juntar à causa democrática."

A equipe de Roosevelt e Churchill ofereceu essa liderança, como uma seqüência de golpes. Assim, como o primeiro-ministro levantou a Inglaterra, o presidente reuniu o povo americano e o uniu em uma causa comum, algo que ninguém fizera antes nem fez depois.

Para Churchill e Roosevelt, a vitória era a única possibilidade. Se eles aceitassem menos, o mundo poderia ser um lugar muito diferente hoje. Schlesinger afirmou: "Dê uma olhada em nosso mundo hoje. Ele, claramente, não é o mundo de Adolf Hitler. Seu Reich de Mil Anos acabou por se tornar um período breve e sangrento de doze anos. Ele claramente não é o mundo de Josef Stalin. Aquele mundo medonho destruiu a si mesmo diante de nossos olhos."[3]

Sem Churchill e a Inglaterra, toda a Europa teria caído. Sem Roosevelt e os Estados Unidos, talvez nunca teriam recuperado a liberdade. Mas nem mesmo um Adolf Hitler e todo o exército do Terceiro Reich podiam enfrentar dois líderes dedicados à lei da vitória.

Grandes líderes descobrem um caminho para a vitória

Quando há pressão, os grandes líderes dão o melhor de si. O que quer que seja que haja em seu interior vem à superfície. Em 1994, Nelson Mandela tornou-se presidente da África do Sul nas primeiras eleições gerais do país depois do fim do *apartheid*. Foi uma enorme vitória para o povo do país e chegou depois de muito tempo.

O caminho para essa vitória foi pavimentado com os 27 anos que Mandela passou na prisão. Ao longo do tempo, ele fez tudo que era necessário para se aproximar mais da vitória. Ele filiou-se ao Congresso Nacional Africano, que se tornou uma organização ilegal. Ele organizou protestos pacíficos. Ele foi para a clandestinidade e viajou ao exterior para tentar conseguir apoio. Quando necessário, enfrentou julgamento e aceitou uma pena de prisão com dignidade e coragem. E quando chegou o momento, negociou mudanças no governo com F. W. de Klerk. Mandela se descreve como "um homem comum que se tornou um líder por causa das circunstâncias extraordinárias"[4]. Digo que ele é um líder que se tornou extraordinário por causa da força do seu caráter e sua dedicação à vitória por seu povo. Mandela descobriu um caminho para vencer, e é isso que os líderes fazem por seu povo.

> Quando há pressão, os grandes líderes dão o melhor de si. O que quer que seja que haja em seu interior vem à superfície.

Você pode ver isso todos os dias

Os melhores líderes sentem-se compelidos a aceitar os desafios e a fazer todo o possível para conseguir a vitória para o seu pessoal. Na visão deles...

Liderança é responsável.
Perder é inaceitável.
Paixão é infindável.

Criatividade é fundamental.
Desistência é impensável.
Compromisso é inquestionável.
Vitória é inevitável.

Com essa disposição, abraçam a visão, abordam os desafios com decisão e levam seu pessoal à vitória.

Costumamos ver a lei da vitória em ação em acontecimentos esportivos. Em outras áreas da vida, os líderes fazem a maior parte do seu trabalho nos bastidores, e nunca conseguimos ver exatamente o que acontece nesses bastidores. Mas em um jogo de futebol, você pode realmente acompanhar um líder trabalhando para conseguir a vitória. E, quando o jogo termina, sabe exatamente quem ganhou e a razão por que isso aconteceu. Jogos têm resultados imediatos e mensuráveis.

Um dos maiores líderes esportivos, no que diz respeito à lei da vitória, foi o jogador de basquete Michael Jordan. Ele era um atleta impressionante, mas também um líder excepcional. Ele viveu e respirou a lei da vitória todos os dias que jogou. Quando o jogo estava equilibrado, Jordan encontrava uma forma de seu time vencer. Seu biógrafo, Mitchell Krugel, diz que a tenacidade e a paixão pela vitória de Jordan eram evidentes em todos os setores de sua vida. Ele exibia essas duas características até mesmo nos treinamentos, quando seu time, o Chicago Bulls, era dividido em titulares e reservas. Krugel explica:

> Nos treinos do Bulls, os titulares eram conhecidos como o time branco. Os reservas vestiam vermelho. [O ex-técnico do Bulls] Loughery colocou Jordan no time branco desde o primeiro dia. Com Jordan e [seu companheiro] Woolridge, o time branco conseguia facilmente vantagens de 8 a 1 ou 7 a 4 em partidas de 11 pontos. O time que perdia essas partidas sempre tinha de dar uma corrida depois do treino. Era nesse momento que Loughery passava Jordan para o time vermelho. E o time vermelho vencia na maioria das vezes.[5]

Jordan demonstrou o mesmo tipo de tenacidade sempre que entrou em quadra. No início de carreira, Jordan se baseava principalmente em seu talento pessoal e em seu esforço para vencer os jogos. Mas, à medida que amadurecia, ele passou a dar mais atenção a ser um líder, fazendo todo o time jogar melhor. Jordan acha que muitas pessoas negligenciaram isso. Ele certa vez disse: "É o que todos pensam quando não jogo. Eles podem vencer sem mim? [...] Por que ninguém pergunta a razão para isso ou qual minha contribuição que faz essa diferença? Aposto que ninguém nunca dirá que eles sentem falta da minha liderança ou de minha capacidade de tornar os companheiros melhores."

E é exatamente o que ele oferece. Líderes sempre encontram uma forma de o time vencer.

Descobrir uma forma de ajudar seu time a vencer foi a marca de muitos fantásticos jogadores de basquete do passado. Um jogador como Bill Russell, pivô do Boston, avaliava seu jogo em função de se ele ajudara todo o time a vencer melhor. E o resultado disso foi a conquista de 11 títulos da NBA [Liga Profissional Norte-Americana de Basquete]. Johnson, ala do Lakers Magic, escolhido Melhor Jogador da NBA [Liga Profissional Norte-Americana de Basquete] três vezes e vencedor de cinco campeonatos, era um cestinha fantástico, mas sua maior contribuição era sua capacidade de comandar o time e colocar a bola nas mãos de seus companheiros. E Larry Bird, que deu tudo ao Celtics na década de 1980, mostrou que era líder do time não apenas como jogador (foi escolhido Calouro do Ano, Melhor Jogador da NBA [Liga Profissional Norte-Americana de Basquete] três vezes e levou sua equipe a três campeonatos da NBA), mas também como técnico. Em seu primeiro ano como técnico principal do Indiana Pacers, foi escolhido Técnico do Ano da NBA [Liga Profissional Norte-Americana de Basquete] após levar seu time a um recorde de 58 a 24, o melhor percentual de vitórias da história do clube.

Bons líderes descobrem uma forma de seu time vencer. É a lei da vitória. O esporte em questão é irrelevante. Michael Jordan, Magic Johnson e Larry Bird o fizeram na NBA [Liga Profissional Norte-Americana de Basquete]. John Elway e Joe Montana o fizeram na NFL [Liga Profissional de Futebol Americano]. (Elway levou seu time a mais vitórias que qualquer outro zagueiro na história da NFL). Pelé o fez no futebol, conseguindo inéditas três Copas do Mundo para o Brasil. Líderes descobrem uma forma de seus times terem sucesso.

Três componentes da vitória

Seja em uma equipe esportiva, seja em um exército, seja em uma empresa, seja em uma organização sem fins lucrativos, a vitória é possível desde que você tenha três componentes que contribuem para a dedicação de uma equipe à vitória.

1 —*Visão unificada*

As equipes são bem-sucedidas apenas quando os jogadores têm uma visão unificada, não importa quanto talento ou potencial haja. Uma equipe não ganha o campeonato, se seus jogadores trabalham com objetivos diferentes. Isso é verdade nos esportes profissionais. É verdade nos negócios. É verdade em organizações sem fins lucrativos.

Aprendi essa lição no ensino médio quando era calouro no time principal de basquete. Éramos um grupo de garotos talentosos, e muitas pessoas achavam que venceríamos o campeonato estadual. Mas tínhamos um problema: os calouros e os veteranos do time se recusavam a trabalhar juntos. A coisa ficou tão ruim que o técnico acabou desistindo de nos fazer jogar juntos e nos dividiu em dois diferentes grupos para os jogos, um composto de veteranos e outro de calouros. No fim, o time teve resultados péssimos. Por quê? Não tínhamos uma visão comum. As pessoas jogavam para seus colegas de classe, não para o time.

2 — *Diversidade de habilidades*

Quase esquecemos de dizer que um time precisa de diversidade nas habilidades. Você consegue imaginar um time de hóquei composto apenas de goleiros? Ou um time de futebol americano de zagueiros? E quanto a uma empresa onde haja apenas vendedores ou só contadores. Ou uma organização sem fins lucrativos apenas com levantadores de recursos? Ou apenas estrategistas? Não faz sentido. Toda organização precisa de diferentes talentos para ter sucesso.

> Uma equipe não ganha o campeonato se seus jogadores trabalham com objetivos diferentes.

Alguns líderes não conseguem entender isso. Na verdade, costumava ser um deles. Sinto vergonha de dizer que houve uma época em que achava que as pessoas, se fossem mais parecidas comigo, fariam mais sucesso. Hoje sou mais sábio e compreendo que toda pessoa tem algo com que contribuir. Somos todos como partes do corpo humano. Para que esse corpo funcione perfeitamente, precisa de todas as suas partes, cada uma fazendo seu trabalho.

Reconheço como cada pessoa em minha equipe contribui com suas habilidades únicas e expresso meu reconhecimento a elas. Quanto mais novo em liderança você seja e quanto mais forte sua capacidade natural de liderança, mais provável é que você negligencie a importância dos outros na equipe. Não caia nessa armadilha.

3 — *Um líder dedicado à vitória e a elevar os jogadores ao seu potencial*

É verdade que é importante ter bons jogadores com habilidades diferentes. Lou Holtz, ex-técnico principal do time de futebol americano Notre Dame, diz: "Para vencer você precisa de grandes atletas, não importa quem seja o técnico. Você não pode vencer sem bons atletas, mas pode perder com eles. É aí que o técnico faz diferença." Em outras palavras, você também precisa de liderança para conseguir a vitória.

A visão unificada não surge espontaneamente. Os jogadores certos com a devida diversidade de talentos não se juntam sozinhos. É necessário um líder para que isso aconteça. É necessário um líder para dar a motivação, o fortalecimento e a orientação necessários à vitória.

A lei da vitória é o seu negócio

Uma das mais impressionantes histórias de sucesso que conheci é a da Southwest Airlines e de Herb Kelleher, que mencionei no capítulo sobre a lei da conexão. A história da empresa é um exemplo admirável da lei da vitória em ação. Hoje, a Southwest parece uma potência em que tudo dá certo. Nas rotas que cobre, ela domina o mercado. A empresa tem uma curva de crescimento constante e o desempenho das ações é extremamente bom. É a única companhia aérea dos Estados Unidos que apresentou lucros todos os anos desde 1973 — enquanto outras companhias faliram e desapareceram. É a única companhia que floresceu depois de 11 de setembro.

Os funcionários adoram trabalhar nessa companhia de aviação. O índice de demissões é extremamente baixo, e a empresa é vista como a que tem a força de trabalho mais produtiva do setor. E é extremamente popular com os clientes; a Southwest, de forma consistente, recebe classificação superior em atendimento ao cliente. Tem a menor taxa de queixas de atendimento ao cliente do setor desde 1987.[6]

Dada a posição atual da Southwest, você poderia pensar que ela sempre foi uma potência. Esse não é bem o caso. Na verdade, é um testemunho da lei da vitória que a empresa ainda exista hoje. A companhia foi criada em 1967, por Rollin King, proprietário de uma pequena companhia de transporte aéreo regional no Texas; John Parker, banqueiro; e Herb Kelleher, advogado. Mas eles precisaram de quatro anos para que seu primeiro avião decolasse. Assim que a empresa foi constituída, Braniff, Trans Texas e Continental Airlines tentaram tirá-la do negócio. E quase conseguiram. Seguiram-se várias batalhas judiciais, e um homem, mais que todos os outros, assumiu aquela luta como sua: Herb Kelleher. Quando o capital inicial acabara e parecia que eles seriam derrotados, a diretoria quis desistir. Mas Kelleher disse: "Vamos disputar mais um assalto com eles. Continuarei a representar a empresa no tribunal, adiarei qualquer remuneração legal e pagarei cada centavo das custas judiciais do meu próprio bolso."

> Para vencer você precisa de grandes atletas, não importa quem seja o técnico. Você não pode vencer sem bons atletas, mas pode perder com eles. É aí que o técnico faz diferença.
> Lou Holtz

Finalmente, o caso chegou à Suprema Corte do Texas, o trio venceu e pôde colocar seus aviões no ar.

A Southwest, quando começou a funcionar, contratou Lamar Muse, o experiente líder do setor, como seu novo presidente. Ele, por sua vez, contratou os melhores executivos disponíveis. E enquanto outras companhias aéreas continuavam tentando tirá-los do negócio, Kelleher e Muse continuaram lutando — nos tribunais e no mercado. Quando tiveram problemas de ocupação nos vôos que chegavam a Houston e partiam dali, a Southwest começou a voar do Hobby Airport de Houston, mais acessível aos viajantes por sua proximidade do centro da cidade. Quando todas as principais transportadoras se transferiram para o recém-criado aeroporto Dallas-Fort Worth, a Southwest continuou a voar do conveniente Love Field. Quando a companhia teve de vender um de seus quatro aviões para sobreviver, os executivos descobriram uma forma de os aviões restantes não permanecerem em solo mais que impressionantes dez minutos entre os vôos. Dessa forma a Southwest conseguiu manter rotas e horários. E, quando eles não descobriram outra forma de encher os aviões, foram pioneiros no sistema de tarifas de horário de pico e de fora de pico, dando aos turistas uma enorme redução no preço das passagens.

Ao longo de tudo isso, Kelleher continuou lutando e ajudou a manter a Southwest viva. Em 1978, sete anos após ter ajudado a colocar no ar a primeira pequena frota de aviões da empresa, ele se tornou presidente do conselho. Em 1982, foi escolhido presidente e superintendente. Hoje ele é presidente executivo do conselho. Ele e seus colegas continuam a lutar e a descobrir formas de a empresa vencer. E veja o sucesso:

Southwest Airlines ontem e hoje

	1971[7]	2006[8]
Tamanho da frota	4	
Funcionários no final do ano	195	468
Passageiros transportados	108.000	30.000+
Cidades atendidas	3	88,4 milhões
Média de vôos por dia	17	51
Lucro dos acionistas	3,3 milhões de dólares	3.100+ 6,68 bilhões de dólares[9]
Patrimônio total	22 milhões de dólares	14,2 bilhões de dólares

O presidente da Southwest, Colleen Barrett, resume o sucesso da companhia: "A mentalidade de guerreiro e a própria luta para sobreviver realmente criaram nossa cultura."[10]

O que Kelleher, Barrett e o restante da equipe de liderança da Southwest têm não é só o desejo de sobreviver, mas o desejo de vencer. Líderes que aplicam a lei da vitória consideram inaceitável qualquer coisa que não o sucesso. E eles não têm Plano B. Por isso, eles continuam lutando. E, por isso, continuam a vencer!

Líderes que aplicam a lei da vitória não têm Plano B. Por isso, continuam lutando.

Qual é seu grau de expectativa no que diz respeito ao sucesso de sua organização? Quão dedicado você é para vencer seu "jogo"? Você se apega à lei da vitória, quando está em seu *corner*, durante os intervalos da luta? Ou quando as coisas ficam difíceis, você joga a toalha? Suas respostas a essas perguntas podem determinar se você será bem-sucedido ou se fracassará como líder; e se seu time vencerá ou perderá.

Aplicar a lei da vitória à sua vida

1 — O primeiro passo na prática da lei da vitória é assumir a responsabilidade pelo sucesso da equipe, departamento ou organização que você lidera. Deve ser algo pessoal. Seu compromisso precisa ser maior que o dos outros membros da sua equipe. Sua paixão deve ser grande. Sua dedicação tem de ser inquestionável.

Você demonstra esse tipo de compromisso? Caso não, você precisa se examinar para determinar se ele está em você. Se você se estudar e não conseguir se convencer a assumir esse tipo de compromisso, então uma dessas três coisas, provavelmente, é verdade:

- Você persegue a visão errada.
- Você está na organização errada.
- Você não é o líder certo para a função.

Você terá de fazer os ajustes adequados.

2 — Se você se dedica a liderar sua equipe rumo à vitória, só conseguirá isso se tiver as pessoas certas na equipe. Pense em todas as habilidades necessárias para atingir seus objetivos. Coloque-as no papel. Agora, compare a lista com os nomes das pessoas da sua equipe. Se houver funções ou tarefas para as quais ninguém da equipe é adequado, você precisa incorporar membros à equipe ou treinar aqueles que já tem.

3 — O outro componente fundamental para liderar sua equipe à vitória é a visão unificada. Faça uma pequena pesquisa informal para descobrir o que é importante para os membros da sua equipe. Pergunte a eles o que eles querem conseguir pessoalmente. E peça que eles descrevam o objetivo ou a missão da equipe, do departamento ou da organização. Se você tiver muitas respostas diferentes, precisará se esforçar para transmitir, continuamente, uma única visão com clareza, com criatividade, e isso até que todos estejam sintonizados em uma mesma visão. Você também deve trabalhar com cada membro da equipe para mostrar como metas pessoais podem se alinhar com os objetivos da organização como um todo.

CAPÍTULO DEZESSEIS

A LEI DO GRANDE IMPULSO

O impulso é o melhor amigo de um líder

Se você tem toda a paixão, as ferramentas e as pessoas de que precisa para realizar uma grande visão, mas parece não conseguir fazer sua organização se mover e seguir na direção certa, você está morto como líder. Se você não conseguir fazer as coisas andarem, não terá sucesso. Do que você precisa nessas circunstâncias? Você precisa dar atenção à lei do grande impulso e conseguir o poder do melhor amigo do líder: o impulso.

Começar do zero

Se já houve alguém com talento e visão foi Ed Catmull. Quando garoto, ele cresceu com o desejo de ser animador e cineasta. Mas, quando foi para a faculdade, fez uma descoberta: não era bom o bastante. Ele, imediatamente, voltou-se para a física e para a ciência da computação, conseguindo, nos quatro anos seguintes, um bacharelado nessas duas áreas. Após trabalhar para a Boeing alguns anos, decidiu voltar a estudar e ingressou em um novo campo das ciências da computação: computação gráfica. Ali, ele descobriu que conseguia desenhar com a ajuda do computador. Isso fez com que ele voltasse a sonhar com fazer filmes. Antes mesmo de conseguir seu doutorado, em 1974, Catmull já desenvolvia programas inovadores e procurava oportunidades para fazer filmes produzidos por computador.

Em 1979, o cineasta George Lucas contratou Catmull para comandar a divisão de computação gráfica da Lucasfilm Ltd. Durante os sete anos seguintes, ele contratou alguns dos melhores técnicos do país e atraiu outros talentos, como John Lasseter, que trabalhara na Disney. O grupo de Catmull fez uma revolução tecnológica e produziu trabalhos incríveis, como a seqüência inicial de *Jornada nas Estrelas II: A ira de Khan*. Mas a divisão era cara demais para continuar funcionando. Catmull tentou convencer Lucas a permitir que ele fizesse filmes gerados por computador, mas a tecnologia ainda estava no início e era cara demais. Em vez disso, Lucas decidiu vender a divisão. Em 1986, ela foi comprada por Steve Jobs, que pagou 5 milhões de dólares e investiu outros 5 milhões na empresa. Ele a batizou de Pixar.

Primeiros passos

Enquanto lutava para apresentar lucros, a Pixar começou a fazer curtas-metragens para demonstrar as possibilidades da tecnologia. O primeiro foi *Luxo Jr.*, que mostrava duas luminárias de mesa interagindo como pai e filho. Naqueles dias, após apresentar algum filme demonstrando animação por computador, os cineastas ouviam muitas perguntas técnicas dos especialistas do setor que assistiam ao filme — sobre os algoritmos que tinham escrito ou o *software* empregado. Catmull e Lasseter souberam que tinham dado um importante passo à frente quando uma das perguntas feitas foi se a luminária maior era a mãe ou o pai. Foi quando eles souberam que tinham se conectado à platéia e conseguido contar uma história, não apenas apresentado uma nova tecnologia. Lasseter diz:

> Nós não tínhamos dinheiro algum, não tínhamos computadores, nem pessoas nem tempo para fazer os belos movimentos de câmera que vocês vêem, os traços brilhantes e todas essas coisas — simplesmente não tínhamos tempo. Simplesmente deixamos a câmera parada, sem cenário, mas isso fez com que a platéia se concentrasse no que era importante no filme — a história e os personagens.

> Assim, pela primeira vez, o filme estava divertindo as pessoas, porque era feito com animação por computador.[1]

Luxo Jr. era tão bom que foi indicado a um Oscar. Mas Catmull e sua equipe ainda estavam muito distantes de realizar o sonho de um longa-metragem. O maior desafio da empresa na época era simplesmente sobreviver. A Pixar continuou a desenvolver tecnologia. A empresa também conseguiu reconhecimento e recebeu prêmios, inclusive seu primeiro Oscar em 1989. Para sobreviver, a equipe começou a fazer comerciais em animação computadorizada. (Talvez você se lembre de um anúncio com uma garrafa de Listerine lutando boxe. Foi obra da Pixar). Mas era difícil para a Pixar ganhar impulso. A empresa movia-se para frente, mas muito lentamente.

Finalmente, alguma credibilidade

Então, em 1991, por causa da credibilidade que a Pixar conseguira, deu uma importante virada. Os líderes acharam que a empresa estava pronta para dar seu grande passo — criar um especial de televisão de uma hora de duração. Lasseter procurou a Disney, sua ex-empregadora, para testar a idéia. A reação o impressionou. A Disney ofereceu à Pixar um contrato para criar três longas-metragens com computação gráfica. A Disney financiaria e distribuiria os projetos. A Pixar os criaria e receberia um percentual dos lucros.

A Pixar, finalmente, tinha a oportunidade de colocar em prática a visão de Catmull, mas a empresa ainda estava longe disso. A empresa começou a trabalhar no que seria *Toy Story*, mas a equipe tinha problemas com os personagens e a história. A Disney pressionou Lasseter a dar aos personagens contornos mais nítidos, mas eles não ficavam agradáveis à vista. Após dois anos de trabalho, o chefe de animação da Disney disse a eles: "Pessoal, não importa o quanto vocês tentem dar um jeito, não está funcionando."[2]

Lasseter implorou à Disney para não desistir e dar a eles mais uma oportunidade de resolver as coisas.

— Nós convocamos todo mundo, viramos noites, refizemos todo o primeiro ato de *Toy Story* em duas semanas — recorda Lasseter. — Quando o apresentamos à Disney, eles ficaram impressionados.[3]

O trabalho em *Toy Story* continuou. A Pixar precisaria de quatro anos para concluir o filme. Enquanto isso, outros estúdios utilizavam tecnologias desenvolvidas por Catmull e sua equipe e produziam filmes como *Jurassic Park* e *O exterminador do futuro 2*.

— Era muito frustrante para nós — diz Catmull —, porque estávamos ocupados com o filme para a Disney, mas todo mundo recebia o crédito pelos outros filmes. Mas fomos nós que tínhamos escrito o programa de computador para eles![4]

Embora o resto do mundo não percebesse, a Pixar começava a ganhar impulso. Isso ficou óbvio para todos quando *Toy Story* estreou em novembro de 1995. Quando o contrato com a Disney fora assinado, quatro anos antes, o presidente da Pixar, Steve Jobs, estimara que se o primeiro filme fosse um "pequeno sucesso — digamos, 75 milhões de bilheteria — empataremos os custos. Se conseguir 100 milhões, ganharemos dinheiro. Mas se for realmente um tremendo sucesso e faturar uns 200 milhões de bilheteria, ganharíamos bastante dinheiro, e a Disney, muito mais"[5]. Poucas pessoas teriam previsto que ele faturaria 192 milhões de dólares no mercado americano e mais 362 milhões em todo o mundo.[6]

Desde aquele momento, o impulso da Pixar é forte e continua a aumentar. A organização ganhou 17 Oscars e recebeu 42 patentes.[7] E depois de *Toy Story*, a empresa produziu um sucesso após o outro: *Vida de inseto*, *Toy Story 2*, *Monstros S/A*, *Procurando Nemo*, *Os Incríveis* e *Carros*. Em todo o mundo, esses filmes faturaram mais de 3,67 bilhões de dólares![8]

Reviravolta

Ironicamente, enquanto a Pixar ganhava impulso, a Disney, a empresa que ajudara a produzir a revolução, perdia impulso. A divisão de animação da Disney vivia tempos difíceis. Seu último filme de animação importante foi *Lilo & Stitch*, em 2002. E, além desses, produzira três fracassos muito caros, *Atlantis*, *Planeta do tesouro* e *Nem que a vaca tussa*. Como a Disney poderia recuperar impulso? Bob Iger, que se tornou presidente e superintendente da Disney em outubro de 2005, sabia como. Ele comprou a

Pixar! As pessoas que a Disney ajudara agora ajudariam a Disney. Catmull tornou-se presidente de animação da Disney, e Lasseter foi nomeado executivo-chefe de criação.

— A Disney teve duas grandes épocas de ouro — diz Catmull. — Nós vamos produzir uma terceira.[9]

E quanto à Pixar? Ela continua a funcionar como antes, aos cuidados de Catmull e Lasseter. Quando você consegue um grande impulso, não quer que nada atrapalhe. Afinal, o impulso é o melhor amigo do líder!

Verdades sobre o impulso

Por que digo que, realmente, o impulso é o melhor amigo de um líder? Porque muitas vezes é a única coisa que faz a diferença entre perder e ganhar. Quando você não tem impulso, mesmo as tarefas mais simples parecem impossíveis. Pequenos problemas parecem obstáculos insuperáveis. O moral cai. O futuro parece negro. Uma organização sem impulso é como um trem parado. É difícil prosseguir e, até mesmo, pequenos blocos de madeira nos trilhos podem impedir que ele vá para qualquer lugar.

> Por que o impulso é o melhor amigo de um líder? Muitas vezes o impulso é a única coisa que faz a diferença entre perder e ganhar.

Por outro lado, quando você tem o impulso do seu lado, o futuro parece brilhante, os obstáculos parecem pequenos e os problemas parecem não ter conseqüências. Uma organização com impulso é como um trem que se move a 110 quilômetros por hora. Você pode colocar uma barreira de concreto armado nos trilhos, e o trem passará por ela.

Se você quer que sua organização, departamento ou equipe tenham sucesso, precisa aprender a lei do impulso e aproveitá-la ao máximo em sua organização. Eis aqui algumas coisas sobre o impulso que você precisa saber:

1 — *O impulso é o grande exagerador*

A lei do grande impulso pode ser vista facilmente em ação nos esportes, porque as variações de impulso ocorrem em um período de poucas horas bem diante de nossos olhos. Quando uma equipe pega ritmo, todas as jogadas parecem funcionar. Todos os chutes parecem ir a gol. A equipe parece não cometer erros. O oposto também é verdade. Quando um time tem uma queda, não importa o quanto você dê duro ou quantas soluções experimente, nada parece funcionar. O impulso é como uma lente de aumento: faz com que as coisas pareçam maiores do que realmente são. Por isso a chamo de grande exagerador. E é um dos motivos pelos quais os líderes se esforçam tanto para controlar o impulso.

> O impulso é como uma lente de aumento; faz com que as coisas pareçam maiores do que realmente são.

Como o impulso tem grande impacto, os líderes tentam controlá-lo. Por isso, em jogos de basquete, por exemplo, quando o time rival marca uma série de pontos sem que você reaja e, por isso, o adversário começa a ganhar impulso, um bom técnico pede tempo. Por quê? Ele tenta interromper o impulso do outro time antes que ele se torne forte demais. Se ele não o fizer, seu time provavelmente perderá o jogo.

Qual foi a última vez em que você viu um time prestes a ganhar um campeonato se queixar de contusões? Ou questionar a capacidade da equipe? Ou repensar inteiramente a estratégia? Isso não acontece. Por que ninguém fica contundido ou por que tudo é perfeito? Não. Porque o sucesso é exagerado pelo impulso. Quando você tem impulso, não se preocupa com pequenos problemas, e muitos dos maiores deles parecem se resolver sozinhos.

2 — *O impulso faz os líderes parecerem melhores que são*

Quando os líderes têm o impulso do lado deles, as pessoas pensam que eles são gênios. Parecem não ter falhas. Elas se esquecem dos erros que os líderes cometeram. O impulso muda a visão que todos têm dos líderes. As pessoas gostam de se associar a vencedores.

Líderes jovens, muitas vezes, recebem menos crédito do que merecem. Com freqüência, encorajo jovens líderes a não desanimar. Quando os líderes são novos em sua carreira ainda não têm impulso, e os outros muitas vezes não dão a eles crédito algum. Líderes experientes acham que os mais novos não sabem nada. Uma das razões pelas quais John

Lasseter foi demitido da Disney era que ele tinha muitas idéias, e os executivos da Disney, que foram animadores subordinados aos melhores cineastas, queriam que ele soubesse qual era o seu lugar. Lasseter lembra-se de um executivo dizer a ele: "Cale a boca e faça seu trabalho pelos próximos vinte anos e, depois, talvez escute você."

Ele sabia que era melhor que isso.

Assim que um líder leva sua organização a alcançar algum sucesso, e sua carreira ganha impulso, as pessoas dão a ele mais crédito do que ele merece. Por quê? Por causa da lei do grande impulso. O impulso exagera o sucesso do líder e faz com que ele pareça melhor do que realmente é. Pode não parecer justo, mas é assim que funciona.

Durante muitos anos, tentei agregar valor às pessoas. Após escrever 50 livros e dar centenas de aulas sobre liderança e sucesso, ganhei muito impulso. Tudo o que faço para agregar valor às pessoas parece se somar de forma positiva. Costumo dizer que, quando comecei minha carreira, não era tão ruim quanto as pessoas pensavam. Hoje não sou tão bom quanto o crédito que as pessoas me dão. Qual é a diferença? Impulso!

3 — *O impulso ajuda os seguidores a ter um desempenho melhor do que poderiam*

Quando a liderança é forte e há impulso em uma organização, as pessoas são motivadas e inspiradas a ter um desempenho do mais alto nível. Elas se tornam eficientes além de suas esperanças e expectativas. Se você se lembra da equipe de hóquei olímpica americana de 1980, sabe do que falo. O time era bom, mas não bom o bastante para conquistar a medalha de ouro. Ainda assim, foi o que os americanos fizeram. Por quê? Porque no caminho para o jogo final eles ganharam jogo após jogo contra times muito difíceis. Eles ganharam tanto impulso que tiveram um desempenho superior ao das expectativas de todos. E após terem derrotado os russos, nada poderia impedi-los de voltar para a casa com a medalha de ouro.

> Mesmo pessoas medianas podem ter desempenho acima da média em uma organização com grande impulso.

O mesmo vale para as empresas e para as organizações voluntárias. Quando uma organização tem grande impulso, todos os participantes são mais bem-sucedidos que seriam de outra forma. Direi como sei que isso é verdade. Quando observa líderes (especialmente de nível intermediário) que fazem muito sucesso em uma organização com impulso deixarem aquela organização e, de repente, seu desempenho se torna apenas mediano, sabe que é a lei do grande impulso está em ação. Mesmo pessoas medianas podem ter desempenho acima da média em uma organização com grande impulso.

4 — *É mais fácil administrar o impulso que iniciá-lo*

Você já fez esqui aquático? Caso tenha feito, sabe que é mais difícil ficar em pé sobre a água do que fazer manobras depois que se levantou. Pense na primeira vez em que esquiou. Antes de se levantar, você foi puxado pelo barco e, provavelmente, pensou que seus braços seriam arrancados enquanto a água batia em seu peito e em seu rosto. Por um instante, pode ter acreditado que não conseguiria mais segurar a corda. Mas, depois, a força da água arrastou seus esquis para a superfície e você ganhou impulso. Nesse momento, você era capaz de fazer uma curva apenas deslocando o peso de um pé para outro. É assim que o impulso de liderança funciona. Começar é uma luta, mas assim que você se move para frente, realmente consegue começar a fazer algumas coisas impressionantes.

5 — *O impulso é o mais poderoso agente de mudança*

A história da Pixar é um exemplo clássico do poder do impulso. O impulso transformou a organização de uma empresa sem recursos e sem pessoal que lutava para sobreviver em uma potência. Nos primeiros dias, antes do impulso, a empresa pensou em se tornar fornecedora de *hardware* para empresas médicas para que pudessem estocar e acessar exames de ressonância magnética por computador. Se isso tivesse acontecido, a organização perderia seu pessoal mais talentoso e produtivo. Em vez disso, ela se transformou em uma organização que está ensinando a Disney, a mãe dos filmes de animação, a recuperar a glória perdida.

É preciso um líder para gerar impulso.

Praticamente qualquer tipo de mudança é possível em uma organização caso se tenha o impulso suficiente. As pessoas gostam de se juntar ao time vencedor. Os seguidores confiam nos líderes com um histórico de sucesso. Eles aceitam mudanças propostas pelas pessoas que já os levaram à vitória. O impulso coloca a vitória ao alcance das mãos.

6 — *Impulso é responsabilidade do líder*

É preciso um líder para gerar impulso. Os seguidores podem captar isso. Bons administradores conseguem usá-lo em seu benefício assim que ele surge. Todos podem desfrutar dos benefícios que ele produz. Mas para *gerar* impulso é necessário alguém que tenha visão, e que possa montar uma boa equipe e motivar os outros. Se o líder está à procura de alguém que o motive, então a organização enfrenta problemas. Se o líder espera que a organização ganhe impulso sozinha, então a organização enfrenta problemas. É responsabilidade do líder gerar impulso e sustentá-lo. Certa vez, Harry Truman, presidente dos Estados Unidos, disse: "Se você não consegue suportar o calor, saia da cozinha." No caso dos líderes, a afirmação deveria ser transformada em: "Se você não consegue *produzir* calor, saia da cozinha."

7 — *O impulso começa no interior do líder*

O impulso começa no interior de cada líder. Ele começa com a visão, a paixão e o entusiasmo. Começa com energia. Eleanor Doan, autora de livros de inspiração, observou: "Você não pode acender um fogo em outro coração, se ele já não estiver queimando no seu."

> Você não pode acender um fogo em outro coração se ele já não estiver queimando no seu.
> Eleanor Doan

Se você não acreditar na visão e não a buscar com entusiasmo, fazendo todo o possível para torná-la real, então não começará a ter os pequenos ganhos necessários para manter a bola em movimento. No entanto, se você transmite entusiasmo para seu pessoal todos os dias, atrai para sua equipe, seu departamento ou sua organização pessoas que pensam da mesma forma, e as motiva a conseguir. Você começará a ver uma evolução. Quando fizer isso, começará a gerar impulso. E se você for sábio, o considerará o que ele realmente é: o melhor amigo de um líder. Assim que conseguir o impulso, poderá fazer praticamente tudo. Esse é o poder do grande impulso.

Mover o que não se move

De todos os líderes que conheci, aqueles que ficam mais frustrados são os que tentam progredir e gerar impulso em organizações burocráticas. Nessas organizações, as pessoas muitas vezes apenas marcam o passo. Elas desistiram e, portanto, não querem mudanças ou não acreditam que isso seja possível.

Há vários anos, assisti a um filme intitulado *O preço do desafio*, que retrata a desesperança que muitas pessoas sentem em uma organização sem impulso. Talvez você também o tenha assistido. É sobre um personagem real, um professor chamado Jaime Escalante, que trabalhava na Garfield High School, no leste de Los Angeles, Califórnia.

Ensinar, motivar e liderar estavam no sangue de Jaime Escalante desde sua juventude na Bolívia, sua terra natal. Ele logo ficou conhecido como o melhor professor de sua cidade. Quando estava na casa dos trinta anos de idade, imigrou com a família para os Estados Unidos. Ele trabalhou muitos anos em um restaurante e, depois, na Russell Electronics. Embora pudesse ter seguido uma carreira promissora na Russell, voltou a estudar e conseguiu um segundo bacharelado, de modo a poder lecionar nos Estados Unidos. O grande desejo de Escalante era fazer diferença na vida das pessoas.

> Aos 43 anos de idade, ele foi contratado pela Garfield High School para lecionar ciências da computação. Mas, ao chegar à Garfield no primeiro dia de aulas, descobriu que não havia verbas para os computadores. E como sua formação era em matemática, ele lecionaria matemática básica. Desapontado, ele foi procurar sua primeira turma, esperando que seu sonho de fazer diferença não escorregasse pelos vãos de seus dedos.

Lutar contra uma onda de impulso negativo

A mudança de computadores para matemática revelou-se o menor dos problemas que Escalante enfrentaria. A escola, que estivera vazia e silenciosa durante sua entrevista no verão, fora transformada em caos. Não havia disciplina. Parecia que as brigas começavam o tempo todo. Havia lixo e pichações por todos os lados. Os alunos — e mesmo as pessoas da vizinhança não matriculadas — percorriam todo o *campus* o dia inteiro. As atividades das gangues eram explícitas e desmedidas. Era o pior pesadelo de um professor.

Quase todos os dias, ele pensava em pedir demissão. Mas sua paixão pelo ensino e sua dedicação à melhoria da vida de seus alunos não permitiam que ele desistisse. Mas, ao mesmo tempo, Escalante era suficientemente líder para saber que os alunos estariam condenados, caso a escola não mudasse. Eles retrocediam rapidamente e precisavam de algo que os impulsionasse para frente.

Quando um novo diretor assumiu, as coisas começaram a mudar para melhor. Mas Escalante queria ir ainda mais longe. Ele acreditava que a melhor forma de melhorar a escola era desafiar os melhores e mais brilhantes alunos a formar uma turma para estudar cálculo, algo que os preparasse para uma turma preparatória para os testes de estudos avançados que garantisse créditos universitários. Alguns testes em espanhol já tinham sido feitos no *campus*. Eventualmente, um aluno tentava um teste em física ou história. Mas o problema era que a escola não tinha um líder de visão que assumisse a causa. Foi quando Escalante entrou em ação.

Início modesto

No outono de 1978, Escalante organizou a primeira turma de cálculo. Investigando todos os possíveis candidatos que pudessem fazer o curso em toda a população de 3.500 alunos daquela escola, ele só conseguiu 14 alunos. Nas primeiras aulas, ele apresentou o que seria necessário para que eles se preparassem para os testes de cálculo no final do ano. No final da segunda semana, ele tinha perdido sete alunos. Mesmo os que permaneceram não estavam bem preparados em cálculo. E no final da primavera ele tinha sido reduzido a cinco alunos. Todos fizeram o teste em maio, mas apenas dois foram aprovados.

Escalante ficou desapontado, mas se recusou a desistir, principalmente porque fizera progressos. Ele sabia que se pudesse ajudar seus alunos a conseguir algumas vitórias, aumentar a confiança deles e dar-lhes esperança, poderia ajudá-los a progredir. Ele estava determinado a fazer o que fosse necessário. Para motivá-los, ele passava para eles mais deveres de casa ou desafiava um dos atletas da escola para uma partida de handebol. (Escalante nunca perdeu!) Se eles precisavam de encorajamento, ele os levava ao McDonald's como recompensa. Se eles ficavam preguiçosos, ele inspirava, impressionava, divertia e, até mesmo, os intimidava. E, o tempo todo, ele moldou trabalho árduo, dedicação à excelência e o que ele chamava de gana de vencer — seu desejo impetuoso.

> Os líderes sempre descobrem um modo de fazer as coisas acontecerem.

Tudo começa com um pequeno avanço

No outono seguinte, Escalante montou outra turma de cálculo, dessa vez com nove alunos. No final do ano, oito fizeram o teste, e seis foram aprovados. Ele fazia progressos. A notícia do seu sucesso se espalhou. Os alunos ouviram que os protegidos de Escalante estavam conseguindo créditos universitários, e, no outono de 1980, sua turma de cálculo tinha 15 pessoas. Quando todos fizeram o teste no final do ano, 14 alunos foram aprovados. Os passos para frente não eram gigantescos, mas Escalante podia ver que seu programa ganhava impulso.

O grupo seguinte de alunos, composto de 18, foi o tema do filme *O preço do desafio*. Como seus antecessores, eles trabalharam de forma árdua para aprender cálculo, e muitos chegavam à escola todos os dias às 7 horas da manhã — uma hora antes do início das aulas. E, com freqüência, ficavam até as 5, 6 ou 7 horas da noite. E embora o Serviço de Testes Educacionais tivesse questionado a validade do primeiro teste a que os alunos foram submetidos, e eles fossem obrigados a fazer um segundo, 100% dos alunos de Escalante foram aprovados.

Depois disso, o programa de matemática explodiu. Em 1983, o número de alunos aprovados no exame de cálculo para estudos avançados quase dobrou, de 18 para 31. No ano seguinte, dobrou novamente, e o número de alunos chegou a 63. E continuou a crescer. Em 1987, 129 alunos fizeram o teste, e 85 deles receberam créditos universitários. A Garfield High School do leste de Los Angeles, que já fora considerada o sumidouro do distrito, produziu 27% de todas as aprovações em testes de cálculo feitos por americanos de origem mexicana em todos os Estados Unidos.

A explosão do impulso

Os benefícios da lei do grande impulso foram sentidos por todos os alunos da Garfield High School. A escola começou a oferecer cursos para preparar os alunos para outros exames de estudos avançados. Após algum tempo, a Garfield tinha turmas regulares de espanhol, cálculo, história, história da Europa, biologia, física, francês, ciências sociais e ciências da computação.

Em 1987, nove anos após Escalante iniciar o programa, os alunos da Garfield fizeram mais de 325 exames para estudos avançados. E o mais incrível: Garfield tinha uma lista de espera de mais de 400 alunos, de regiões fora dos seus limites, que queriam se matricular ali. A escola que, antes fora a piada do distrito e que quase perdera sua licença, tornara-se uma das três melhores escolas urbanas em áreas menos privilegiadas de todo o país![10] Esse é poder da lei do grande impulso.

APLICAR À LEI DO GRANDE IMPULSO À SUA VIDA

1 — O impulso surge no interior do líder e se espalha a partir daí. Você assumiu a responsabilidade pelo impulso na área em que você é o líder? Você é apaixonado pela sua visão? Demonstra entusiasmo o tempo todo? Trabalha para motivar os outros mesmo quando não se sente tão motivado? Precisa moldar a postura e a ética de trabalho que gostaria de ver nos outros. Isso, muitas vezes, exige algo que chamo de *liderança de caráter*.

2 — A motivação é um elemento fundamental para a geração de impulso. O primeiro passo para criar motivação é eliminar da organização os elementos que a deixam desmotivada. O que, em sua área de responsabilidade, leva as pessoas a perder a paixão e o entusiasmo? Como você pode eliminar ou, pelo menos, minimizar esses fatores? Assim que tiver feito isso, poderá dar o passo seguinte, identificar e colocar em ação elementos específicos que motivem seus seguidores.

3 — Para estimular impulso, você precisa ajudar seu pessoal a festejar suas realizações. Transforme em hábito homenagear as pessoas que "passam a bola para a frente". Você deve continuar a elogiar o esforço, mas *recompensar* as realizações. Quanto mais você recompensar o sucesso, mais as pessoas lutarão por ele.

CAPÍTULO DEZESSETE

A LEI DAS PRIORIDADES

Os líderes entendem que movimentação não é necessariamente realização

Líderes nunca avançam até um determinado ponto em que não precisem mais priorizar. É algo que os bons líderes continuam a fazer, independentemente de onde exerçam sua liderança, se em uma corporação de um bilhão de dólares, em um pequeno negócio, em uma igreja, em um time ou em um pequeno grupo. Acho que os bons líderes sabem intuitivamente que isso é verdade. Contudo, nem todo líder pratica a disciplina de priorizar. Por quê? Acredito que há algumas razões.

Primeiro, quando estamos ocupados, naturalmente acreditamos que estamos realizando. Mas ocupação não se equipara à produtividade. Atividade não é necessariamente realização. Segundo, priorizar demanda que os líderes estejam sempre pensando à frente, saibam o que é importante, vejam o que vem a seguir e percebam como tudo se relaciona com a visão mais ampla. É um trabalho árduo. Terceiro, priorizar leva-nos a fazer coisas que são no mínimo desconfortáveis e, algumas vezes, verdadeiramente dolorosas.

Hora de repensar as prioridades

Conheço pessoalmente a dor de repensar as prioridades. Em 1996, vivia em San Diego, um dos lugares do planeta de que mais gosto. San Diego é uma cidade deslumbrante com um dos melhores climas do mundo. Se você vive em San Diego, pode chegar à praia em cinco minutos ou às encostas de esqui em algumas horas. A cidade tem cultura, times de esportes profissionais e belos restaurantes. É um lugar onde você pode jogar golfe o ano inteiro. Por que deixaria um lugar como esse? Esperava viver lá o resto da minha vida. Era muito confortável. Mas a liderança não tem nada que ver com conforto, e tudo que ver com progresso.

Na época, passava muito tempo em aviões. Vivia em San Diego, mas gastava dias inteiros viajando para outros centros, como Dallas, Chicago e Atlanta, apenas para pegar minha conexão de vôo. A maioria das minhas palestras e de meus trabalhos de consultoria eram a leste do rio Mississipi, e as viagens eram cansativas. Sabia em meu íntimo que precisava fazer algumas mudanças. Então, pedi a Linda, minha assistente, que descobrisse exatamente quanto tempo gastava em viagens. Fiquei chocado quando soube. No ano anterior, passara o equivalente a 27 dias inteiros viajando ida e volta — apenas entre San Diego e Dallas — para pegar vôos de conexão. Isso me levou a perceber que precisava parar e reavaliar minhas prioridades.

> O líder é aquele que sobe na árvore mais alta, pesquisa toda a situação e grita: "Floresta errada".
> Stephen Covey

Se pretendia ser coerente com as prioridades que tinha estabelecido para mim mesmo, teria de transferir a mim e a minhas empresas para uma das cidades que eram centros de vôos. O escritor Stephen Covey diz: "O líder é aquele que sobe na árvore mais alta, pesquisa toda a situação e grita: 'Floresta errada'."

Senti-me assim quando me dei conta do que estávamos prestes a fazer.

Após muita pesquisa, nós nos instalamos em Atlanta. Era a sede de uma grande companhia aérea. De lá podia alcançar 80% das pessoas nos Estados Unidos em um vôo de duas horas. E a região é bonita, oferecendo grandes oportunidades de cultura, recreação e diversão para meus funcionários. Sabia que as pessoas podiam viver bem ali. Não seria uma mudança fácil, mas era necessária.

Nós nos mudamos há dez anos. Talvez você pergunte: "Valeu a pena?" Minha resposta é enfática: "Valeu sim."

Atlanta é uma região receptiva aos negócios. O custo de vida, comparado com o de outras grandes cidades, é razoável. E o que é mais importante para mim e para os consultores que trabalham para minha empresa: as viagens se tornaram muito mais fáceis. Na maior parte das vezes, posso viajar, fazer a palestra e voltar para casa no mesmo dia. Por conseguinte, minha produtividade disparou. Você consegue imaginar recuperar 27 dias de sua vida todos os anos? Nos dez anos desde a mudança, ganhei 270 dias. Para a maioria das pessoas um ano de trabalho normal tem 250 dias. É como se tivesse acrescentado um ano a mais ao período mais produtivo da minha vida. E não há nada como estar em casa com minha esposa ao final de um dia em que tive de viajar, em vez de em um quarto de hotel.

Os três erres (3Rs)

Os líderes não conseguem pensar só de acordo com um mesmo quadro. Algumas vezes, eles precisam reinventar o quadro — ou aniquilá-lo. O executivo e escritor Max Depree declara: "A primeira responsabilidade de um líder é definir a realidade."

Isso exige a utilização da lei das prioridades. Quando você é o líder, tudo está na mesa.

> Há muitas coisas que atraem meus olhos, mas apenas algumas que conquistam meu coração.
> Tim Redmond

> Todos os anos, passo cerca de duas semanas de dezembro reavaliando minhas prioridades. Reviso a programação do ano anterior. Examino meus próximos compromissos. Avalio minha vida familiar. Penso em meus objetivos. Estudo o quadro geral do que estou fazendo para ter a certeza de que o modo como vivo se ajusta a meus valores e a minhas prioridades.

Um dos princípios orientadores que utilizo nesse processo é o Princípio de Pareto. Já falei muito sobre ele às pessoas nas conferências de liderança ao longo dos anos e também o estudei em detalhes no meu livro *Developing the Leader Within You* [*Desenvolver o líder em seu interior*]. A idéia é a seguinte: se você concentrar sua atenção nas atividades que estão entre as 20% mais importantes, terá um retorno de 80% de seu esforço. Por exemplo, se você tem dez empregados, deve dedicar 80% do seu tempo e de sua atenção aos dois melhores. Se você tem cem clientes, e os vinte primeiros garantem a você 80% dos seus negócios, então se concentre neles. Se sua lista de obrigações tem dez itens, os dois itens mais importantes lhe dão 80% de retorno em tempo. Se você ainda não percebeu esse fenômeno, faça um teste e veja que realmente funciona assim. Certo ano, enquanto passava por esse processo, dei-me conta de que tinha de mudar totalmente o enfoque e reestruturar uma de minhas organizações.

O outro instrumento que uso sempre que avalio minhas prioridades são os três erres (3Rs). Não, nada de redação, recuperação e "ritmética". Meus três erres (3Rs) são *requisitos*, *retorno* e *recompensa*. Acredito que os líderes, para serem eficazes, precisam organizar sua vida em função destas três perguntas:

1 — *Quais são os requisitos?*

Todos nós temos responsabilidade para com alguém no trabalho que fazemos — um empregador, uma diretoria, acionistas, o governo e assim por diante. Também somos responsáveis por pessoas importantes em nossa vida, como cônjuge, filhos e pais. Por esse motivo, qualquer lista de prioridades precisa começar com os requisitos que dependem de nós.

A pergunta que me faço é a seguinte: *O que preciso fazer que ninguém pode fazer, ou não fará, por mim?* À medida que envelheço, essa lista fica cada vez menor. Se faço algo que não é necessário, devo eliminar isso. Se faço algo que é necessário, mas é algo que não se requer de mim pessoalmente, preciso delegar.

2 — *O que dá o maior retorno?*

Como líder, você deve passar a maior parte do seu tempo trabalhando nas áreas em que é mais forte. Marcus Buckingham e Donald O. Clifton fizeram uma profunda pesquisa sobre este tema, que pode ser lida em seu livro *Now, Discover Your Strengths* [*Descubra agora seus pontos fortes*]. As pessoas são mais produtivas e mais felizes quando seu trabalho tem que ver com seus dons naturais e seus pontos fortes. Idealmente, os líderes deveriam sair de sua zona de conforto, mas permanecer em suas zonas fortes.

> Os líderes deveriam sair de sua zona de conforto, mas permanecer em suas zonas fortes.

Qual é a aplicação prática disso? Eis minha regra bastante simples. Se algo que faço pode ser feito 80% bem por outra pessoa, então delego. Se você tem uma responsabilidade que possa ser de alguém segundo esse parâmetro — ou que tenha *potencial* para atender ao parâmetro —, então desenvolva e treine essa pessoa para cuidar disso. Só porque você *pode* fazer algo não significa que *deva* fazê-lo. Lembre-se: os líderes compreendem que atividade não é necessariamente realização. Esta é a lei das prioridades.

3 — *O que produz maior recompensa?*

Essa última pergunta diz respeito à satisfação pessoal. Tim Redmond, presidente do Redmond Leaderchip Institute, observou: "Há muitas coisas que atraem meus olhos, mas apenas algumas que conquistam meu coração."

A vida é curta demais para que você deixe de fazer as coisas de que gosta. Gosto de ensinar liderança. Gosto de escrever e palestrar. Gosto de passar o tempo com minha esposa, meus filhos e netos. Gosto de jogar golfe. Não importa o quanto minha agenda esteja ocupada, conseguirei tempo para essas coisas. São elas que aquecem a minha vida. Elas me dão energia e me mantêm apaixonado. E a paixão é o combustível para que a pessoa siga em frente.

Reorganizar prioridades

Há alguns anos, quando passei por esse processo de redefinição de prioridades, revisei o modo como gastava meu tempo. Na época em que escrevi a primeira edição deste livro, determinei gastar meu tempo obedecendo ao seguinte roteiro:

ÁREA	DIVISÃO DE TEMPO
1. Liderança	19%
2. Comunicação	38%
3. Criação	31%
4. Trabalho em rede	12%

Essas são as quatro áreas em que sou mais forte. São as facetas mais recompensadoras da minha carreira. E por muitos anos, minhas responsabilidades para com minhas empresas estiveram alinhadas com ela.

Recentemente, enquanto revisava essas áreas, dei-me conta de que não conseguia o equilíbrio que desejava. Gastava tempo demais com a liderança em uma de minhas empresas, e isso me afastava de prioridades maiores. Mais uma vez, tive de reconhecer que atividade não é necessariamente realização. Sabia que teria de tomar mais uma difícil decisão empresarial. Se pretendia continuar a realizar de forma eficaz a minha visão, teria de mudar e trabalhar de acordo com a Lei das Prioridades. Tomei a decisão de vender uma de minhas empresas. Não foi fácil, mas era a coisa certa a fazer.

Focalizar em escala mundial

É responsabilidade dos líderes tomar decisões difíceis com base em prioridades. Isso, algumas vezes, pode torná-lo impopular. Em 1981, quando Jack Welch se tornou presidente do conselho e presidente executivo da General Electric, ela era uma boa empresa. Tinha 90 anos de história, as ações valiam 4 dólares e a companhia estava avaliada em 12 bilhões de dólares, a 11.ª melhor do mercado de ações. Era uma empresa enorme e diversificada que incluía 350 negócios estratégicos. Mas Welch acreditava que a empresa podia se tornar melhor. Qual foi sua estratégia? Ele usou a lei das prioridades.

Alguns meses após assumir a empresa, ele deu início ao que chamou de "revolução de *hardware*". Ele modificou inteiramente o perfil e o foco da empresa. Welch relata:

> Aplicamos um único critério às centenas de negócios e linhas de produtos que compunham a empresa: eles podem ser número 1 ou número 2 no que quer que façam no mercado mundial? Dos 348 negócios ou linhas de produtos que não podiam alcançar esse patamar, acabamos com alguns e vendemos outros. A venda gerou quase 10 bilhões de dólares. Investimos 18 bilhões de dólares nos restantes e, depois, os fortalecemos com mais 17 bilhões de dólares em aquisições.
>
> Afora algumas operações de apoio relativamente pequenas, só sobraram [em 1989] 14 negócios de categoria internacional; [...] todos bem posicionados para a década de 1990, [...] todos eles em primeiro ou segundo lugar no mercado mundial em que competem.[1]

Sei que Welch não é benquisto em certos círculos e recentemente seus métodos foram criticados. Mas sua liderança foi correta no momento e na situação. Ele modificou as prioridades da GE, e sua forte liderança e seu poder de concentração produziram incríveis dividendos. Durante sua administração, as ações da GE passaram por quatro divisões, passando de 2 para 1. E eram negociadas a mais de 80 dólares quando ele se aposentou. A empresa foi mencionada como a empresa mais admirada do país segundo a *Fortune* e continua a ser uma das empresas mais valiosas do mundo. Isso aconteceu graças à capacidade de Welch de utilizar a lei das prioridades em sua liderança. Ele nunca confundiu atividade com realização. Ele sabia que os maiores sucessos só acontecem quando você faz seu pessoal se concentrar no que realmente interessa.

O nome do seu jogo é prioridades

Estude a vida de todos os líderes eficazes e verá que eles colocam as prioridades em ação. Todas as vezes em que Norman Schwarzkopf assumiu um novo comando, ele não confiou apenas em sua intuição de liderança; ele também reexaminou as prioridades da unidade. Lance Armstrong conseguiu ganhar sete campeonatos do Tour de France porque suas prioridades determinavam seu programa de treinamento. Quando o explorador Roald Amundsen foi bem sucedido em levar sua equipe ao pólo sul e voltar de lá, isso se deveu, em parte, a sua capacidade de definir as prioridades corretas.

Líderes de sucesso obedecem à lei das prioridades. Eles reconhecem que atividade não é necessariamente realização. Mas os melhores líderes parecem ser capazes de fazer a lei das prioridades trabalhar para eles, ao determinar as várias prioridades em cada atividade. Isso, de fato, permite que eles aumentem sua concentração ao mesmo tempo que reduz o número de ações.

John Wooden, ex-técnico principal de basquete do UCLA Bruins [Universidade da Califórnia Los Angeles Bruins], um dos meus ídolos, foi um mestre nisso. Ele é chamado de o Mago de Westwood, porque os feitos impressionantes que conseguiu no mundo do esporte universitário foram tão incríveis que pareciam mágica.

As provas da capacidade de Wooden de fazer a lei das prioridades trabalhar para ele podem ser encontradas na forma como ele via o treinamento de basquete. Wooden dizia ter aprendido alguns de seus métodos observando Frank Leahy, o grande ex-técnico de futebol da Notre Dame. Ele disse: "Costumava ir aos seus [de Leahy] treinos e observava como ele o dividia em períodos. Depois, ia para casa e analisava por que ele fazia as coisas de certo modo. Como jogador, dei-me conta de que perdíamos muito tempo. Os conceitos de Leahy reforçaram minhas idéias e me ajudaram no desenvolvimento do que faço agora."

Tudo tem um objetivo baseado em prioridades

As pessoas que prestaram serviço militar dizem que, muitas vezes, tinham de correr e esperar. Isso também parece ser verdade no esporte. Os técnicos pedem que seus jogadores dêem o coração em dado momento e, depois, fiquem sem fazer nada no momento seguinte. Mas não era assim que Wooden trabalhava. Ele, tendo em mente objetivos específicos, orquestrava cada momento do treinamento e planejava cada atividade. Empregava economia de movimento. Eis como ele trabalhava:

Todo ano Wooden estabelecia uma série de prioridades gerais para o time, com base nas observações da temporada anterior. Entre os itens, encontravam-se objetivos como "Aumentar a confiança em Drollinger e

Irgovich" ou "Usar treinamentos combinados pelo menos três vezes por semana". Ele, normalmente, tinha cerca de uma dúzia de itens que queria trabalhar durante a temporada. Wooden também revisava seu planejamento para os times todos os dias. Todas as manhãs ele e um assistente planejavam minuciosamente o treinamento do dia. Geralmente eles passavam duas horas criando uma estratégia para um treinamento que sequer durava isso tudo. Ele tirava idéias de anotações feitas em cartões de 7 × 12 que sempre levava com ele. Planejava cada exercício, minuto a minuto, e registrava a informação em um caderno antes do treino. Certa vez, vangloriou-se de que ele, se alguém perguntasse o que seu time estava fazendo às 3 horas da tarde de um dia específico de 1963, poderia dizer precisamente que jogada seu time estava treinando. Como todos os bons líderes, Wooden tinha o trabalho de pensar de antemão o que sua equipe precisava.

Wooden sempre mantinha a concentração e descobria formas de seus jogadores fazerem o mesmo. Ele tinha o talento especial de lidar com várias prioridades ao mesmo tempo. Por exemplo: para ajudar os jogadores a melhorar seus lances livres — algo que a maioria deles achava tedioso —, implantou uma política de arremessos de lances livres durante os treinos que os encorajava a se concentrar e a melhorar, em vez de simplesmente gastar o tempo. Quanto mais rapidamente um lateral fizesse um número determinado de lances livres, mais rapidamente ele poderia retornar à ação. E ele sempre modificava o número de arremessos exigido de alas, de atacantes e de pivôs para que o time passasse por diferentes lances. Dessa forma, todos, independentemente da posição ou da equipe a que pertenciam, se a dos reservas ou a dos titulares, tinham a experiência de jogar juntos. E isso, para esse treinador, era uma prioridade absoluta para o desenvolvimento de trabalho de equipe total.

A coisa mais marcante de John Wooden — e a que mais revela sobre sua capacidade de se concentrar em suas prioridades — é que ele nunca observou os times adversários. Em vez disso, ele se concentrava em fazer com que seus jogadores atingissem seu potencial máximo. E ele fazia tudo isso por intermédio de treinos e da interação pessoal com os jogadores. Seu objetivo nunca foi ganhar campeonatos nem sequer derrotar o outro time. Seu desejo era fazer cada um dos membros de sua equipe jogar de acordo com seu potencial e colocar o melhor time possível em quadra. E, é claro, os resultados de Wooden foram inacreditáveis. Em mais de 40 anos como técnico, ele só perdeu uma temporada — a primeira. E ele liderou seus times da UCLA [Universidade da Califórnia Los Angeles] em quatro temporadas invictas, levando-as a um recorde de dez campeonatos da NCAA [Associação Atlética Nacional das Universidades].[2] Nenhum outro time universitário chegou perto dessa marca. Wooden foi um grande líder. Ele talvez seja o melhor treinador em qualquer esporte. Por quê? Porque todos os dias ele obedeceu à lei das prioridades. Devemos lutar para fazer o mesmo.

Aplicar a Lei das Prioridades à Sua Vida

1 — Você está preparado para realmente dar uma sacudida em sua vida e abandonar sua zona de conforto para viver e trabalhar de acordo com suas prioridades? Há algo em sua vida que esteja funcionando tão mal que você, intuitivamente, sabe que exigirá uma profunda revisão no modo como você faz as coisas? O que é isso? Descreva *como* isso não funciona. Você consegue pensar além desse quadro (ou criar um novo quadro) para resolver a questão e realinhar suas prioridades? Ignorar um grande problema de alinhamento em suas prioridades é como se posicionar mal para dar uma tacada de golfe. Assim como quanto mais longe você lançar a bola, mais fora do curso ela estará, quanto mais você viver fora do alinhamento, maior a chance de que você não consiga realizar sua visão.

2 — Se você ainda não fez isso, reserve um tempo para escrever suas respostas às três perguntas sobre os três erres (3 Rs). Esteja certo de incluir sua família e outras responsabilidades, não apenas a carreira:

Quais são os *requisitos?*
O que dá maior *retorno?*
O que produz maior *recompensa?*

Assim que responder a essas três perguntas, faça uma lista das coisas que faz e as quais não se ajustam perfeitamente em nenhum dos três erres (3 Rs). Você precisa delegar ou eliminar essas coisas.

3 — Pessoas de sucesso vivem de acordo com a lei das prioridades. Líderes de sucesso ajudam sua organização, seu departamento ou sua equipe a viver de acordo com a lei das prioridades. Como líder, você assumiu a responsabilidade de priorizar e pensar antecipadamente em sua área de responsabilidade? Você, regularmente, separou um tempo para revisar as prioridades daquela área? Caso ainda não tenha feito isso, precisa começar imediatamente. Como líder, não basta que você tenha sucesso. Você precisa ajudar seu pessoal a ter sucesso.

CAPÍTULO DEZOITO

A LEI DO SACRIFÍCIO

Um líder precisa abrir mão para progredir

Por que um indivíduo se apresenta para liderar outras pessoas? As respostas variam de pessoa para pessoa. Alguns fazem isso para sobreviver. Outros para ganhar dinheiro. Muitos querem construir uma empresa ou uma organização. Outros o fazem porque querem mudar o mundo, e essa foi a razão de Martin Luther King Jr.

Sementes de grandeza

A capacidade de liderança de Martin Luther King começou a aparecer quando ele estava na faculdade. Sempre fora bom aluno. No curso secundário, pulou a última série. E quando ele fez um exame de admissão à universidade, quando estava no secundário, suas notas foram tão altas que ele decidiu pular o último ano e ingressar no Morehouse College, em Atlanta. Ele recebeu sua licença para o ministério aos 18 anos de idade. Foi ordenado e recebeu seu bacharelado em sociologia aos 19 anos.

Martin Luther King continuou seus estudos no Crozer Seminary, na Pensilvânia. Quando estava lá, duas coisas relevantes aconteceram. Ele ouviu uma mensagem sobre a vida e os ensinamentos do Mahatma Gandhi, que o marcou para sempre e o levou a estudar seriamente o líder indiano. Ele também se revelou um líder entre os colegas e foi eleito presidente da turma de veteranos. Depois, ele foi fazer o doutorado na Universidade de Boston. Foi também nessa época que ele se casou com Coretta Scott.

Sementes de sacrifício

Em 1954, Martin Luther King aceitou seu primeiro cargo de pastor em Montgomery, Alabama, na Igreja Batista da avenida Dexter, e passou a levar uma vida familiar quando o primeiro filho nasceu, em novembro do ano seguinte. Mas essa paz não durou muito. Menos de um mês depois, Rosa Parks se recusou a dar seu lugar em um ônibus a um passageiro branco e foi presa. Líderes afro-americanos locais organizaram um boicote de um dia ao sistema de transporte para protestar contra a prisão e a política de segregação da cidade. Com o sucesso do movimento, eles decidiram criar a Associação de Melhoramento de Montgomery (MIA, na sigla em inglês) para dar continuidade ao boicote. Já reconhecido como líder da comunidade, Martin Luther King, por unanimidade, foi eleito presidente da nova organização.

Ao longo do ano seguinte, Martin Luther King esteve à frente dos líderes da comunidade afro-americana em um boicote com o objetivo de mudar o sistema. A MIA negociou com os líderes da cidade e cobrou tratamento educado a afro-americanos por motoristas de ônibus, política de assentos livres para os passageiros que chegassem primeiro e contratação de motoristas de ônibus afro-americanos. Enquanto o boicote esteve de pé, os líderes da comunidade organizaram transporte solidário por carro, levantaram fundos para sustentar o movimento, organizaram e mobilizaram a comunidade com sermões e coordenaram ações legais com a NAACP (National Association for the Advancement of Colored People [Associação Nacional para o favorecimento da raça negra]). Finalmente, em novembro de 1956, a Suprema Corte dos Estados Unidos derrubou as leis que permitiam assentos segregados nos ônibus.[1] Martin Luther King e os outros líderes tinham vencido. Seu mundo estava começando a mudar.

O boicote aos ônibus em Montgomery foi um grande passo no movimento americano pelos direitos civis, e é fácil ver o que se conseguia como resultado dele. Mas Martin Luther King também começou a pagar um custo pessoal por isso. Pouco depois do início do boicote, foi preso por uma pequena violação de trânsito. Uma bomba foi jogada em sua varanda. E ele foi indiciado sob a acusação de participar de uma conspiração para bloquear e impedir o funcionamento de negócios sem "causa justa ou legal".[2] Martin Luther King estava se revelando um líder, mas pagava um alto preço por isso.

O preço continua a aumentar

Toda vez que Martin Luther King ascendia e avançava na liderança da causa dos direitos civis, maior era o preço que pagava. Sua esposa, Coretta Scott King, observou em *My Life with Martin Luther King, Jr.* [*Minha vida com Martin King Jr.*]: "O telefone tocava dia e noite e alguém disparava uma seqüência de palavrões. [...] Muitas vezes, o telefonema terminava com uma ameaça de morte, caso não saíssemos da cidade. Mas, apesar de todo o perigo, do caos em nossa vida pessoal, sentia-me inspirada, quase eufórica."

Martin Luther King fez grandes coisas como líder. Ele se reuniu com presidentes. Fez discursos estimulantes, considerados alguns dos mais impressionantes exemplos de oratória da história americana. Liderou 250 mil pessoas em uma passeata em Washington. Recebeu o Prêmio Nobel da Paz. E produziu mudanças em seu país. Mas a lei do sacrifício determina que quanto maior o líder mais ele precisa abrir mão. Nesse mesmo período, Martin Luther King foi preso muitas vezes e ficou na cadeia em muitas oportunidades. Ele levou pedradas, facadas e foi fisicamente agredido. Sua casa foi atacada à bomba. Mas sua visão — e sua influência — continuou a aumentar. No final, ele sacrificou tudo o que tinha. Mas tudo de que ele abriu mão foi intencionalmente. Em seu último discurso, feito na noite anterior ao seu assassinato em Memphis, ele declarou:

> Não sei o que me acontecerá a partir de agora. Temos dias difíceis pela frente. Mas isso não me interessa agora, porque já estive no alto da montanha. Não me preocupo. Como todo mundo, gostaria de ter uma vida longa. A longevidade tem seu lugar. Mas não estou

> preocupado com isso agora. Só quero cumprir os desejos de Deus. E ele permitiu que eu subisse a montanha. E olhei do alto e vi a Terra Prometida. Posso não chegar lá com vocês, mas, hoje, quero que saibam que nós, como povo, chegaremos à Terra Prometida. Portanto, esta noite estou feliz. [...] Não temo homem algum. "Meus olhos viram a glória do advento do Senhor."[3]

No dia seguinte, ele pagou o preço máximo do sacrifício.

O impacto de Martin Luther King foi profundo. Ele influenciou milhões de pessoas a se erguerem em paz contra um sistema e uma sociedade que lutava para excluí-las. Os Estados Unidos mudaram para melhor por causa de sua liderança.

Sacrifício é o cerne da liderança

Há um equívoco comum entre as pessoas que não são líderes de que a liderança diz respeito à posição, às mordomias e ao poder que acompanham a ascensão em uma organização. Hoje, muitas pessoas querem ascender em uma empresa porque acham que liberdade, poder e riqueza são os prêmios que esperam por elas no alto. A vida de um líder pode parecer glamorosa para as pessoas de fora. Mas a realidade é que liderança exige sacrifício. O líder precisa abrir mão para continuar. Recentemente, cada vez mais vejo líderes que usaram e abusaram de suas organizações em benefício próprio, e os escândalos empresariais resultantes são fruto dessa ganância e desse egoísmo. O cerne da boa liderança é o sacrifício.

O cerne da boa liderança é o sacrifício.

Se você quer se tornar o melhor líder possível, precisa estar disposto a fazer sacrifícios para que possa liderar bem. Se for seu desejo, eis algumas coisas que você precisa saber sobre a lei do sacrifício:

1 — *Não há sucesso sem sacrifício*

Todos que conseguiram algum sucesso na vida fizeram sacrifícios para isso. Muitos trabalhadores investiram quatro anos ou mais e pagaram milhares de dólares para freqüentar faculdades e conseguir as ferramentas de que precisavam antes de iniciar uma carreira. Atletas sacrificam incontáveis horas em ginásios e campos de treinamento se preparando para ter um desempenho de alto nível. Pais abrem mão de boa parte de seu tempo livre e sacrificam seus recursos para criar bem seus filhos. O filósofo e poeta Ralph Waldo Emerson observou: "Para tudo que você perde, ganha algo, e para tudo que você ganha, perde algo." A vida é uma série de trocas, uma coisa pela outra.

Os líderes precisam abrir mão para continuar. Isso é verdade para todo líder, independentemente da profissão. Fale com líderes e descobrirá que eles fizeram repetidos sacrifícios. Líderes eficazes sacrificam muito do que é bom para se dedicar ao que é melhor. É assim que a lei do sacrifício funciona.

2 — *Os líderes, com freqüência, têm de abrir mais mão do que os outros*

O cerne da liderança é colocar os outros acima de si mesmo. É fazer o que é melhor para a equipe. Por isso acredito que os líderes têm de abrir mão de seus direitos. Como diz Gerald Brooks, especialista em liderança e pastor: "Quando você se torna líder, perde o direito de pensar em si mesmo."

Podemos exemplificar isso com o gráfico a seguir:

O custo da liderança

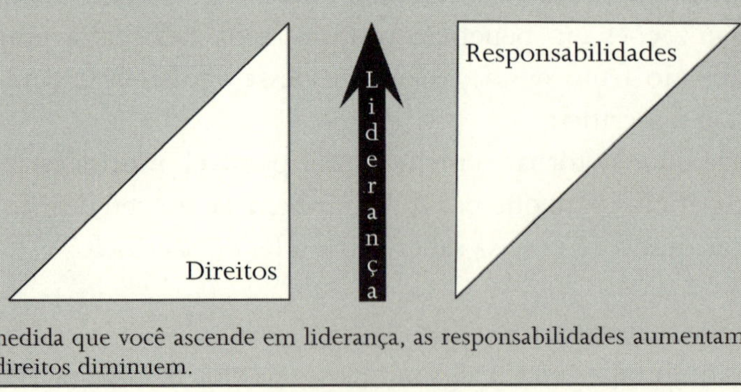

À medida que você ascende em liderança, as responsabilidades aumentam, e os direitos diminuem.

Quando você não tem responsabilidades, pode fazer o que quiser. Assim que você assume responsabilidades, começa a experimentar limitações ao que pode fazer. Quanto mais responsabilidade você aceita, menos opções tem.

O presidente do conselho e presidente executivo da Digital, Robert Palmer, disse em uma entrevista: "Em meu modelo administrativo há pouco espaço para manobra. Se você quer um cargo administrativo, tem de aceitar a responsabilidade e a cobrança que estão embutidas nele."[4]

Aqui, ele menciona o custo da liderança. Líderes precisam estar dispostos a abrir mais mão do que as pessoas que eles lideram.

A natureza do sacrifício é diferente para cada pessoa. Todos que lideram abrem mão de oportunidades. Algumas pessoas têm de abrir mão de passatempos que apreciam. Muitos abrem mão de aspectos de sua vida pessoal. Alguns, como Martin Luther King, dão a própria vida. As circunstâncias variam de pessoa para pessoa, mas o princípio é o mesmo. Liderança quer dizer sacrifício.

3 — *Você precisa abrir mão para continuar no alto*

A maioria das pessoas está disposta a reconhecer que, para fazer progressos, são necessários sacrifícios no início de uma carreira de liderança. Elas tomarão um terreno indesejado para fazer nome. Transferirão sua família para uma cidade menos desejada para que possam aceitar um cargo melhor. Aceitarão uma redução de pagamento em troca de maiores oportunidades de progresso. O problema para os líderes é quando eles acham que conquistaram o direito de parar de se sacrificar. Mas, na liderança, o sacrifício é um processo contínuo, não um pagamento único.

> O sacrifício é um processo contínuo, não um pagamento único.

Se os líderes precisam abrir mão para subir, precisam abrir mão de mais ainda para continuar no alto. Você já considerou o fato de que não é muito comum equipes esportivas ganharem campeonatos consecutivos? O motivo é simples: se um líder consegue ganhar um campeonato com seu time, ele muitas vezes supõe que pode duplicar o resultado no ano seguinte fazendo as mesmas coisas. Ele reluta em fazer sacrifícios adicionais antes da temporada para se preparar para o que, muitas vezes, é um desafio maior. Mas o sucesso de hoje é a maior ameaça ao sucesso de amanhã. E aquilo que leva um time ao alto não é o mesmo que o mantém lá. A única forma de continuar no alto é abrir mão de ainda mais. Sucesso na liderança demanda mudanças constantes, melhorias constantes e sacrifício contínuo.

Quando penso em minha carreira, reconheço que sempre houve um custo embutido para seguir em frente. Isso, financeiramente, foi verdade em todas as mudanças de carreira, com exceção de uma. Quando aceitei meu primeiro emprego, nossa renda familiar diminuiu, porque meu emprego pagava menos do que minha esposa, Margaret, ganhava como professora — ela teve de abrir mão do emprego para que nos mudássemos em função de meu novo emprego. Anos depois, quando aceitei um emprego de diretor na sede em Marion, Indiana, mais uma vez tive uma redução de renda. Em 1981, troquei o emprego na sede por minha terceira posição de pastor, que aceitei sem sequer saber qual seria o salário (era mais baixo). Os membros da diretoria que ofereceram o emprego disseram que ficaram surpresos por eu aceitá-lo sem saber o quanto pagavam. Mas apenas fiz o seguinte comentário: "Se fizer o trabalho direito, acredito que o salário cuidará de si mesmo."

> Se os líderes precisam abrir mão para subir, precisam abrir mão de mais ainda para continuar no alto.

E, em 1995, quando finalmente deixei a liderança da igreja após uma carreira de 26 anos para ensinar e para fortalecer as pessoas em tempo integral, abri mão inteiramente de um salário. Por que fiz isso? Porque sabia que isso permitiria que eu tivesse maior influência e alcançasse uma visão maior. Sempre que o passo a ser dado é certo, o líder não deve hesitar em fazer um sacrifício.

4 — *Quanto mais alto o cargo de liderança, maior o sacrifício*

Você já participou de um leilão? É uma experiência empolgante. Um item é posto em oferta, e todos na sala ficam empolgados. Quando os lances começam, muitas pessoas se apresentam para participar. Mas, à medida que o preço aumenta, o que acontece? Cada vez há menos pessoas dando lances. Quando o preço é baixo, todos fazem ofertas. No final, apenas uma pessoa está disposta a pagar o preço do item. O mesmo acontece em liderança: quanto mais alto você vai, mais isso lhe custará. E não importa que espécie de carreira de liderança você escolha. Terá de fazer sacrifícios. Terá de abrir mão para subir.

Qual é o cargo mais alto a que uma pessoa pode chegar em liderança? Nos Estados Unidos, é a presidência. Algumas pessoas dizem que o presidente é o líder mais poderoso do mundo. Mais que qualquer outra pessoa, suas palavras e seus atos têm um impacto, não apenas nas pessoas dos Estados Unidos, mas também nas de todo o planeta.

Pense no que as pessoas têm de abrir mão para chegar ao cargo de presidente. Primeiro, precisam aprender a liderar. Depois, têm de apresentar muito serviço — normalmente anos ou mesmo décadas em posições de liderança inferiores. Alguns, como Ulysses S. Grant e Dwight D. Eisenhower, seguiram toda uma carreira nas forças armadas antes de buscar um cargo eletivo. Depois que cumpriram com sua obrigação, decidiram concorrer à presidência, e todos os aspectos de sua vida anterior são colocados no microscópio. Nada é deixado de fora. É o fim de sua privacidade.

Quando são eleitos à presidência, o tempo já não lhes pertence. Toda afirmação que fazem é colocada sob escrutínio. Toda decisão que tomam é questionada. A família sofre pressões terríveis. E, normalmente, o presidente precisa tomar decisões que representam vida ou morte para os outros. Mesmo após deixar o cargo, os presidentes passam o resto de sua vida na companhia de agentes do serviço secreto a fim de os proteger de danos físicos. É um preço que nem todos estão dispostos a pagar.

De pé nos ombros dos outros

Não há sucesso sem sacrifício. Sempre que você vê sucesso, pode estar certo de que alguém fez sacrifícios para que aquilo fosse possível. E, como líder, se você se sacrifica, mesmo que você não veja o sucesso, pode estar certo de que no futuro alguém se beneficiará do que você fez.

Isso certamente foi verdade no caso de Martin Luther King Jr. Ele não viveu para ver a maioria dos benefícios de seu sacrifício, mas outras pessoas usufruíram desses benefícios. Uma dessas pessoas foi uma garota afro-americana nascida na cidade segregacionista de Birmingham, Alabama, em 1954. Menina precoce, ela acompanhava as notícias, incluindo a luta pelos direitos civis. Um vizinho recorda que ela "sempre demonstrava interesse em política, porque, quando menina, costumava me telefonar e dizer coisas como: 'Viu o que Bull Connor [um delegado racista] fez hoje?' Ela era só uma garotinha e fazia isso o tempo todo. Eu tinha de ler o jornal inteiro, caso contrário não saberia o assunto sobre o qual ela fazia comentários".[5]

Embora ela se interessasse pelos acontecimentos, sua paixão era a música. Talvez a atração fosse inevitável. Sua mãe e sua avó tocavam piano. Ela começou a ter aulas de piano aos 3 anos de idade e foi considerada um prodígio. A música ocupou a sua infância. Até mesmo seu nome foi inspirado pela música. Seus pais a batizaram de Condoleezza em função da notação musical *con dolcezza*, que quer dizer "com doçura".

Condoleezza Rice é fruto de gerações de sacrifício. Seu avô, John Wesley Rice Jr., filho de escravos, estava determinado a se educar e, segundo Condoleezza Rice, "economizou seu algodão para pagar os estudos" e freqüentou o Stillman College, em Tuscaloosa, Alabama. Após se formar, tornou-se ministro presbiteriano. Na década de 1920, esse era um grande feito para um homem negro do Sul. Estabeleceu o padrão para a família, cujos membros tinham a determinação de se tornar os melhores no que quer que fizessem.

Vovô Rice transmitiu seu amor pela educação ao filho, também chamado John, que por sua vez o transmitiu a Condoleezza. Pelo lado da mãe, a família também era igualmente esforçada e preocupada com educação. Coit Blacker, professor de Stanford e amigo de Condoleezza Rice, comentou:

— Eu não conheço muitas famílias americanas que podem dizer que não apenas seus pais têm curso superior, mas que seus avós têm curso superior, bem como todos os primos, tias e tios têm curso superior.[6]

Sacrifícios para ser o melhor

Condoleezza Rice recebeu uma ampla educação na escola e em casa. Ela lia muito. Estudou francês. Fez aulas de balé. Aprendeu os segredos do futebol americano e do basquete com o pai, que, além de pastor, era conselheiro de escolas secundárias e técnico em meio-expediente. E, nos verões, quando a família ia a Denver para que seus pais pudessem fazer cursos, ela praticava patinação artística. Mas sua paixão era a música. Enquanto as outras crianças brincavam, ela estudava piano.

Sua agenda muitas vezes era exaustiva. Após sua família ter se mudado para Denver, quando ela tinha 13 anos de idade, passou a trabalhar de forma mais árdua ainda e fez mais sacrifícios. Ela era muito disciplinada. Para conseguir disputar torneios de patinação artística e concursos de piano, levantava às 4h30 da manhã para preparar tudo. Um de seus professores comentou:

— Havia algo nela que mostrava que ela sabia o que queria e estava disposta a fazer os sacrifícios. Acho que para ela não eram sacrifícios, mas coisas a fazer, as que eram necessárias para atingir seus objetivos.[7]

E seus pais davam todo apoio a ela e também estavam dispostos a fazer sacrifícios pelo seu sucesso. Para ajudá-la em seus objetivos como pianista, eles fizeram um empréstimo de 13 mil dólares (em 1969) para comprar um piano de cauda Steinway, de segunda mão.

Condoleezza Rice concluiu o ensino médio com antecipação e foi para a Universidade de Denver com a intenção de se formar em música e se tornar concertista profissional. Era algo pelo qual ela tinha se sacrificado a vida toda. Mas, após seu primeiro ano, ela foi ao Festival de Música de Aspen, e chegou a uma conclusão: por mais que se esforçasse, não conseguiria chegar ao topo. Ela observou:

— Eu vi crianças de onze anos de idade que conseguiam tocar de primeira algo que levara um ano para eu aprender. Assim, achei que talvez terminasse tocando em um piano bar ou em Nordstrom, mas jamais seria capaz de tocar no Carnegie Hall.[8]

Abrir mão para subir

Condoleezza Rice sabia que, caso atingisse todo o seu potencial, não seria na música. Desse modo, ela fez um sacrifício que poucas pessoas em sua posição estariam dispostas a fazer: ela abandonou o curso de música. Sua identidade estava completamente entranhada na música, mas ela estava disposta a seguir uma nova direção. Ela começou a procurar uma nova área.

Ela descobriu a política internacional. Ela foi atraída pela cultura russa e o governo soviético como os metais são atraídos por um ímã. Durante os dois anos seguintes, ela mergulhou em cursos, fez muitas leituras adicionais e aprendeu russo. Ela encontrara seu nicho e ainda estava disposta a pagar o preço para chegar ao patamar mais alto. Após conseguir o bacharelado, foi para a Notre Dame para fazer mestrado. Depois retornou à Universidade de Denver e recebeu o doutorado, aos 26 anos de idade. Quando recebeu uma oferta de bolsa em Stanford, aceitou na hora. Alguns meses depois, era membro do corpo docente da universidade. Ela tinha chegado lá.

A maioria das pessoas ficaria satisfeita se o resto da história fosse mais ou menos assim: publicar alguns artigos, depois um livro ou dois, conseguir um posto e ter uma vida confortável na comunidade acadêmica. Mas não Condoleezza Rice. Ela, de fato, buscou seu lugar em Stanford; era um ambiente que ela apreciava muito. Ela gostava do estímulo intelectual. Era professora talentosa que considerava muito recompensador lecionar e orientar os alunos. Ela chegou mesmo a se tornar uma torcedora entusiasmada das equipes da universidade. Prosperou e recebeu um prêmio após o outro. Ela passou um ano no Pentágono, como conselheira do Estado-Maior. Denominou essa experiência de choque de realidade — experiência prática que moldou suas aulas e seus textos. Ela foi rapidamente promovida a professora-adjunta. Antonia Felix, biógrafa de Condoleezza Rice, escreve:

> Condi descobriu sua paixão por estudos soviéticos e pelo magistério, e sua vida em Stanford era enriquecedora em muitos sentidos. Ela equilibrava aulas, consultoria, pesquisa, produção de trabalhos, piano, levantamento de peso, exercícios, namoro e maratonas de 12 horas seguidas de futebol na televisão.[9]

Condoleezza Rice tinha a vida ideal. Utilizava ao máximo seus talentos, tinha grande influência e ajudava a moldar a geração seguinte de líderes e pensadores. Mas, em 1989, a Casa Branca a chamou. Ela foi convidada a aceitar um posto no Conselho de Segurança Nacional como diretora de assuntos da União Soviética e da Europa Oriental. Ela pediu licença em Stanford, e a decisão se mostrou maravilhosa. Ela foi a principal conselheira do presidente George H. W. Bush sobre União Soviética, enquanto este governo desmoronava. E ela ajudou a formular uma política para a reunificação da Alemanha. Isso a tornou uma das maiores especialistas mundiais na questão.

Ela retornou a Stanford após dois anos em Washington.

— Não foi uma decisão fácil — observou Condoleezza Rice. — Acho difícil manter uma carreira acadêmica, se você não voltar à academia em cerca de dois anos. [...] Mas considero-me fundamentalmente uma pessoa da academia. Isso quer dizer que é preciso manter alguma coerência e integridade em sua carreira.[10]

De volta a Stanford, ela conquistou ainda mais espaço. Em dois anos, aos 38 anos de idade, já era professora titular. Um mês depois, foi convidada a se tornar diretora, um cargo que nunca fora ocupado por afro-americano, nem por mulher nem por alguém tão jovem. Todos os seus antecessores eram, pelo menos, vinte anos mais velhos ao assumir o cargo, e isso por um bom motivo. O diretor não apenas é o principal executivo acadêmico da universidade, mas também é responsável pelo orçamento de 1,5 bilhão de dólares. E Condoleezza Rice fora convidada a lidar com um orçamento que apresentava um déficit de 20 milhões de dólares. Embora isso representasse ter uma agenda terrível e desistir, ainda mais, de sua vida pessoal, ela aceitou o desafio. E foi bem-sucedida, recuperando o orçamento e criando uma reserva de 14,5 milhões de dólares. Ela, ao mesmo tempo, continuava a lecionar na cadeira de ciência política.

No alto

Como a segunda no comando de uma das mais importantes universidades do mundo, Condoleezza Rice conseguira se sobressair. Ela havia se revelado como executiva competente. Já ocupava cadeiras em vários conselhos de administração de empresas. E estava em posição de se tornar presidente de qualquer universidade do país. Assim, deve ter sido surpresa para muitas pessoas quando ela pediu demissão do cargo e começou a orientar George W. Bush, na época governador do Texas, em política externa. Mas era um sacrifício que ela estava disposta a fazer — um que a levaria a se tornar conselheira de segurança nacional e, depois, secretária de Estado dos Estados Unidos.

No momento em que este livro era escrito, Condoleezza Rice continuava a ocupar esse cargo. O que antes parecia um sacrifício a tornou mais influente que nunca. Quando ela concluir seu período no cargo, poderá voltar a lecionar com grande prestígio — nenhuma universidade no mundo abriria mão de tê-la como professora de ciência política. Ela poderia se tornar presidente de uma das grandes universidades. Poderia concorrer ao Senado. Poderia, até mesmo, concorrer à presidência dos Estados Unidos. Ela, de forma consistente, demonstra a disposição de abrir mão para subir, e não duvido que fará todos os sacrifícios necessários para dar o passo seguinte. É o que acontece quando um líder compreende a lei do sacrifício e obedece a ela.

APLICAR A LEI DO SACRIFÍCIO À SUA VIDA

1 — Você está disposto a fazer sacrifícios para se tornar um líder mais influente? Está disposto a abrir mão de seus direitos em benefício das pessoas que você lidera? Pense bem. Então faça duas listas: (1) as coisas de que você está disposto a abrir mão de modo a ascender, e (2) as coisas que você *não* está disposto a sacrificar para progredir. Tenha a certeza de que as listas incluam itens como sua saúde, casamento, relacionamento com os filhos, finanças e assim por diante.

2 — Viver de acordo com a lei do sacrifício normalmente quer dizer estar disposto a trocar algo de valor que você tenha para conseguir algo mais valioso que você não tem. Martin Luther King abriu mão de muitas liberdades pessoais para conquistar a liberdade para os outros. Condoleezza Rice abriu mão do prestígio e da influência em Stanford para ter influência e impacto em todo o mundo. Para fazer tais trocas que implicam sacrifício, o indivíduo precisa ter algo de valor para trocar. O que você tem a oferecer? E pelo que você está disposto a trocar seu tempo, sua energia e seus recursos para que possa ter maior valor pessoal?

3 — Uma das posturas mais prejudiciais em um líder é o que chamo de *doença do destino* — a idéia de que eles podem se sacrificar por uma temporada e, assim, alcançar sua meta. Líderes que pensam assim param de se sacrificar e param de ganhar mais terreno em liderança.

Em quais áreas você corre o risco de ter a doença do destino? Faça uma lista. Depois, em cada uma, crie uma declaração de crescimento contínuo que será um antídoto a essa idéia. Por exemplo, se você pensa que acaba seu aprendizado quando se forma na faculdade, talvez precise escrever: "Todos os anos, adotarei o hábito de aprender e de crescer em uma área importante."

CAPÍTULO DEZENOVE

A LEI DO MOMENTO

Quando liderar é tão importante quanto o que fazer e para onde ir

Se já houve um exemplo da importância do momento no que diz respeito à liderança, esse foi em Nova Orleans no final de agosto e início de setembro de 2005.

Nova Orleans é uma cidade atípica. Como Veneza, na Itália, ela é cercada de água. Ao norte fica o lago Pontchartrain. Ao sul corre o grandioso rio Mississipi. A leste e a oeste ficam os pântanos baixos. Canais cruzam a cidade. É impossível entrar ou sair de Nova Orleans sem atravessar uma grande ponte. Pode não parecer nada demais — até você levar em consideração que a maior parte da cidade está abaixo do nível do mar. Nova Orleans tem a forma de uma tigela. Em média, a cidade está 1,80 metro abaixo do nível do mar. E, em Nova Orleans, a terra afunda um pouco mais todos os anos. Ao longo de décadas, os cidadãos se preocuparam com a possibilidade de um desastre que poderia ser causado à cidade pelo impacto direto de um furacão poderoso.

Tragédia no horizonte

Na quarta-feira, 24 de agosto de 2005, ninguém em Nova Orleans tinha como saber que a nova tempestade tropical, batizada de Katrina, seria o furacão que a cidade temia que um dia chegasse. Só na sexta-feira o Centro Nacional de Furacões previu que a tempestade atingiria a costa na segunda-feira, em algum ponto perto de Buras, Louisiana, a cerca de 90 quilômetros a sudeste de Nova Orleans. O furacão já estava parecendo bastante feio. Na manhã seguinte, sábado, 27 de agosto, os líderes de muitas paróquias da Louisiana ao redor de Nova Orleans ordenaram a evacuação: St. Charles, Plaquemines, parte de Jefferson e mesmo St. Tammany, localizada em terreno mais alto ao norte de Nova Orleans.

E quanto a Nova Orleans? Por que o prefeito Ray Nagin, líder da cidade, também não determinou a evacuação nesse mesmo momento? Muitos acham que os habitantes de Nova Orleans são fatalistas e não podem ser obrigados a se mover mais rápido do que estão dispostos a fazer. Outros dizem que Nagin, empresário antes de ser eleito, preocupava-se com as implicações legais e financeiras de uma evacuação. Afirmo que ele e outras pessoas do governo não compreenderam a lei do momento, quando liderar é tão importante quanto o que fazer e para onde ir.

O momento mais adequado para retirar as pessoas de Nova Orleans foi aquele em que os líderes das outras paróquias anunciaram uma evacuação voluntária. Nagin esperou. Na noite de sábado, ele, finalmente, anunciou uma evacuação voluntária de Nova Orleans. Apenas depois de Max Mayfield, diretor do Centro Nacional de Furacões, ter telefonado para Nagin na noite de sábado, foi que o prefeito ficou suficientemente preocupado para agir. "Max me deixou assustado — teria dito Nagin depois do telefonema."[1]

Um pouco tarde demais

Às 9 horas da manhã seguinte, Nagin finalmente ordenou a evacuação *obrigatória* — menos de 24 horas antes de o furacão chegar à terra. Era tarde demais para muitos cidadãos de Nova Orleans. E como ele planejava ajudar aquelas pessoas que não conseguiriam sair da cidade em tão pouco tempo? Ele os aconselhou a ir, como pudessem, para o estádio Superdome, a última opção de abrigo da cidade. Mas ele não criou provisões para elas. Em uma entrevista coletiva, Nagin aconselhou:

> Se não conseguirem deixar a cidade e tiverem de ir para o estádio Superdome, levem comida suficiente, alimentos não-perecíveis que os sustentem, pelo menos, de três a cinco dias. Levem cobertores e travesseiros. Não levem armas, álcool nem drogas. Sabem, é como o governador afirmou, é como se vocês fossem para um acampamento. Se não têm idéia de como é, apenas levem o suficiente para que consigam dormir e ficar confortáveis. Não é o melhor dos ambientes, mas pelo menos estarão seguros.[2]

O resultado da liderança de Nagin foi visto na cobertura nacional do Katrina e em suas conseqüências. A água inundou partes da cidade às 9 horas da manhã de segunda-feira. As condições para as pessoas no estádio Superdome eram terríveis. Outras pessoas que não conseguiram deixar a cidade se reuniram no Centro de Convenções. Muitos cidadãos estavam nos telhados das casas. Como Nagin reagiu? Ele se queixou à mídia nas entrevistas coletivas.

Outra chance

Se alguém lideraria, não seria na esfera municipal. A maioria das pessoas começou a esperar a liderança do governo federal, mas eles também violaram a lei do momento. Apenas na quarta-feira, 31 de agosto, o diretor de Segurança Interna, Michael Chertoff, fez um memorando declarando o Katrina um "Incidente de relevância nacional", uma declaração fundamental e necessária para produzir uma coordenação federal ágil.[3] O presidente Bush só se reuniu com o gabinete no dia seguinte para determinar como colocar em funcionamento a Força-tarefa da Casa Branca em resposta ao Furacão Katrina. Enquanto isso, as pessoas presas em Nova Orleans esperavam por ajuda. Na quinta-feira, 1.° de setembro, a Cruz Vermelha pediu permissão para levar água, alimento e suprimentos para as pessoas presas na cidade, mas o pedido foi negado pelo departamento de segurança interna da Louisiana. Pediram que eles esperassem mais um dia.[4] Finalmente, no domingo, 4 de setembro, seis dias depois da inundação da Nova Orleans, foi finalmente concluída a evacuação do estádio Superdome.

O modo de lidar com o Katrina mostra a função da liderança em seu pior momento. Foi um trabalho mal feito em todas as esferas. Até mesmo o abrigo de animais local se saiu melhor que o prefeito. Dois dias antes da chegada do Katrina, ele evacuou centenas de animais para Houston, no Texas.[5] No final, mais de 1.836 pessoas morreram por causa do furacão; 1.577 delas eram da Louisiana.[6] Oitenta por cento das mortes na Louisiana ocorreram nas paróquias de Orleans e St. Bernard, com a esmagadora maioria ocorrendo em Nova Orleans.[7] Se os líderes tivessem dado mais atenção não apenas ao *que* faziam, mas também a *quando* faziam, muito mais vidas poderiam ter sido salvas.

O momento é tudo

Bons líderes reconhecem o *momento* em que liderar é tão importante quanto o que fazer e para onde ir. O momento, muitas vezes, faz a diferença entre o sucesso e o fracasso em uma empreitada.

Sempre que um líder faz um movimento, só pode haver quatro resultados:

1 — *Ação errada no momento errado leva ao desastre*

Um líder que toma a decisão errada no momento errado certamente enfrentará repercussões negativas. Com certeza, esse foi o caso em Nova Orleans com a aproximação do Katrina. A liderança ruim de Nagin deflagrou uma série de ações erradas no momento errado. Ele esperou até ser tarde demais para determinar uma evacuação obrigatória. Ele enviou faxes para igrejas locais, esperando que elas ajudassem a evacuar as pessoas, mas, no momento em que ele o fez, as pessoas que receberiam esses pedidos já tinham partido havia muito tempo. Ele escolheu um péssimo local como abrigo de emergência, não o equipou adequadamente e não conseguiu garantir transporte para que as pessoas chegassem lá. Uma ação errada após a outra levaram ao desastre.

Obviamente, os riscos envolvidos em todas as decisões de liderança não são tão grandes quanto no caso de Nagin. Mas toda situação de liderança exige que os líderes obedeçam à lei do momento. Se você lidera um departamento ou uma pequena equipe e dá o passo errado no momento errado, seu pessoal sofrerá. Assim como sua liderança.

2 — *A ação certa no momento errado produz resistência*

No que diz respeito à boa liderança, ter uma visão do rumo da organização ou da equipe e saber como chegar lá não é o bastante. Se você fizer a ação certa, mas no momento errado, pode fracassar porque as pessoas que você lidera podem se tornar resistentes a sua ação.

O bom momento de liderança demanda muitas coisas:

- *Compreensão*: os líderes precisam ter pleno controle da situação.
- *Maturidade*: se os motivos dos líderes não são os certos, o momento não será o oportuno.
- *Confiança*: as pessoas seguem líderes que sabem o que precisa ser feito.
- *Decisão*: líderes fracos criam seguidores fracos.
- *Experiência*: se os líderes são inexperientes, precisam da sabedoria de quem tem experiência.
- *Intuição*: o momento, muitas vezes, depende de fatores intangíveis, como impulso e moral.
- *Preparação*: se as condições não são boas, os líderes precisam criar essas condições.

Já tive minha cota de falhas na área do momento. Minha tentativa de implantar um programa de grupo na Skyline, minha igreja em San Diego, foi uma das maiores falhas nessa área. Era a coisa certa a fazer na igreja, mas fracassou inteiramente. Por quê? O momento era errado. Tentamos fazer isso no início da década de 1980, e não havia muitos líderes com experiência na área. Portanto, agimos de forma intuitiva. No entanto, mais importante ainda, a igreja não estava preparada para isso. Nós não compreendemos que o sucesso ou o fracasso do lançamento de um pequeno grupo dependia de quantos líderes tinham sido formados para apoiá-lo.

> Se um líder repetidamente demonstra avaliação ruim, as pessoas, mesmo nas pequenas coisas, começam a achar que tê-lo como líder é um grande erro.

Durante alguns anos, tentamos fazer funcionar o sistema que tínhamos implantado, mas, no final, ele fracassou. Apenas seis anos depois, conseguimos fazê-lo funcionar — após encerrarmos o sistema original, treinarmos líderes e recomeçarmos. Na segunda vez, ele fez muito sucesso.

3 — *A ação errada no momento certo é um erro*

As pessoas naturalmente empreendedoras muitas vezes têm forte noção de momento. Elas, de forma intuitiva, sabem qual o momento para dar um passo — para aproveitar uma oportunidade. Elas, algumas vezes, cometem erros em seus atos nesses momentos fundamentais. Meu irmão Larry, um excelente empresário, treinou-me nessa área. Larry diz que o maior erro cometido por empreendedores e outras pessoas nos negócios é não saber quando cortar as perdas ou quando aumentar o investimento para maximizar os ganhos. Os erros são fruto de dar o passo errado no momento certo.

Também tenho experiência nesse campo. Como sou conhecido basicamente como comunicador, as pessoas, durante anos, tentaram me convencer a ter um programa de rádio. Durante muito tempo, resisti à idéia. No entanto, em meados da década de 1990, percebi que havia a necessidade de um programa orientado para o crescimento destinado a pessoas de fé. Depois, decidimos criar um programa chamado *Growing Today* [*Crescer hoje*]. O problema era o formato, pois a maioria dos programas desse tipo são sustentados por doações, mas, pessoalmente, acredito na economia do livre mercado. Queria que o programa se financiasse vendendo produtos, como qualquer outro programa comercial. Foi um grande erro. O programa nunca se pagou. Era o momento certo, mas a idéia errada. A lei do momento manifestara-se novamente.

4 — *A ação certa no momento certo leva ao sucesso*

Quando o líder certo e o momento certo se juntam, coisas incríveis acontecem. Uma organização atinge seus objetivos, amadurece, tem recompensas inacreditáveis e ganha impulso. O sucesso se torna quase inevitável. Se você estudar a história de quase todas as organizações, descobrirá um momento fundamental em que o líder fez

> Quando o líder certo e o momento certo se juntam, coisas incríveis acontecem.

a coisa certa no momento certo e transformou a organização. Winston Churchill, cuja grandeza em liderança dependeu da lei do momento, descreveu o impacto que os líderes podem ter — e a satisfação que podem experimentar — quando fazem a coisa certa no momento certo. Ele declarou:

— Há um momento especial na vida de todo mundo, o momento para o qual aquela pessoa nasceu. Quando ela aproveita essa oportunidade especial, cumpre sua missão — uma missão para a qual foi particularmente qualificada. Naquele momento, ela encontra a grandeza. É seu melhor momento.

Todo líder deseja experimentar esse momento.

As provações da guerra revelam a lei do momento

Quando os riscos são altos, as conseqüências da lei do momento são dramáticas e imediatas. Isso é especialmente verdadeiro na guerra. Em qualquer grande batalha fica clara a importância fundamental da noção de momento. A Batalha de Gettysburg durante a Guerra Civil americana é um ótimo exemplo.

Quando o general confederado Robert E. Lee levou o exército da Virgínia do Norte para a Pensilvânia, no final de junho de 1863, ele tinha três objetivos: (1) expulsar o exército da União da Virgínia, (2) suprir suas tropas usando os recursos da Pensilvânia e (3) levar a luta para o coração do território inimigo, obrigando, desse modo, o exército da União a uma ação apressada e indesejada. Era o terceiro ano de guerra, e tanto a União quanto a Confederação estavam ficando cansadas do conflito. Lee esperava que sua ação levasse ao fim do conflito. Vários dias antes da batalha, disse ao general Trimble:

> Nosso exército está com moral elevado, não está exausto e pode ser reunido em qualquer lugar em aproximadamente 24 horas. Ainda não ouvi dizer que o inimigo cruzou o Potomac e espero notícias do general Stuart. Quando ele souber onde estamos, fará marchas forçadas. [...] Quando chegar à Pensilvânia, estará [...] abatido pela fome e pela marcha forçada, disposto em uma longa fila e bastante

> desmoralizado. Lançarei uma força esmagadora contra a vanguarda e a esmagarei; valer-me-ei do sucesso, lançarei um corpo sobre o outro e, com sucessivas investidas de surpresa, antes que eles possam se reunir, criarei o pânico e praticamente destruirei o exército.[8]

Lee tentava aproveitar a oportunidade de uma vitória esmagadora. Ele não soube, até a manhã de 1.° de julho, que a União já se deslocara para o norte. Naquele momento, algumas de suas forças já enfrentavam tropas confederadas na estrada de Chambersburg, a oeste de Gettysburg. Aquele movimento prejudicou a estratégia de Lee e arruinou seu momento. O primeiro instinto de Lee foi parar e esperar que seu exército reunisse todas as suas forças antes de se envolver em uma grande batalha. Mas, sempre consciente da importância do momento, ele percebeu quando suas tropas conseguiram uma vantagem repentina. Olhando de uma ponte próxima, Lee viu as tropas federais sendo destruídas e batendo em retirada. Ainda havia a possibilidade de uma ação que pudesse levar à vitória.

As forças confederadas podiam atacar e tomar o ponto elevado de Cemetery Hill, defendido apenas por alguns reservistas da infantaria e artilharia da União. Se eles conseguissem capturar e controlar aquela posição, pensou Lee, controlariam toda a região. Seria a chave para a vitória confederada e, possivelmente, representaria o fim da guerra.

Quem estava em posição para tomar o monte era o general confederado R. S. Ewell. Ainda era cedo, e se Ewell avançasse, poderia tomá-lo. Mas, em vez de aproveitar sua vantagem no momento certo e enfrentar o inimigo, ele simplesmente observou. Desperdiçou a oportunidade, e os confederados não tomaram Cemetery Hill. Na manhã seguinte, as tropas da União reforçaram suas posições anteriores, e a oportunidade do Sul se desvanecera. Os exércitos do Norte e do Sul combateram mais dois dias, mas, no fim, as forças de Lee foram derrotadas, e cerca de 33 mil de seus 76.300 homens foram mortos ou feridos.[9] Só restava a eles bater em retirada e retornar à Virgínia.

Outra oportunidade perdida

Após a derrota do Sul, Lee esperava que as forças da União sob a liderança do general Meade contra-atacassem de imediato e destruíssem inteiramente seu exército abalado. Essa também era a expectativa de Abraham Lincoln após receber a notícia da vitória da União em Gettysburg. Ansioso para se valer ao máximo da lei do momento, Lincoln enviou de Washington um comunicado a Meade, por intermédio do general Halleck, no dia 7 de julho de 1863. Nele, Halleck dizia:

> Recebi do presidente o seguinte bilhete que respeitosamente transmito:
>
> "Recebemos certas informações de que Vicksburg se rendeu ao general Grant no dia 4 de julho. Bem, se o general Meade puder concluir seu trabalho até agora tão gloriosamente realizado com a total ou substancial destruição do exército de Lee, a rebelião será esmagada."[10]

Lincoln reconheceu que o momento era certo. O exército da União podia esmagar o que restara das forças confederadas e encerrar a guerra. Mas o exército do Norte, assim como as forças do Sul não aproveitaram o momento da vitória quando ele estivera à sua disposição, também deixou que o momento da vitória escapasse pelo vão dos dedos. Meade perdeu tempo consolidando sua vitória em Gettysburg e não perseguiu Lee com agressividade suficiente. Para ele, deixar os confederados fugir já bastava, pois afirmava que seu objetivo era "eliminar de nosso solo quaisquer vestígios da presença do invasor". Quando Lincoln ouviu isso, sua reação foi a seguinte: "Meu Deus, só isso?"

Lincoln soube que vira escapar a chance de vitória da União. E estava certo. O que restou do exército da Virgínia do Norte cruzou o Potomac, escapando da destruição, e a guerra durou mais dois anos. E mais centenas de milhares de soldados morreram. Lincoln, depois, afirmou que os esforços de Meade pareceram a ele como os de "uma velha tentando enxotar seus gansos para o outro lado de um riacho".[11] Líderes dos dois lados sabiam como chegar à vitória, mas fracassaram no momento crítico.

Identificar uma situação e saber o que fazer não é suficiente para que você tenha sucesso em liderança. Se você quer que sua organização, seu departamento ou sua equipe progridam, precisa dar atenção ao momento. Apenas o ato certo *no momento certo* produzirá sucesso. Qualquer outra coisa tem um preço muito alto. Nenhum líder pode fugir à lei do momento.

Aplicar a lei do momento à sua vida

1 — Já se disse que administradores fazem as coisas da forma certa, enquanto líderes fazem a coisa certa. A lei do momento diz que os líderes fazem mais que isso: eles fazem a coisa certa no momento certo. Na sua forma de lidar com a liderança, o momento tem um papel importante em sua estratégia? Você pensa na adequação do momento tanto quanto na correção da ação? Reveja suas grandes ações do passado recente e identifique quanta atenção você tem dado ao momento.

2 — Passe algum tempo analisando as recentes iniciativas fracassadas em sua organização, departamento ou equipe para determinar se elas foram provocadas pela ação errada ou pelo momento errado (Essas iniciativas podem ter sido suas ou de outros). Para ajudá-lo, responda às seguintes perguntas:

- Qual era o objetivo da iniciativa?
- Quem era o indivíduo responsável por liderá-la?
- Quais fatores foram levados em conta quando a estratégia foi planejada?
- Na experiência de quem a estratégia foi baseada?
- Quais eram as condições ou o clima na organização no momento do lançamento?

- Quais eram as condições do mercado ou do setor?
- Qual "alavanca" estava disponível e era usada para ajudar a iniciativa?
- Quais fatores agiam claramente contra ela?
- A iniciativa poderia ter sido mais bem sucedida se tivesse sido lançada antes ou depois?
- Por que a iniciativa acabou por fracassar?

3 — Enquanto você prepara seus planos futuros, use a lista de fatores do capítulo para se preparar para o momento de suas ações:

- *Compreensão*: você tem pleno controle da situação?
- *Maturidade*: seus motivos são certos?
- *Confiança*: você acredita no que faz?
- *Decisão*: você pode entrar em ação com confiança e ganhar a confiança das pessoas?
- *Experiência*: você utiliza a sabedoria dos outros para moldar sua estratégia?
- *Intuição*: você levou em conta fatores intangíveis como impulso e moral?
- *Preparação*: você fez tudo que era necessário para preparar sua equipe para o sucesso?

Lembre-se: só a ação certa no momento certo levará sua equipe, seu departamento ou sua organização ao sucesso.

CAPÍTULO VINTE

A LEI DO CRESCIMENTO EXPLOSIVO

Para aumentar o crescimento, lidere os seguidores; para multiplicar, lidere os líderes

Nem sempre pensei em liderança nos termos em que a concebo hoje. Minha crença no poder da liderança e minha paixão pelo treinamento de líderes se desenvolveram ao longo de minha vida profissional. Quando comecei minha carreira, achava que crescimento pessoal era a chave para conseguir ter um impacto. Meu pai fora muito estratégico em minha formação. Quando eu era adolescente, ele chegou a me pagar para ler livros que ele sabia que me ajudariam e a me mandar para conferências. Essas experiências criaram uma ótima base para mim. E depois de ter começado a trabalhar, descobri a lei do processo. Isso me levou a uma abordagem pró-ativa de meu crescimento pessoal.

Como resultado, quando as pessoas me pediam para ajudá-las a ser mais bem-sucedidas, concentrava-me em ensinar crescimento pessoal. Apenas aos 40 anos de idade comecei a compreender a lei do círculo íntimo e a importância de formar uma equipe. Foi quando minha capacidade de fazer uma organização crescer e de atingir objetivos maiores começou a aumentar. Mas só depois que comecei a me concentrar em desenvolver líderes foi que minha liderança *realmente* decolou. Descobrira a lei do crescimento explosivo: para aumentar o crescimento, lidere os seguidores; para multiplicar, lidere os líderes.

Ajudar os outros a liderar

Em 1990, viajei para um país da América do Sul com minha esposa, Margaret, para dar aulas de liderança em uma conferência nacional. Uma das alegrias da minha vida é ensinar liderança a pessoas influentes que desejam fazer diferença. Realmente, estava ansioso com aquela conferência porque era uma oportunidade de agregar valor a pessoas fora de minha esfera natural de influência. Mas as coisas não correram como esperava.

Tudo começou muito bem. As pessoas eram muito gentis e consegui estabelecer uma ligação com elas apesar do idioma e das barreiras culturais. Mas, depois de algum tempo, percebi que os participantes e eu não estávamos sintonizados. Quando comecei a falar sobre liderança, percebi que meus comentários não chegavam a eles. Eles não se envolveram, e o que tentava transmitir não parecia estar tendo impacto.

Minha avaliação da situação foi confirmada após minha primeira sessão com eles. Quando falava com os indivíduos, eles não queriam falar sobre questões de liderança. Não faziam perguntas sobre como fazer suas organizações crescerem ou sobre como colocar visões em prática. Buscavam conselhos sobre questões e problemas pessoais, conflitos com outras pessoas. Senti que voltara a fazer aconselhamento pessoal, como fazia no início da minha carreira. Durante os três dias seguintes, fiquei cada vez mais frustrado. As pessoas para as quais apresentava minhas palestras não compreendiam liderança e, assim parecia, não tinham nenhum desejo de aprender nada sobre isso. Para uma pessoa como eu, que acredita que tudo cresce e desmorona em função da liderança, aquilo me deixava perplexo!

Não era a primeira vez que sentia tal frustração. Percebi que, sempre que viajava para países em desenvolvimento, enfrentava situações semelhantes. Suspeito que em nações em que não há uma estrutura empresarial forte e que os governos não dão muita liberdade ao povo, é difícil para os líderes se desenvolverem.

No vôo de volta, falei com Margaret sobre minhas frustrações. Finalmente resumi tudo dizendo: "Não quero mais fazer isso, viajei milhares de quilômetros apenas para aconselhar as pessoas sobre seus conflitos medíocres. Se eles prestassem atenção em como se tornar líderes, isso mudaria a vida deles." Após escutar pacientemente, Margaret respondeu: "Talvez seja você que deva fazer alguma coisa a respeito disso."

O passo seguinte

A exortação de Margaret para que fizesse algo sobre os problemas de liderança que tinha visto no exterior disparou algo em meu interior. Ao longo dos anos seguintes, refleti sobre a questão e pensei em possíveis soluções. Finalmente, em 1996, decidi o que fazer. Reuni um grupo de líderes para me ajudar a criar uma organização sem fins lucrativos para formar líderes nas áreas de governo, da educação e das comunidades religiosas. Batizei-a de EQUIP — encouraging qualities undeveloped in people [Encorajar qualidades não desenvolvidas nas pessoas].

Ao longo dos cinco anos seguintes, a EQUIP fez pequenos progressos em seus objetivos. Mas, nos meses posteriores aos ataques terroristas de 11 de setembro de 2001, passamos por um período difícil durante o qual tivemos de dispensar metade da equipe. Mas usamos essa dificuldade como uma oportunidade para reexaminar nossas prioridades. Passamos a concentrar mais nossa área de atuação e estabelecemos um novo objetivo — tão grande e assustador que parecia quase impossível. Tentaríamos desenvolver *um milhão de líderes* em todo o planeta até 2008. Como uma pequena organização sem fins lucrativos podia esperar realizar tal feito? Teríamos de usar a lei do crescimento explosivo!

A estratégia

A estratégia da EQUIP, que passou a ser chamada de *mandato para um milhão de líderes*, era desenvolver 40 mil líderes em cidades de todo o mundo. Esses líderes, por três anos, participariam de uma sessão de treinamento a cada seis meses em uma cidade perto deles. Em troca, a única coisa que seria pedida a eles seria que eles se comprometessem a, pessoalmente, formar 25 líderes em sua cidade ou aldeia. A EQUIP forneceria o material de treinamento para os 40 mil líderes treinados por ela, e o material para os 25 líderes que cada um desses desenvolveria.

A EQUIP já empregava alguns excelentes líderes, incluindo John Hull, presidente e superintendente; Doug Carter, vice-presidente sênior, e Tim Elmore, vice-presidente de desenvolvimento de liderança. Eles formaram uma equipe de primeira linha e começaram a criar o material de treinamento. Depois, fizeram alianças estratégicas com outras organizações no exterior. Essas organizações ajudariam a EQUIP a definir as cidades onde fazer o treinamento, a identificar coordenadores nacionais e de cidade para as sessões de treinamento e a identificar e recrutar os 40 mil líderes a serem treinados.

O passo final era recrutar excelentes líderes que estivessem dispostos a contribuir com seu tempo para fazer o treinamento nessas cidades ao redor do mundo. Dois treinadores viajariam para uma cidade duas vezes por ano durante três anos, pagando seus próprios custos e doando recursos para financiar o material usado pelos inscritos. Eles treinariam os 40 mil, que por sua vez treinariam 25 outros. Se a estratégia fosse bem sucedida, formaríamos 1 milhão de líderes. Era um plano ambicioso. A questão era se essa estratégia funcionaria. Darei a resposta a essa pergunta posteriormente neste capítulo.

Seguir em frente com a matemática dos líderes

Os líderes são naturalmente impacientes. Pelo menos, todos os líderes que conheço o são. Os líderes querem se mover rapidamente. Querem que sua visão seja concretizada. Eles adoram o progresso. Bons líderes avaliam rapidamente a situação de uma organização, projetam para onde ela precisa ir e têm idéias sólidas sobre como chegar lá. O problema é que, na maior parte do tempo, as pessoas e a organização estão atrás do líder. Por essa razão, os líderes sempre sentem uma tensão entre onde eles e seu pessoal *estão*, e onde *deveriam estar*. Senti essa tensão minha vida inteira. Em todas as organizações das quais fiz parte, tinha a forte noção de para onde ela deveria ir. Sentia isso até mesmo quando era criança. (Nem sempre estava *certo* sobre para onde deveríamos ir, mas sempre achava que *sabia*!)

Como você alivia essa tensão entre o ponto em que a organização está e onde você quer que ela esteja? A resposta pode ser encontrada na lei do crescimento explosivo: Se você desenvolve a si mesmo, pode ter sucesso pessoal. Se você desenvolve uma equipe, sua organização pode crescer.Se você desenvolve líderes, sua organização pode experimentar o crescimento explosivo.

Você pode crescer liderando seguidores. Mas se você quer maximizar sua liderança e ajudar sua organização a atingir seu potencial, precisa desenvolver líderes. Não há outra forma de conseguir crescimento explosivo.

Tornar-se líder que desenvolve líderes exige uma concentração e uma postura bem distintas de simplesmente atrair e liderar seguidores. Exige uma disposição diferente.

Um foco diferente

Tornar-se líder que desenvolve líderes exige uma concentração e uma postura bem distintas de simplesmente atrair e liderar seguidores. Exige uma disposição diferente. Pense em algumas das diferenças entre líderes que atraem seguidores e líderes que desenvolvem líderes:

Líderes que atraem seguidores... precisam ser necessários
Líderes que desenvolvem líderes... querem ser bem-sucedidos

A empolgação vem de se tornar um líder. Quando você fala, as pessoas escutam. Quando você quer que algo seja feito, consegue que outras pessoas o ajudem. Ter seguidores pode fazer você se sentir necessário e importante. Mas essa é uma razão muito mesquinha para buscar a liderança.

Os bons líderes lideram para o bem de seus seguidores e pelo legado que deixam para os outros quando seu tempo de liderança tiver terminado.

Líderes que atraem seguidores... desenvolvem os 20% inferiores
Líderes que desenvolvem líderes... desenvolvem os 20% superiores

Quando você lidera um grupo de pessoas, quem normalmente pede mais tempo e atenção? As mais fracas do grupo. Se você permitir, elas consumirão 80% do seu tempo, ou mais. No entanto, líderes pró-ativos que praticam a lei do crescimento explosivo não permitem que esses 20% inferiores tomem todo seu tempo. Eles procuram os 20% *superiores* — as pessoas com maior potencial de liderança — e dedicam seu tempo a desenvolvê-las. Eles sabem que se desenvolverem os melhores, estes ajudarão a desenvolver os demais.

Líderes que atraem seguidores... concentram-se nos pontos fracos
Líderes que desenvolvem líderes... concentram-se nos pontos fortes

O problema de trabalhar com os 20% inferiores é que você continua a lidar com os pontos fracos das pessoas. Pessoas fracassadas normalmente precisam de ajuda com o básico. Problemas nessas áreas as impedem de ter um desempenho consistente e regular. Contudo, quando você trabalha com seu melhor pessoal, pode estruturar seus pontos fortes.

Líderes que atraem seguidores... tratam todos como iguais
Líderes que desenvolvem líderes... tratam os indivíduos de forma distinta

Em alguns círculos de liderança, há um mito que defende a idéia de tratar todos da mesma forma pelo bem da "justiça". Isso é um erro. Como diz Mick Delaney: "Qualquer empresa ou setor que remunera igualmente as pessoas, tanto as que fogem à responsabilidade como as cuidadosas, mais cedo ou mais tarde, acabará com mais pessoas que fogem à responsabilidade que com as cuidadosas."

Líderes que desenvolvem líderes distribuem recompensas, recursos e responsabilidade com base em resultados. Quanto maior for o impacto dos líderes, maiores as oportunidades que eles receberão.

Líderes que atraem líderes ... gastam tempo com os outros
Líderes que desenvolvem líderes... investem tempo nos outros

Líderes que só atraem seguidores e nunca os desenvolvem não aumentam o valor daqueles que lideram. Mas quando os líderes usam seu tempo para desenvolver os líderes que atraem, fazem um valioso investimento neles. Cada momento que eles gastam ajuda a aumentar sua capacidade e influência. E isso traz dividendos para eles e a organização.

Líderes que atraem líderes ... crescem por adição
Líderes que desenvolvem líderes... crescem por multiplicação

Líderes que atraem seguidores fazem com que sua organização cresça apenas uma pessoa por vez. Quando você atrai um seguidor, causa impacto em uma pessoa. E você recebe o valor e o poder de uma pessoa. Mas os líderes que desenvolvem líderes multiplicam o crescimento de sua organização, pois, para cada líder que desenvolvem, eles também recebem o valor de todos os seguidores daquele líder.

LÍDERES QUE DESENVOLVEM SEGUIDORES ACRESCENTAM APENAS UMA PESSOA POR VEZ

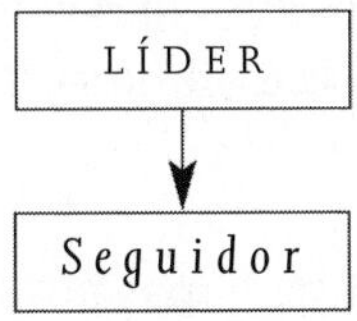

LÍDERES QUE DESENVOLVEM LÍDERES MULTIPLICAM SEU CRESCIMENTO

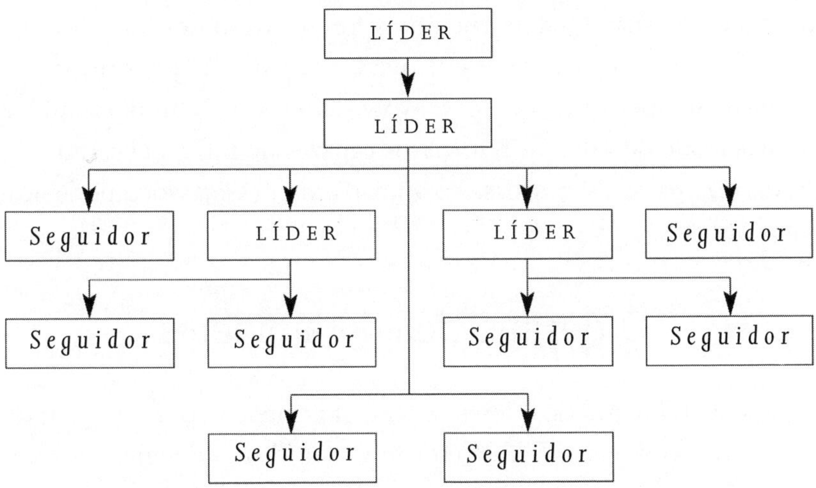

Acrescente dez seguidores à sua organização e terá o poder de dez pessoas. Acrescente dez líderes a sua organização e terá o poder de dez líderes vezes todos os seguidores e líderes que eles influenciam. É o que chamo de matemática do líder. É a diferença entre adição e multiplicação. É como se sua organização crescesse por equipes, em vez de por indivíduos.

Todo líder que pratica a lei do crescimento explosivo passa da matemática do seguidor para a matemática do líder.

Líderes que atraem líderes ... causam impacto apenas nas pessoas que tocam
Líderes que desenvolvem líderes... causam impacto nas pessoas fora de seu alcance

Líderes que atraem seguidores, mas nunca desenvolvem líderes, ficam cansados. Por quê? Porque eles precisam lidar pessoalmente com todas as pessoas sob sua autoridade. Só poder causar impacto nas pessoas que consegue tocar pessoalmente é muito limitador. Por outro lado, líderes que desenvolvem líderes causam impacto nas pessoas que estão fora de seu alcance pessoal. Quanto melhores forem os líderes que eles desenvolverem, maior a qualidade e a quantidade dos seguidores, e maior o alcance. Sempre que você desenvolve líderes e os ajuda a aumentar sua capacidade de liderança, torna-os capazes de influenciar um número cada vez maior de pessoas. Ao ajudar uma pessoa, você pode atingir muitas outras.

O desafio de liderar líderes

Se o desenvolvimento de líderes causa tanto impacto, por que nem todos fazem isso? Porque é difícil! Desenvolvimento de liderança não é uma proposição do tipo: acrescente água e mexa. Demanda muito tempo, energia e recursos. Eis a razão dessa dificuldade:

1 — *É difícil encontrar líderes*

Quantas pessoas você conhece que são realmente bons líderes? Eles têm influência. Fazem as coisas acontecer. Identificam e aproveitam as oportunidades. E conseguem atrair, incorporar e estimular as pessoas a ter um excelente desempenho. Simplesmente não há muitas pessoas que conseguem fazer isso de forma consistente. A maioria das pessoas inclui-se no grupo de seguidores. Algumas são produtoras. Poucas são líderes. Líderes são como águias — não andam em bando. Por isso é tão difícil encontrá-los.

2 — *É difícil reunir líderes*

Assim que você encontra líderes, conquistá-los pode ser muito difícil. Eles são empreendedores e querem seguir por conta própria. Se você tentar recrutá-los, querem saber qual o rumo que pretende seguir, como planeja chegar lá, quem mais pretende levar consigo — e se você tem condições de dirigir o grupo para chegar lá. O que você faz tem de ser mais atraente do que o que eles fazem no momento.

Além disso, sua organização precisa criar um ambiente que os atraia. Muitas vezes, esse não é o caso. A maioria das organizações deseja estabilidade. Líderes querem empolgação. A maioria das organizações deseja estrutura. Líderes querem flexibilidade. A maioria das organizações valoriza o respeito às regras. Os líderes querem pensar de forma inovadora. Se você quer reunir líderes, precisa criar um ambiente em que eles possam florescer.

3 — *É difícil manter os líderes*

Por mais difícil que seja encontrar e reunir bons líderes, é ainda mais difícil mantê-los. A única forma de liderar líderes é você mesmo se tornar um líder melhor. Se você continuar a crescer e se mantiver à frente das pessoas que lidera, será capaz de continuar a agregar valor aos líderes que o seguem. Seu objetivo deve ser continuar a desenvolvê-los para que eles possam atingir seu potencial. Apenas um líder pode fazer isso por outro líder, porque é necessário um líder para elevar outro líder.

Certo ano, em uma de minhas palestras de liderança, fiz uma pesquisa informal para descobrir o que levara as pessoas a se tornar líderes. O resultado foi o seguinte:

- Dom natural 10%
- Resultado de crises 5%
- Influência de outro líder 85%

Apenas um líder em dez consegue florescer sem a ajuda de outro líder. Os outros precisam da ajuda de líderes que estejam à sua frente ao longo do caminho. Se você continuar a agregar valor aos líderes que lidera, eles, certamente, continuarão com você. Faça isso por tempo suficiente e, talvez, eles nunca queiram partir.

O lançamento da determinação do mandato para um milhão de líderes (MLM, sigla em inglês)

A EQUIP, convencida de que o desenvolvimento de líderes era a chave para atingir a meta de treinar um milhão de líderes, lançou, em 2002, a iniciativa MLM em várias cidades da Índia, da Indonésia e das Filipinas. Escolhêramos essas regiões porque tínhamos os melhores contatos lá e alcançáramos o sucesso em anos anteriores. A resposta foi fantástica. Centenas de líderes sedentos viajaram para o local estipulado para participar do treinamento de dois dias. Alguns *caminharam* até cinco dias para chegar ao evento! E, ao final do treinamento, quando pedimos que eles se comprometessem a desenvolver 25 líderes ao longo dos três anos seguintes usando o material que demos a eles, mais de 90% deles aceitaram esse desafio.

Com esse primeiro sucesso, seguimos em frente. No ano seguinte, começamos a treinar líderes em outras regiões da Ásia e do Oriente Médio. Em 2004, iniciamos o treinamento na África; em 2005, na Europa; e em 2006, na América do Sul. Em todos os continentes, a estratégia foi a mesma:

1. Entrar em contato com líderes influentes em organizações que já trabalhavam localmente com pessoas e buscar a ajuda deles.
2. Pedir a esses líderes para identificar as cidades de seus países nas quais poderíamos fazer o treinamento e abrigar os eventos de treinamento.
3. Usar esses líderes para recrutar líderes para o treinamento.
4. Recrutar líderes nos Estados Unidos dispostos a viajar para o exterior a fim de treinar líderes, dando-lhes apoio financeiro.

5. Conseguir o compromisso dos participantes para identificar e para treinar líderes por três anos enquanto nós os treinávamos.

Em algumas cidades, nosso sucesso foi pequeno, com algumas dezenas de líderes comparecendo ao treinamento. Em outras cidades, as pessoas chegavam às centenas. Muitos líderes podiam se comprometer a desenvolver 25 líderes. Alguns só podiam se comprometer a treinar apenas cinco ou dez. Mas outros estavam treinando 100, 200 ou 250 em suas cidades e aldeias.

Como disse, queríamos atingir nossa meta de treinar um milhão de líderes até 2008. Em alguns momentos, essa tarefa representou um sofrimento para nós. Em certos países, tivemos dificuldade para ganhar credibilidade. Em outros, levou tempo para chegarmos aos líderes. Mas, na primavera de 2006, para nossa grande surpresa e prazer, tínhamos atingido nossa meta — dois anos antes do cronograma! Assim, a meta que parecia impossível se tornou modesta. Em 2007, treinamos nosso segundo milhão. E lançamos uma iniciativa para desenvolver 5 milhões de líderes em cinco anos. Espero e oro para que, antes de terminar esse prazo, a EQUIP e seus parceiros tenham treinado 50 milhões de líderes em todo o planeta. Isso é crescimento explosivo.

O desenvolvimento de liderança gera dividendos. Quanto mais você investe nas pessoas e quanto mais tempo dedica a isso, maior o crescimento e maior o retorno.

Agora que cheguei aos 60 anos de idade, descobri que desenvolvimento de liderança gera dividendos. Quanto mais você investe nas pessoas e quanto mais tempo dedica a isso, maior o crescimento e maior o retorno. E embora talvez já não seja tão rápido quanto era ou tão ativo, estou hoje em um estágio da vida em que recebo os dividendos. Os 35 anos de investimentos que fiz nas pessoas começam a pagar dividendos incríveis.

Não sei em que ponto você se encontra da sua jornada de desenvolvimento de liderança. Talvez já seja um líder altamente desenvolvido. Ou talvez esteja apenas começando. Não importa em que momento você está, mas sei de uma coisa: só será capaz de atingir seu potencial e ajudar sua organização a concretizar suas metas mais elevadas se começar a desenvolver líderes, em vez de simplesmente atrair seguidores. Líderes que desenvolvem líderes experimentam em suas organizações um inacreditável efeito multiplicador que não pode ser conseguido de outra forma — ou seja, não se alcança isso pelo aumento de recursos, nem pela redução de custos, nem pelo aumento das margens de lucro, nem pela melhoria dos sistemas e procedimentos de qualidade, nem pela realização de qualquer outra coisa. A única forma de experimentar o crescimento explosivo é pelo uso da matemática — a matemática do líder. Esse é o incrível poder da lei do crescimento explosivo.

APLICAR A LEI DO CRESCIMENTO EXPLOSIVO À SUA VIDA

1 — Em que estágio do processo de desenvolvimento de liderança você está atualmente?

Estágio 1: desenvolvendo a si mesmo
Estágio 2: desenvolvendo sua equipe
Estágio 3: desenvolvendo líderes

Para justificar sua resposta, cite passos específicos que você deu para se desenvolver, desenvolver uma equipe e para ajudar pessoas específicas a melhorar sua capacidade de liderança. Se não tiver começado a desenvolver líderes, tente descobrir a razão. Você é uma pessoa que precisa que necessitem de você, que se concentra nos 20% inferiores, que tenta tratar todos da mesma forma ou que não tem uma estratégia distinta na hora de investir nos outros? Caso ainda não desenvolva líderes, descubra que passos precisa dar para começar a fazer isso.

2 — Você faz algo para identificar e reunir líderes? Há lugares que você freqüente, eventos dos quais participe e redes às quais se ligue em que possa buscar líderes em potencial? Caso sua resposta a essa pergunta seja negativa, comece a procurar isso. Caso sua resposta seja afirmativa, o que você faz para entrar em contato com esses líderes e recrutá-los para sua organização, seu departamento ou sua equipe?

3 — O que você faz para reunir e manter líderes? Procura tornar-se um líder melhor para que os líderes queiram segui-lo? Tenta criar um ambiente em que os líderes possam florescer e ter sucesso? Dá liberdade aos líderes para que liderem e inovem? Elimina a burocracia? Fornece recursos a eles e possibilita que tenham maiores responsabilidades? Valoriza o risco e recompensa o sucesso?

CAPÍTULO VINTE E UM

A LEI DO LEGADO

O valor duradouro de um líder é medido pela sua sucessão

O que você quer que as pessoas digam em seu funeral? Essa pergunta pode parecer estranha. Mas talvez seja a coisa mais importante que você deve perguntar a si mesmo como líder. A maioria das pessoas nunca pensa sobre esse assunto. E isso não é bom, porque se não o fazem, sua vida e sua liderança podem tomar um rumo diferente daquele que pode ter mais potencial e causar mais impacto. Se você quer que sua liderança realmente faça sentido, precisa levar em conta a lei do legado. Por quê? Porque o valor duradouro de um líder é medido pela sua herança.

Buscar sentido

Eleanor Roosevelt comentou: "A vida é como um salto de pára-quedas; você precisa fazer certo da primeira vez." Sempre tive consciência de que nosso tempo na Terra é limitado e precisamos aproveitá-lo bem. A vida não é uma prova de roupas. Meu pai deixou isso muito claro para mim quando era adolescente. Por conseguinte, sempre tive direção e sempre quis ser o melhor no que quer que fizesse. Mas tenho de admitir que meus objetivos e desejos mudaram muito com o passar dos anos, e isso afetou o rumo da minha liderança.

Clare Boothe Luce, escritor, político e embaixador, popularizou a noção de "sentença de vida", uma afirmação que resume o objetivo e o sentido da vida de alguém. No final da década de 1960, quando comecei minha carreira, minha sentença de vida podia ser expressa da seguinte forma: "Quero ser um grande pastor." Vários anos mais tarde, à medida que trabalhava e me dava conta de minhas deficiências como orador, minha sentença passou a ser: "Quero ser um grande comunicador." Por mais de uma década, concentrei-me principalmente em melhorar minhas habilidades de palestrante. Contudo, ao chegar à casa dos trinta anos de idade, dei-me conta de que, se me limitasse a falar, meu impacto seria sempre limitado. Há um número limitado de dias no ano e um número limitado de pessoas que irão a um evento para ouvi-lo falar, mas queria atingir mais pessoas que isso. Foi quando decidi: "Quero ser um grande escritor."

Precisei de três anos para escrever meu primeiro livro, um pequeno volume de apenas 128 páginas. Cada capítulo tem apenas três ou quatro páginas. Certa vez, uma pessoa em uma palestra me cumprimentou, dizendo que me achava muito inteligente por fazer um livro com capítulos tão curtos. Inteligência não tinha nada que ver com aquilo. Simplesmente não tinha muito a dizer! Escrevi muitos livros desde aquela época e sou grato por isso, pois esses livros permitiram que me comunicasse com mais pessoas. Mas, ao chegar aos quarenta anos, meu foco mudou novamente. Foi quando decidi: "Quero ser um grande líder." Queria criar e liderar organizações que pudessem fazer diferença.

Mudança de perspectiva

Descobri que, a cada estágio da minha vida, tinha crescido, e meu mundo se tornara maior. Por conseguinte, minha "sentença de vida" tinha mudado. Ao chegar ao fim da casa dos 50 anos, pensei em todas as definições anteriores que abraçara e me dei conta de que todas elas tinham um denominador comum: agregar

> Minha sentença de vida é esta: quero agregar valor a líderes que multiplicarão valor para outros.

valor aos outros. Esse realmente era o meu desejo. Queria ser pastor, comunicador, escritor e líder eficaz para poder ajudar as pessoas. Agora, aos 60 anos de idade, finalmente defini a sentença de vida que me servirá pelo resto dos meus dias. Quando fizerem meu funeral, espero ter levado uma vida que leve as pessoas a saber por que estive aqui sem que precisem tentar adivinhar qual foi meu legado. Minha sentença de vida é esta: "Quero agregar valor a líderes que multiplicarão valor para outros."

A maioria das pessoas simplesmente aceita sua vida — não a comanda.

Por que é tão importante prestar atenção a sua "sentença de vida"? Porque sua sentença de vida não apenas define o rumo de sua vida, mas também determina o legado que você deixará. Demorei muito para perceber isso. Minha esperança é que você possa aprender essa lição mais rapidamente que eu. O sucesso não tem muita importância se você não deixar nada para trás. A melhor forma de fazer isso é com o legado de liderança.

Desenvolver seu legado de liderança

Se você deseja ter um impacto como líder nas futuras gerações, sugiro que seja muito objetivo em relação ao seu legado. Acredito que todas as pessoas deixam alguma espécie de legado. No caso de algumas, ele é positivo. No de outras, negativo. Mas eis o que sei: temos uma escolha sobre o legado que deixaremos e, portanto, precisamos trabalhar e ser objetivos para deixar o legado que queremos. Eis como fazer isso:

1 — *Saiba o legado que quer deixar*

A maioria das pessoas simplesmente aceita sua vida — não a comanda. Acredito que as pessoas precisam ser pró-ativas em relação a como vivem e acredito que isso é especialmente verdade para os líderes. Grenville Kleiser, em seu livro clássico sobre desenvolvimento pessoal, *Training for Power and Leadership* [*Treinamento para o poder e a liderança*], escreveu:

> Sua vida é como um livro. A folha de rosto é seu nome, o prefácio, sua introdução ao mundo. As páginas são um registro diário de

> seus esforços, julgamentos, prazeres, desencorajamentos e realizações. Dia a dia, seus pensamentos e atos são inscritos em seu livro da vida. Hora a hora, fazemos o registro que ficará para sempre. Assim que a palavra "*finis*" for escrita, que se diga que seu livro é um registro de um propósito nobre, de um serviço generoso e de um trabalho bem feito.

Algum dia, as pessoas resumirão sua vida em uma frase. Meu conselho: escolha-a agora!

2 — *Viva o legado que quer deixar*

Acredito que você, para ter credibilidade como líder, precisa viver aquilo em que diz acreditar. (Abordei isso na lei da base sólida e na lei da imagem). Como meu legado envolve agregar valor por meio do influenciar líderes, concentrei a maior parte da minha atenção nos líderes e me tornei muito objetivo em meus esforços para liderá-los.

> Algum dia as pessoas resumirão sua vida em uma frase. Meu conselho: escolha-a agora!

Acredito que hoje há sete principais áreas de influência na sociedade: religião, economia, governo, família, meios de comunicação, educação e esportes. Nos primeiros anos de minha carreira, tinha influência em apenas uma dessas sete áreas. Sempre me esforço para atingir outras dessas áreas e ganhar credibilidade nelas. Tento fazer isso ao construir pontes, ao relacionar-me com as pessoas na esfera emocional e ao buscar dar mais do que recebo.

Se você quer construir um legado, primeiro precisa vivê-lo. Precisa se tornar aquilo que deseja ver nos outros.

3 — *Escolha quem levará a frente seu legado*

Não sei o que você deseja realizar na vida, mas posso dizer uma coisa: o legado vive nas pessoas, não nas coisas. Max Depree, autor de *Leadership Is an Art* [*A liderança é uma arte*], declarou: "A sucessão é uma das principais responsabilidades da liderança."

Mas a lei do legado é algo que poucos líderes parecem colocar em prática. Os líderes, com demasiada freqüência, colocam sua energia em organizações, prédios, sistemas ou outros objetos inanimados. Mas só as pessoas vivem depois que partimos. Todo o resto é temporário.

Muitas vezes, há uma progressão natural em como os líderes se desenvolvem na área do legado, partindo do desejo de realizar:

- A realização se dá quando eles fazem grandes coisas por conta própria.
- O sucesso se dá quando eles fortalecem os seguidores para que façam grandes coisas por eles.
- O sentido se dá quando eles desenvolvem líderes para que façam grandes coisas com eles.
- O legado se dá quando eles colocam líderes em posição de fazer grandes coisas sem eles.

É como diz meu amigo Chris Musgrove: "Não se mede o sucesso com o para onde você está partindo, mas com o que deixa para trás."

Truett Cathy, fundador da rede de restaurantes Chick-fil-A, diz: "Alguém me disse: 'Truett, o comportamento de seus netos é que determina se você é um bom camarada.' Respondi-lhe: 'Não me diga isso. Achei que tinha me saído bastante bem com meus três filhos; agora vou ter de esperar para ver como meus doze netos se saem.'"[1]

> Cria-se um legado quando alguém coloca sua organização na posição em que pode fazer grandes coisas sem ele.

Por que alguém diria que você precisa observar os netos de alguém? Porque é um bom indicador de como as pessoas nas quais você escolheu investir seu legado seguem adiante sem você. Por isso você precisa escolher sabiamente.

4 — *Esteja certo de passar o bastão*

Tom Mullins, excelente líder e ex-técnico que integra a diretoria da EQUIP, diz que a parte mais importante de uma corrida de revezamento é a área chamada de *zona de passagem*. É onde os corredores devem passar o bastão para seus colegas. Você pode ter os melhores corredores do mundo — todos recordistas —, mas se eles prejudicarem a passagem, perdem a corrida. O mesmo é verdade no que diz respeito à lei do legado. Não importa quão bem você lidere ou quão bom seja seu sucessor, se você não se preocupar em passar o bastão, não deixará o legado que deseja.

Tom sabe disso tão bem que, nos últimos anos, só trabalha em seu plano de sucessão. Ele começou a preparar seu filho Todd, também um excelente líder, para receber o bastão e liderar em seu lugar. Com o passar do tempo, Todd assumiu cada vez mais responsabilidades. Tom me diz que sua maior alegria é ver Todd e os outros líderes se apresentarem e darem conta do trabalho de liderança ainda melhor que ele.

> Nós, pelo menos, começamos a descobrir o sentido da vida humana quando plantamos árvores frondosas debaixo das quais sabemos muito bem que nunca nos sentaremos.
>
> Elton Trueblood

Praticamente, qualquer um pode fazer uma organização parecer boa por algum tempo — lançando algum novo programa ou produto reluzente, levando multidões a um grande acontecimento ou reduzindo drasticamente o orçamento para melhorar os resultados, mas líderes que deixam um legado têm uma estratégia diferente. Eles pensam a longo prazo. Elton Trueblood, escritor, educador e teólogo, escreveu: "Nós, pelo menos, começamos a descobrir o sentido da vida humana quando plantamos árvores frondosas debaixo das quais sabemos muito bem que nunca nos sentaremos." Os melhores líderes lideram hoje tendo em mente o amanhã e procuram certificar-se de que investem em líderes que levarão à frente seu legado. Por quê? Por que o valor duradouro de um líder é medido pela sua sucessão. Essa é a lei do legado.

Um legado de sucessão

No outono de 1997, em uma viagem à Índia com alguns colegas, decidimos visitar o quartel-general de uma grande líder do século XX: Madre Teresa. Seu quartel-general, que as pessoas da região chamam de Casa da

Madre, é um prédio de blocos de concreto localizado em Kolkata. De pé, em frente à porta, pensei que ninguém, à primeira vista, diria que aquele lugar modesto era a base de uma líder tão eficaz.

Nós passamos por um saguão e chegamos a um pátio central aberto. Nossa intenção era visitar o túmulo de Madre Teresa, localizado na sala de jantar do prédio. Mas, quando chegamos lá, descobrimos que a sala estava sendo usada, então não poderíamos entrar até que a cerimônia terminasse.

Podíamos ver um grupo com cerca de quarenta a cinqüenta freiras sentadas, todas vestindo o conhecido hábito que Madre Teresa usava. "O que está acontecendo ali?" perguntei a uma freira que passava. Ela sorriu. "Hoje estamos recebendo 45 novos membros na ordem", respondeu ela antes de seguir apressadamente para outra parte do prédio.

Como já estávamos atrasados e tínhamos de pegar o avião, não podíamos ficar. Demos uma olhada ao redor e saímos. Enquanto deixava o lugar, ao passar por uma aléia em meio à multidão de pessoas, pensei que Madre Teresa teria ficado orgulhosa. Ela tinha partido, mas seu legado resistia. Ela causara impacto no mundo e desenvolvera líderes que levavam à frente sua visão. E as aparências eram de que seus seguidores continuariam a influenciar pessoas nas gerações seguintes. A vida de Madre Teresa é um exemplo vívido da lei do legado.

Poucos líderes passam o bastão

No ano passado, estava assistindo à cerimônia de entrega do Oscar na televisão, e algo me chocou. Um dos blocos do programa mostrou rápidas imagens das pessoas da indústria cinematográfica que tinham morrido no ano anterior — de roteiristas e diretores a atores e técnicos. Muitas imagens eram recebidas com aplausos educados, enquanto algumas recebiam enormes ovações. Sem dúvida, aqueles indivíduos estavam no topo de sua profissão. Alguns, talvez, fossem os melhores que já tinham existido em sua área de atuação. Mas, após poucos segundos na tela e alguns aplausos, eram esquecidos. Na platéia, todos estavam concentrados nos indicados ao Oscar daquele ano. A vida é passageira.

No final das contas, sua capacidade como líder não será julgada pelo que você conseguiu pessoalmente. Você pode fazer um filme de sucesso estrondoso, mas ele será esquecido em algumas gerações. Pode escrever um romance ganhador do Prêmio Pulitzer, mas ele será esquecido em alguns séculos. Pode criar uma obra-prima de arte, mas, em um ou dois milênios, ninguém se lembrará de que você a criou.

> A vida não tem sentido, a não ser por seu impacto em outras vidas.
> Jackie Robinson

Não, nossa capacidade como líderes não será julgada pelos prédios que construímos, pelas instituições que criamos ou pelas realizações que nossa equipe alcançou, em nossa vida. Você e eu seremos julgados em função de como as pessoas nas quais investimos se sairão depois que partirmos. Como observou o astro do beisebol Jackie Robinson: "A vida não tem sentido, a não ser por seu impacto em outras vidas."

No final, seremos julgados de acordo com a lei do legado. O valor duradouro de um líder é medido por sua sucessão. Que você e eu vivamos segundo esse padrão.

APLICAR A LEI DO LEGADO À SUA VIDA

1 — Qual você quer que seja seu legado? Se você é novo na jornada da liderança, não espero que já tenha a resposta definitiva a essa pergunta. No entanto, ainda acho que é importante você levar em conta qual é o sentido que você quer para sua vida.

Pense um pouco sobre o quadro geral de por que você lidera. Não será um processo rápido. A idéia de legado está intimamente conectada à noção que a pessoa tem do propósito da vida. Por que você está aqui? Que dons e habilidades você tem que dizem respeito ao seu mais alto potencial como ser humano? Que oportunidades únicas você tem com base em suas circunstâncias pessoais e no que está acontecendo no mundo ao seu redor? Sobre quem você pode conseguir causar impacto e o que você pode ser capaz de realizar como líder em sua vida?

2 — Com base nas idéias que você desenvolveu em relação ao legado que quer deixar, o que você precisa mudar na forma como age de modo a viver esse legado? Coloque no papel. Sua lista deve incluir mudanças comportamentais, desenvolvimento de caráter, educação, métodos de trabalho, estilo de estruturação de relacionamentos e assim por diante. Você será capaz de criar o legado que quer deixar apenas ao modificar seu modo de vida.

3 — Em quem você investirá para levar adiante seu legado? Idealmente, você deve escolher pessoas com potencial maior que o seu, e que consigam se "erguer em seus ombros" e fazer mais que você fez. Comece a investir nelas hoje.

Conclusão

Em liderança, tudo ascende e cai

Bem, aí estão elas — as 21 *Leis Irrefutáveis da Liderança*. Aprenda-as, guarde-as no coração e aplique-as à sua vida. Se você as seguir, as pessoas o seguirão. Ensino liderança há mais de trinta anos e, em todo esse tempo, disse às pessoas que treinei algo que direi a você agora: em liderança, tudo ascende e cai. Algumas pessoas não acreditam quando digo isso, mas é verdade. Quanto mais você tentar fazer na vida, mais descobrirá que liderança faz diferença. Qualquer empreitada que você iniciar que envolva pessoas dará certo, ou não, dependendo da liderança. À medida que você trabalha para construir sua organização, lembre-se do seguinte:

- As pessoas determinam o potencial da organização.
- Os relacionamentos determinam o moral da organização.
- A estrutura determina o tamanho da organização.
- A visão determina o rumo da organização.
- A liderança determina o sucesso da organização.

Agora que você conhece as leis e as compreende, partilhe-as com sua equipe. E reserve um tempo para se avaliar em relação a cada uma das leis usando as ferramentas de avaliação das próximas páginas. Como disse no começo deste livro, ninguém é bom em todas as leis. Por isso você precisa montar uma equipe.

Desejo a você grande sucesso na liderança. Persiga seus sonhos. Lute por excelência. Torne-se a pessoa que você foi criado para ser. E realize tudo para o que você foi criado. A liderança o ajudará a fazer isso. Aprenda a liderar — e não apenas para si mesmo, mas para as pessoas que o seguem. E, à medida que for atingindo patamares mais altos, não se esqueça de levar com você outros para serem os líderes de amanhã.

Apêndice A

Avaliação das 21 leis da liderança

Leia cada afirmação abaixo e atribua a si mesmo uma nota em cada uma, de acordo com a seguinte escala:

0 Nunca
1 Raramente
2 Ocasionalmente
3 Sempre

1. A lei do limite
A capacidade de liderança determina o grau de eficácia da pessoa
a) Ao enfrentar um desafio, a primeira coisa em que penso é: *Quem posso conseguir para me ajudar?*, e não: *O que posso fazer?*
b) Quando minha equipe, meu departamento ou minha organização não consegue atingir um objetivo, minha primeira suposição é que há alguma questão de liderança.
c) Acredito que, ao desenvolver minhas habilidades de liderança, aumentarei minha eficácia dramaticamente.
Total:

2. A lei da influência
A verdadeira medida da liderança é a influência — nada mais, nada menos
a) Confio mais na influência que em minha posição ou título para que os outros me sigam ou façam o que quero.

b) Durante reuniões e sessões de *brainstorming* — também conhecido como "tempestade cerebral" ou "tempestade de idéias" —, as pessoas se voltam para mim e pedem meus conselhos.
c) Para que as coisas sejam realizadas, confio em meus relacionamentos com os outros mais que em sistemas e procedimentos organizacionais.
Total:

3. A lei do processo

A Liderança se desenvolve diariamente, não em um dia.

a) Tenho um plano de crescimento pessoal concreto e específico que cumpro semanalmente.
b) Encontrei especialistas e mentores para áreas fundamentais da minha vida com os quais me encontro regularmente.
c) Para crescer profissionalmente, há pelo menos três anos, leio pelo menos seis livros (ou faço, pelo menos, um curso importante ou ouço doze ou mais aulas gravadas) por ano.
Total:

4. A lei da navegação

Qualquer um pode conduzir o navio, mas é preciso um líder para estabelecer o rumo

a) Identifico problemas, obstáculos e tendências que terão impacto no resultado das iniciativas que a organização toma.
b) Vejo claramente um caminho para a implementação de uma visão, incluindo não apenas os processos, mas também as pessoas e os recursos necessários.
c) Sou chamado a planejar iniciativas para o departamento ou a organização.
Total:

5. A lei da adição

Líderes agregam valor ao servir aos outros

a) Em vez de me aborrecer quando membros da equipe têm problemas que os impedem de cumprir suas funções de forma eficiente, considero os problemas uma oportunidade de servir e ajudar a essas pessoas.
b) Busco formas de tornar as coisas melhores para as pessoas que lidero.

c) Tenho grande satisfação pessoal ao ajudar as pessoas a serem mais bem-sucedidas.
Total:

6. A lei da base sólida
Confiança é o fundamento da liderança
a) As pessoas que lidero confiam em mim em relação a questões sensíveis.
b) Quando digo a alguém na organização que farei algo, ele pode confiar que irei até o fim.
c) Evito minar os outros ou falar deles pelas costas.
Total:

7. A lei do respeito
As pessoas, naturalmente, seguem líderes mais fortes que elas
a) As pessoas são naturalmente atraídas por mim e costumam querer fazer coisas comigo apenas para passar tempo comigo.
b) Preocupo-me em demonstrar respeito e lealdade às pessoas que lidero.
c) Tomo decisões corajosas e assumo riscos pessoais que podem beneficiar meus seguidores mesmo que não me beneficiem.
Total:

8. A lei da intuição
Líderes avaliam tudo em função da liderança
a) Consigo facilmente avaliar o moral das pessoas, em uma sala cheia de pessoas, em uma equipe ou organização.
b) Costumo dar o passo certo como líder mesmo que não saiba explicar a razão para isso.
c) Consigo identificar situações e sentir tendências sem ter reunido provas concretas.
Total:

9. A lei do magnetismo
Você é quem você atrai
a) Estou satisfeito com a qualidade das pessoas que se reportam a mim.
b) Espero que as pessoas que atraio sejam semelhantes a mim em valores, habilidades e capacidade de liderança.

c) Reconheço que meu crescimento pessoal influencia a qualidade dos que recruto mais que qualquer método que utilize em minha equipe.
Total:

10. A lei da conexão
Líderes tocam o coração antes de pedir uma mãozinha
a) Quando sou novo em uma posição de liderança, uma das primeiras coisas que tento fazer é estabelecer uma ligação pessoal com os indivíduos envolvidos.
b) Conheço as histórias, as esperanças e os sonhos das pessoas que lidero.
c) Evito pedir às pessoas que ajudem a concretizar a visão até termos estabelecido uma relação que vai além das questões profissionais.
Total:

11. A lei do círculo íntimo
O potencial de um líder é determinado por aqueles mais próximos dele
a) Sou estratégico e altamente seletivo no que diz respeito às pessoas mais próximas a mim, tanto no aspecto pessoal como no profissional.
b) Normalmente, confio em pessoas fundamentais, ao meu lado, para me ajudar a atingir minhas metas.
c) Acredito que 50% ou mais do crédito por qualquer realização pertence às pessoas de minha equipe.
Total:

12. A lei do fortalecimento
Só líderes seguros dão poder aos outros
a) Apoio a mudança facilmente e demonstro insatisfação com o *status quo*.
b) Acredito que minha posição é segura independentemente de quão talentosas sejam as pessoas que trabalham para mim.
c) Tenho o hábito de dar às pessoas que lidero a autoridade de tomar decisões e correr riscos.
Total:

13. A LEI DA IMAGEM

As pessoas fazem o que elas vêem

a) Se vejo uma qualidade ou um ato desagradável nos membros da minha equipe, procuro essas falhas em mim antes de falar com eles.
b) Sempre trabalho para tentar tornar meus atos e minhas palavras mais coerentes.
c) Faço o que devo e não o que quero porque tenho consciência de que sou um exemplo para os outros.
Total:

14. A LEI DA AQUISIÇÃO

As pessoas compram o líder, depois a visão

a) Reconheço que a falta de credibilidade pode ser tão prejudicial a uma organização quanto a falta de visão.
b) Espero até que a maioria das pessoas da equipe tenha confiança em mim antes de pedir a elas um compromisso com a visão.
c) Mesmo quando minhas idéias não são muito boas, meu pessoal tende a me apoiar.
Total:

15. A LEI DA VITÓRIA

Líderes descobrem uma forma de a equipe vencer

a) Quando lidero uma equipe, sinto-me inteiramente responsável por ela atingir suas metas.
b) Se os membros da minha equipe não estão unidos em seus esforços para tornar a visão real, ajo para que eles entrem em sintonia.
c) Faço sacrifícios pessoais para ajudar a garantir a vitória para minha equipe, meu departamento ou minha organização.
Total:

16. A LEI DO GRANDE IMPULSO

O impulso é o melhor amigo de um líder

a) Sou entusiasmado e tenho uma postura positiva todos os dias pelo bem dos membros da minha equipe.
b) Sempre que tomo uma grande decisão de liderança, penso em como essa decisão afetará o impulso de minha equipe, de meu departamento ou de minha organização.

c) Dou passos específicos com o objetivo de gerar impulso ao introduzir algo novo ou polêmico.

Total:

17. A lei das prioridades

Os líderes entendem que movimentação não é necessariamente realização

a) Evito tarefas que não sejam exigência de minha liderança, não tenham retorno palpável ou não me recompensem pessoalmente.

b) Separo um tempo todo dia, todo mês e todo ano para planejar minha agenda futura e minhas atividades em função de minhas prioridades.

c) Delego tarefas nas quais um membro da equipe possa ser pelo menos 80% tão eficiente quanto eu seria.

Total:

18. A lei do sacrifício

Um líder precisa abrir mão para progredir

a) Sei que trocas são uma parte natural do crescimento de liderança e farei sacrifícios para me tornar um líder melhor desde que elas não violem meus valores.

b) Espero doar mais que meus seguidores para concretizar a visão.

c) Abrirei mão de meus direitos de modo a atingir meu potencial como líder.

Total:

19. A lei do momento

Quando liderar é tão importante quanto o que fazer e para onde ir

a) Esforço-me tanto para descobrir o momento certo de uma iniciativa quanto para definir a estratégia.

b) Inicio algo usando uma estratégia não tão ideal porque sei que o momento é o certo.

c) Consigo sentir se as pessoas estão preparadas para uma idéia ou não.

Total:

20. A LEI DO CRESCIMENTO EXPLOSIVO

Para aumentar o crescimento, lidere os seguidores; para multiplicar, lidere os líderes

a) Acredito que posso fazer minha organização crescer mais rapidamente desenvolvendo líderes que me valendo de qualquer outro método.

b) Gasto muito tempo toda semana investindo no desenvolvimento dos meus líderes que estão entre os 20% melhores.

c) Prefiro ver líderes que desenvolvo terem sucesso por conta própria do que mantê-los comigo para que eu continue a ser seu mentor.

Total:

21. A LEI DO LEGADO

O valor duradouro de um líder é medido pela sua sucessão

a) Tenho uma forte noção de por que faço o que faço e de por que lidero.

b) Em cada posição que ocupei, identifiquei as pessoas que fariam o trabalho depois de mim e investi nelas.

c) Uma de minhas maiores motivações é deixar a equipe que lidero melhor do que quando a encontrei.

Total:

Agora que você concluiu a avaliação, estude cada lei e identifique suas forças e suas fraquezas. Para isso, use o seguinte guia:

8-9 — Essa lei é seu ponto forte. Use ao máximo essa habilidade e oriente os outros nessa área.

5-7 — Escolha essa área para melhorar. Você tem potencial para transformá-la em um ponto forte.

0-4 — Essa é uma área em que você é fraco. Contrate pessoas com essa força ou se associe a outros nessa área.

APÊNDICE B

Guia das 21 leis para o crescimento

Durante muitos anos, escrevi livros para agregar valor às pessoas. Agora que você e sua equipe já concluíram a avaliação de liderança, o encorajo a usar os seguintes recursos que escrevi para que você possa liderar a si mesmo e aos outros mais eficientemente.

1. A LEI DO LIMITE
A capacidade de liderança determina o grau de eficácia da pessoa
The 21 Indispensable Qualities of a Leader
The Right to Lead
O líder 360° —Valor n.° 2: Os líderes são necessários em todos os níveis da organização
O líder 360° —Valor n.° 4: Bons líderes no escalão médio se tornam líderes melhores no topo

2. A LEI DA INFLUÊNCIA
A verdadeira medida da liderança é a influência — nada mais, nada menos
Developing the Leader Within You — Capítulo 1: The Definition of Leadership: Influence
O líder 360° — Seção 1: Os mitos de se liderar do escalão médio de uma organização
O líder 360° — Seção 2: Os desafios que líderes 360° enfrentam
Vencendo com as pessoas

3. A lei do processo
A Liderança se desenvolve diariamente, não em um dia
Today Matters
Your Road Map for Success — Capítulo 5: What Should I Pack in My Suitcase?
O líder 360º — Princípio de liderança para cima n.º 9: Seja melhor amanhã do que hoje
Leadership Promises for Every Day
The 21 Most Powerful Minutes in a Leader's Day

4. A lei da navegação
Qualquer um pode conduzir o navio, mas é preciso um líder para estabelecer o rumo
Developing the Leader Within You — Capítulo 5: The Quickest Way to Gain Leadership: Problem-Solving
Thinking for a Change — Habilidade 2: Unleash the Potential of Focused Thinking
Thinking for a Change — Habilidade 4: Recognize the Importance of Realistic Thinking
Thinking for a Change — Habilidade 5: Release the Power of Strategic Thinking
Becoming a Person of Influence — Capítulo 7: Navigates for Other People

5. A lei da adição
Líderes agregam valor ao servir aos outros
Today Matters — Capítulo 12: Today's Generosity Gives Me Significance
Thinking for a Change — Habilidade 10: Experience the Satisfaction of Unselfish Thinking
Becoming a Person of Influence — Capítulo 2: Nurtures Other People
O líder 360º — Princípio de liderança para cima n.º 2: Alivie a carga de seu líder
O líder 360º — Princípio de liderança para cima n.º 3: Esteja disposto a fazer o que os outros não se dispõem a fazer
O líder 360º — Princípio de liderança para os lados n.º 3: Seja um amigo
O líder 360º — Princípio de liderança para os lados n.º 6: Deixe que a melhor idéia prevaleça

Your Road Map for Success — Capítulo 8: Is It a Family Trip?
Your Road Map for Success — Capítulo 9: Who Else Should I Take with Me?

6. A LEI DA BASE SÓLIDA
Confiança é o fundamento da liderança
Developing the Leader Within You — Capítulo 3: The Most Important Ingredient of Leadership: Integrity
Becoming a Person of Influence — Capítulo 1: Integrity with People
O líder 360° — Princípio de liderança para cima n.° 1: Lidere a si mesmo excepcionalmente bem
Ethics 101

7. A LEI DO RESPEITO
As pessoas, naturalmente, seguem líderes mais fortes que elas
Thinking for a Change — Habilidade 6: Feel the Energy of Possibility Thinking
Your Road Map for Success — Capítulo 4: How Do I Get There from Here?
Vencendo com as pessoas
O líder 360°

8. A LEI DA INTUIÇÃO
Líderes avaliam tudo em função da liderança
Thinking for a Change — Habilidade 8: Question the Acceptance of Popular Thinking
Thinking for a Change — Habilidade 11: Enjoy the Return of Bottom-Line Thinking
O líder 360°
Leadership Gold (lançamento no Brasil em 2008)

9. A LEI DO MAGNETISMO
Você é quem você atrai
Today Matters — Capítulo 13: Today's Values Give Me Direction
O líder 360° — Princípio de liderança para os lados n.° 4: Evite a política de cargos
Talento não é tudo
The Choice Is Yours

10. A lei da ligação

Líderes tocam o coração antes de pedir uma mãozinha

25 Ways to Win with People

O líder 360º — Princípio de liderança para cima n.º 5: Invista na química relacional

O líder 360º — Princípio de liderança para os lados n.º 1: Entenda, ponha em prática e complete o círculo de liderança

O líder 360º — Princípio de liderança para baixo n.º 1: Walk Slowly Through the Halls

O líder 360º — Princípio de liderança para baixo n.º 2: Veja todos com um "10"

Becoming a Person of Influence — Capítulo 8: Connects with People

Vencendo com as pessoas

11. A lei do círculo íntimo

O potencial de um líder é determinado por aqueles mais próximos dele

The 17 Indisputable Laws of Teamwork

The 17 Essential Qualities of a Team Player

Teamwork Makes the Dream Work

O líder 360º — Princípio de liderança para baixo n.º 4: Ponha as pessoas onde elas tenham pontos fortes

O líder 360º — Princípio de liderança para baixo n.º 7: Recompense os resultados

12. A lei do fortalecimento

Só líderes seguros dão poder aos outros

Failing Forward

O líder 360º — Princípio de liderança para os lados n.º 7: Não finja ser perfeito

Vencendo com as pessoas — A questão da preparação: estamos prontos para relacionamentos?

Becoming a Person of Influence — Capítulo 9: Empowers People

Thinking for a Change — Habilidade 9: Encourage the Participation of Shared Thinking

Your Road Map for Success — Capítulo 6: How Do I Handle the Detours?

Você faz a diferença

13. A lei da imagem
As pessoas fazem o que elas vêem
O líder 360º — Princípio de liderança para baixo n.º 5: Seja exemplo do comportamento que você deseja
Developing the Leader Within You — Capítulo 6: The Extra Plus in Leadership: Attitude
Developing the Leader Within You — Capítulo 9: The Price Tag of Leadership: Self-Discipline
Your Road Map for Success — Capítulo 1: The Journey Is More Fun if You Know Where You're Going
Your Road Map for Success — Capítulo 2: How Far Can I Go?

14. A lei da aquisição
As pessoas compram o líder, depois a visão
Developing the Leader Within You — Capítulo 8: The Indispensable Quality of Leadership: Vision
Your Road Map for Success — Capítulo 3: How Do I Get There from Here?
25 Ways to Win with People
Vencendo com as pessoas

15. A lei da vitória
Líderes descobrem uma forma de a equipe vencer
O líder 360º — Princípio de liderança para cima n.º 8: Torne-se um membro de equipe confiável
Thinking for a Change — Habilidade 1: Acquire the Wisdom of Big-Picture Thinking
Thinking for a Change — Habilidade 3: Discover the Joy of Creative Thinking
Você faz a diferença

16. A lei do grande impulso
O impulso é o melhor amigo de um líder
Developing the Leader Within You — Capítulo 4: The Ultimate Test of Leadership: Creating Positive Change
O líder 360º — Princípio de liderança para cima n.º 4: Faça mais do que gerenciar — lidere!

O líder 360º — Princípio de liderança para cima n.º 8: Torne-se um membro de equipe confiável

17. A lei das prioridades

Os líderes entendem que movimentação não é necessariamente realização

Developing the Leader Within You — Capítulo 2: The Key to Leadership: Priorities

Today Matters — Capítulo 4: Today's Priorities Give Me Focus

Thinking for a Change — Capítulo 5: Unleash the Potential of Focused Thinking

O líder 360º — Princípio de liderança para cima n.º 1: Lidere a si mesmo excepcionalmente bem

18. A lei do sacrifício

Um líder precisa abrir mão para progredir

Developing the Leader Within You — Capítulo 3: The Most Important Ingredient of Leadership: Integrity

Your Road Map for Success — Capítulo 7: Are We There Yet?

Today Matters — Capítulo 8: Today's Commitment Gives Me Tenacity

Ethics 101 — Capítulo 5: Five Factors That Can "Tarnish" the Golden Rule

19. A lei do momento

Quando liderar é tão importante quanto o que fazer e para onde ir

O líder 360º — Princípio de liderança para cima n.º 6: Esteja preparado toda vez que usar o tempo de seu líder

O líder 360º — Princípio de liderança para cima n.º 7: Saiba quando avançar e quando recuar

Thinking for a Change — Capítulo 3: Master the Process of Intentional Thinking

Thinking for a Change — Habilidade 10: Embrace the Lessons of Reflective Thinking

20. A lei do crescimento explosivo

Para aumentar o crescimento, lidere os seguidores; para multiplicar, lidere os líderes

Developing the Leader Within You — Capítulo 10: The Most Important Lesson of Leadership: Staff Development

Developing the Leaders Around You
Your Road Map for Success — Capítulo 10: What Should We Do Along the Way?
Becoming a Person of Influence — Capítulo 10: Reproduces Other Influencers
O líder 360° — Princípio de liderança para baixo n.° 3: Desenvolva cada membro da equipe como pessoa
O líder 360° — Seção especial: Crie um ambiente que traga à tona líderes 360°
O líder 360° — Seção VI: O valor dos líderes 360°

21. A LEI DO LEGADO
O valor duradouro de um líder é medido pela sua sucessão
The Journey from Success to Significance
Becoming a Person of Influence — Capítulo 6: Enlarges People
O líder 360° — Princípio de liderança para baixo n.° 6: Passe a visão
Dare to Dream... Then Do It

NOTAS

1. A LEI DO LIMITE

1. "FAQs," McDonald's Canada, http://www.mcdonalds.ca/en/aboutus/faq.aspx, acessado em 8 de agosto de 2006.

2. A LEI DA INFLUÊNCIA

1. Peggy Noonan, *Time*, 15 de setembro de 1997.
2. Thomas A. Stewart, "Brain Power: Who Owns It... How They Profit from It". *Fortune*, 17 de março de 1997, 105-6.
3. Paul F. Boller Jr., *Presidential Anecdotes* (Nova York: Penguin Books, 1981), 129.

3. A LEI DO PROCESSO

1. Sharon E. Epperson, "Death and the Maven", *Time*, 18 de dezembro de 1995.
2. James K. Glassman, "An Old Lady's Lesson: Patience Usually Pays", *Washington Post*, 17 de dezembro de 1995, H01.
3. "The Champ", *Reader's Digest*, Janeiro de 1972, 109.
4. Milton Meltzer, *Theodore Roosevelt and His America* (Nova York: Franklin Watts, 1994).

4. A lei da navegação

1. *Forbes*.
2. John C. Maxwell, *Thinking for a Change: 11 Ways Highly Successful People Approach Life and Work* (Nova York: Warner Books, 2003), 177-80.
3. Jim Collins, *Good to Great: Why Some Companies Make the Leap... and Others Don't* (Nova York: Harper Business, 2001), 86.

5. A lei da adição

1. Julie Schmit, "Costco Wins Loyalty with Bulky Margins", *USA Today*, 24 de setembro de 2004, http://www.keepmedia.com/pubs/USATODAY/2004/09/24/586747?extID=10032&oliID=213, acessado em 24 de agosto de 2006.
2. Alan B. Goldberg e Bill Ritter, "Costco CEO Finds Pro-Worker Means Profitability", *ABC News*, 2 de agosto de 2006, http://abcnews.go.com/2020/Business/story?id=1362779, acessado em 16 de agosto de 2006.
3. Barbara Mackoff e Gary Wenet, *The Inner Work of Leaders: Leadership as a Habit of Mind* (Nova York: AMACOM, 2001), 5.
4. Steven Greenhouse, "How Costco Became the Anti-Wal-Mart", *New York Times*, 17 de julho de 2005, http://select.nytimes.com/search/restricted/article, acessado em 22 de agosto de 2006.
5. Goldberg e Ritter, "Costco CEO Finds Pro-Worker Means Profitability".
6. Greenhouse, "How Costco Became the Anti-Wal-Mart".
7. Mateus 25:31-40
8. Dan Cathy, Exchange [conferência], 2 de novembro de 2005.

6. A lei da base sólida

1. Robert Shaw, "Tough Trust", *Leader to Leader*, inverno de 1997, 46-54.
2. Russell Duncan, *Blue-Eyed Child of Fortune* (Athens: University of Georgia Press, 1992), 52-54.
3. Robert S. McNamara com Brian VanDeMark, *In Retrospect: The Tragedy and Lessons of Vietnam* (Nova York: Times Books, 1995).

7. A LEI DO RESPEITO

1. M. W. Taylor, *Harriet Tubman* (Nova York: Chelsea House Publishers, 1991).
2. Baseado em estatísticas do Departamento de Trabalho, citadas em "Principal", *Careers By the People*, http://www.careersbythepeople.com/index/do/bio/, acessado em 31 de agosto de 2006.
3. Em 25 de agosto de 2006, http://www.ncaa.org/stats/m_basketball/coaching/d1_500_coaching_records.pdf, acessado em 31 de agosto de 2006.
4. Alexander Wolff, "Tales Out of School", *Sports Illustrated*, 20 de outubro de 1997, 64.
5. Mitchell Krugel, *Jordan: The Man, His Words, His Life* (Nova York: St. Martin's Press, 1994), 39.

8. A LEI DA INTUIÇÃO

1. Cathy Booth, "Steve's Job: Restart Apple", *Time*, 18 de agosto de 1997, 28-34.
2. Leander Kahney, "Inside Look at Birth of the iPod", *Wired*, 21 de julho de 2004, http://www.wired.com/news/culture/0,64286-1.htm, acessado em 1.º de setembro de 2006.
3. Ana Letícia Sigvartsen, "Apple Might Have to Share iPod Profits", *InfoSatellite.com*, 8 de março de 2005, http://www.infosatellite.com/news/2005/03/a080305ipod.html, acessado em 6 de abril de 2006.
4. "iPod Helps Apple Quadruple Profit", *BBC News*, 10 de dezembro de 2005, http://newsvote.bbc.co.uk, acessado em 1.º de setembro de 2006.

10. A LEI DA LIGAÇÃO

1. "Bush Visits 'Ground Zero' in New York", 15 de setembro de 2001, CBC News Canada, http://www.cbc.ca/story/news/?/news/2001/09/14/bushnyc_010914, acessado em 11 de setembro de 2006.
2. Sheryl Gay Stolberg, "Year After Katrina, Bush Still Fights for 9/11 Image", *New York Times*, 28 de agosto de 2006, http://www.nytimes.com/2006/08/28/us/nationalspecial/28bush.html, acessado em 12 de setembro de 2006.

3. H. Norman Schwarzkopf, "Lessons in Leadership", vol. 12, n.º 5.
4. H. Norman Schwarzkopf e Peter Petre, *It Doesn't Take a Hero* (Nova York: Bantam Books, 1992).
5. Kevin e Jackie Freiberg, *Nuts! Southwest Airlines' Crazy Recipe for Business and Personal Success* (Nova York: Broadway Books, 1996), 224.

11. A lei do círculo íntimo

1. Michael Specter, "The Long Ride: How Did Lance Armstrong Manage the Greatest Comeback in Sports History?" *New Yorker*, 15 de julho de 2002, http://www.newyorker.com/printables/fact/020715fa_fact1, acessado em 15 de setembro de 2006.
2. Dan Osipow, "Armstrong: 'I'm More Motivated Than Ever'", *Pro Cycling*, 23 de junho de 2005, http://team.discovery.com/news/062205tourteam_print.html, acessado em 15 de setembro de 2006.
3. "Cycling FAQ: Learn More About Team Discovery", Discovery Channel Pro Cycling Team, http://team.discovery.com/index.html?path=tabs3, acessado em 15 de setembro de 2006.
4. Lawrence Miller, *American Spirit: Visions of a New Corporate Culture* (Nova York: Warner Books, 1985).
5. Warren Bennis, *Organizing Genius: The Secrets of Creative Collaboration.* (Nova York: Perseus Books, 1998).
6. Provérbios 27:17.
7. Judith M. Bardwick, *In Praise of Good Business* (Nova York: John Wiley and Sons, 1988).

12. A lei do fortalecimento

1. Peter Collier e David Horowitz, *The Fords: An American Epic* (Nova York: Summit Books, 1987).
2. Lee Iacocca e William Novak, *Iacocca: An Autobiography* (Nova York: Bantam Books, 1984).
3. Lynne Joy McFarland, Larry E. Senn e John R. Childress, *21st Century Leadership: Dialogues with 100 Top Leaders* (Los Angeles: Leadership Press, 1993), 64.
4. Benjamin P. Thomas, *Abraham Lincoln: A Biography* (Nova York: Modern Library, 1968), 235.

5. Richard Wheeler, *Witness to Gettysburg* (Nova York: Harper and Row, 1987).
6. Donald T. Phillips, *Lincoln on Leadership: Executive Strategies for Tough Times* (Nova York: Warner Books, 1992), 103-4.

13. A LEI DA IMAGEM

1. Stephen E. Ambrose, *Band of Brothers* (Nova York: Simon and Schuster, 2001), 36.
2. Dick Winters com Cole C. Kingseed, *Beyond Band of Brothers: The War Memoirs of Major Dick Winters* (New York: Penguin, 2006), primeira orelha.
3. Ambrose, *Band of Brothers*, 38.
4. Ibid., 95-96.
5. Winters, *Beyond Band of Brothers*, 283.
6. "Historian Stephen E. Ambrose, Author of 'Band of Brothers': The Story of Easy Company", *About.com: U. S. Military*, http://usmilitary.about.com/library/milinfo/bandofbrothers/blbbambrose.htm, acessado em 26 de setembro de 2006.
7. Autor desconhecido, citado em John Wooden com Steve Johnson, *Wooden: A Lifetime of Observations and Reflections On and Off the Court* (Chicago: Contemporary Books, 1997).
8. "Trouble Finding the Perfect Gift for Your Boss — How About a Little Respect?", 14 de outubro de 2003, Ajilon Office, http://www.ajilonoffice.com/articles/af_bossday_101403.asp, acessado em 25 de setembro de 2006.
9. Rudolph W. Guiliani com Ken Kurson, *Leadership* (Nova York: Miramax Books, 2002), 37.
10. Ibid., 209.
11. Ibid., 70.
12. Ibid., xiv.

14. A LEI DA AQUISIÇÃO

1. Otis Port, "Love Among the Digerati", *Business Week*, 25 de agosto de 1997, 102.

15. A LEI DA VITÓRIA

1. James C. Humes, *The Wit and Wisdom of Winston Churchill* (Nova York: Harper Perennial, 1994), 114.

2. Ibid., 117.
3. Arthur Schlesinger Jr., "Franklin Delano Roosevelt", *Time*, 13 de abril de 1998.
4. Andre Brink, "Nelson Mandela", *Time*, 13 de abril de 1998.
5. Mitchell Krugel, *Jordan: The Man, His Words, His Life* (Nova York: St. Martin's Press, 1994), 41.
6. "Southwest Airlines Fact Sheet," http://www.southwest.com/about_swa/press/factsheet.html#Fun%20Facts, acessado em 19 de outubro de 2006.
7. Freiberg, *Nuts! Southwest Airlines' Crazy Recipe for Business and Personal Success.*
8. "Southwest Airlines Fact Sheet."
9. O lucro dos acionistas e o patrimônio total são de 2005, os últimos disponíveis. *Southwest Airlines Annual Report* 2005, http://www.southwest.com/investor_relations/swaar05.pdf, acessado em 20 de outubro de 2006.
10. Freiberg, *Nuts! Southwest Airlines' Crazy Recipe for Business and Personal Success.*

16. A lei do grande impulso

1. "Regus London Film Festival Interviews 2001: John Lasseter", *Guardian Unlimited*, 19 de novembro de 2001, http://film.guardian.co.uk/lff2001/news/0,,604666,00.html, acessado em 25 de outubro de 2006.
2. Catherine Crane, Will Johnson e Kitty Neumark, "Pixar 1996" (estudo de caso), University of Michigan Business School, http://www.personal.umich.edu/~afuah/cases/case14.html, acessado em 27 de outubro de 2006.
3. Brent Schlender, "Pixar's Magic Man", *Fortune*, 17 de maio de 2006, CNNMoney.com, http://cnnmoney.printthis.clickability.com, acessado em 24 de outubro de 2006.
4. Michael P. McHugh, "An Interview with Edwin Catmull", *Networker*, setembro/outubro de 1997, http://was.usc.edu/isd/publications/archives/networker/97-98/Sep_Oct_97, acessado em 26 de outubro de 2006.
5. Crane, Johnson e Neumark, "Pixar 1996".

6. "Pixar History: 1995", http://www.pixar.com/companyinfo/history/1995.html, acessado em 30 de outubro de 2006.
7. Austin Bunn, "Welcome to Planet Pixar", *Wired*, http://www.wired.com/wired/archive/12.06/pixar_pr.html, acessado em 25 de outubro de 2006.
8. "All-Time Worldwide Boxoffice", IMDb, http://www.imdb.com/boxoffice/alltimegross?region=world-wide, acessado em 30 de outubro de 2006. Número de 23 de outubro de 2006.
9. Claudia Eller, "Disney's Low-Key Superhero", *Los Angeles Times*, 12 de junho de 2006, http://pqasb.pqarchiver.com/latimes/access/1057182661.html?dids=1057182661:1057182661&FMTS=ABS:FT&type=current&date=Jun+12%2C+2006&author=Claudia+Eller&pub=Los+Angeles+Times&desc=The+Nation, acessado em 26 de outubro de 2006.
10. Jay Mathews, *Escalante: The Best Teacher in America* (Nova York: Henry Holt, 1988).

17. A LEI DAS PRIORIDADES

1. Janet C. Lowe, *Jack Welch Speaks: Wisdom from the World's Greatest Business Leader* (Nova York: John Wiley and Sons, 1998), 110.
2. John Wooden e Jack Tobin, *They Call Me Coach* (Chicago: Contemporary Books, 1988).

18. A LEI DO SACRIFÍCIO

1. "Montgomery Improvement Association", King Encyclopedia, http://www.stanford.edu/grupo/King/about_king/encyclopedia/MIA.html, acessado em 8 de novembro de 2006.
2. "Chronology of Dr. Martin Luther King, Jr.", The King Center, http://www.thekingcenter.org/mlk/chronology.html, acessado em 8 de novembro de 2006.
3. David Wallechinsky, *The Twentieth Century* (Boston: Little, Brown, 1995), 155.
4. Hillary Margolis, "A Whole New Set of Glitches for Digital's Robert Palmer", *Fortune*, 19 de agosto de 1996, 193-94.
5. Antonia Felix, *Condi: The Condoleezza Rice Story* (Nova York: Newmarket Press, 2005), 48.

6. Ibid., 34.
7. Ibid., 67.
8. Ibid., 72.
9. Ibid., 127.
10. Ibid., 152-53.

19. A lei do momento

1. David Oshinsky, "Hell and High Water", *New York Times*, 9 de julho de 2006, http://www.nytimes.com/2006/07/09/livros/review/09oshi.html?ei=5088&en=4676642ee3fc7078&ex=1310097600&adxnnl=1&partner=rssnyt&emc=rss&adxnnlx=1162847220-jiF-f9bMhfwwKfuiWDA/Nrg, acessado em 6 de novembro de 2006.
2. "New Orleans Mayor, Louisiana Governor Hold Press Conference" (transcrição), CNN, transmitido em 28 de agosto de 2005, 10h, hora do Leste, http://transcripts.cnn.com/TRANSCRIPTS/0508/28/bn.04.html, acessado em 6 de novembro de 2006.
3. Jonathan S. Landay, Alison Young e Shannon McCaffrey, "Chertoff Delayed Federal Response, Memo Shows", *McClatchy Washington Bureau*, 13 de setembro de 2005, http://www.realcities.com/mld/krwashington/12637172.htm, acessado em 2 de novembro de 2006.
4. "Red Cross: State Rebuffed Relief Efforts: Aid Organization Never Got into New Orleans, Officials say", CNN, 9 de setembro de 2005, http://www.cnn.com/2005/US/09/08/katrina.redcross/index.html, acessado em 2 de novembro de 2006.
5. Madeline Vann, "Search and Rescue", *Tulanian*, verão de 2006, http://www2.tulane.edu/article_news_details.cfm?ArticleID=6752, acessado em 7 de novembro de 2006.
6. Answers.com. "Hurricane Katrina", http://www.answers.com/topic/hurricane-katrina, acessado em 7 de novembro de 2006.
7. Coleman Warner e Robert Travis Scott, "Where They Died", *Times-Picayune*, 23 de outubro de 2005, http://pqasb.pqarchiver.com/timespicayune/access/915268571.html?dids=915268571:915268571&FMT=ABS&FMTS=ABS:FT&date=Oct+23%2C+2005&author=Coleman+Warner+and+Robert+Travis+Scott+Staff+writers&pub=Times+-+Picayune&edition=&startpage=01&desc=WHERE+THEY+DIED+,

acessado em 7 de novembro de 2006.

8. Douglas Southall Freeman, *Lee: An Abridgement in One Volume* (Nova York: Charles Scribner's Sons, 1961), 319.
9. Samuel P. Bates, *The Battle of Gettysburg* (Filadélfia: T. H. Davis and Company, 1875), 198-99.
10. Ibid.
11. Richard Wheeler, *Witness to Gettysburg* (Nova York: Harper and Row, 1987).

21. A lei do legado

1. Greenville Kleiser, *Training for Power and Leadership* (Garden City, New York: Garden City Publishing, 1927).
2. Sessão de perguntas e respostas com Truett Cathy e Dan Cathy, Exchange [conferência], 2 de novembro de 2005.

UM EXCERTO DE *LEADERSHIP GOLD*[1]

INTRODUÇÃO

Em busca do ouro

Confesso que, há quase uma década, queria escrever este livro. De certa forma, trabalhei nele a maior parte da minha vida. Mas prometi que não sentaria para escrevê-lo antes dos 60 anos de idade. Atingi esse marco em fevereiro de 2007, então comecei a escrever.

Tive uma jornada marcante e recompensadora como líder. Em 1964, aos 17 anos de idade, comecei a ler e a anotar reflexões sobre o tema da liderança, porque sabia que liderar seria uma parte importante da minha carreira. Aos 22 anos, ocupei meu primeiro cargo de liderança. Em 1976, convenci-me de que tudo ascende e cai em função da liderança. Essa crença foi acompanhada pelo desejo apaixonado de ser, por toda a vida, estudioso e professor desse tema fundamental.

Aprender a liderar de forma eficiente é um grande desafio. Ensinar os outros a liderar de forma eficaz é um desafio ainda maior. No final da década de 1970, devotei-me a treinar e a formar líderes potenciais. Para minha satisfação, descobri que é possível desenvolver líderes. Isso acabou por me levar a escrever meu primeiro livro sobre liderança, intitulado *Developing the leader within you* [*Desenvolver o líder existente em você*], em 1992. Desde essa época, escrevi muitos outros livros. Por mais de trinta anos, o trabalho da minha vida resumiu-se a liderar e a ensinar liderança.

---

[1] Ainda sem título em português. Lançamento em 2008.

Agregar valor à sua liderança

Este livro é fruto de anos de experiência em um ambiente de liderança e de aprendizado por tentativas e erros para saber o real sentido de ser líder. As lições que aprendi são pessoais e, com freqüência, simples, mas podem ter um impacto profundo. Passei toda minha vida garimpando-as. Acredito que cada capítulo é uma pepita de ouro. Nas mãos da pessoa certa, elas podem agregar enorme valor à liderança. Ao ler os capítulos, por favor entenda que...

1. *Eu ainda estou aprendendo sobre liderança.* Ainda não terminei meu aprendizado, e este livro não é minha resposta definitiva sobre o tema da liderança. Algumas semanas após este livro ser lançado, haverá novas idéias que gostaria de poder incluir. Por quê? Porque eu continuo a crescer e a aprender. Espero continuar a crescer até o dia de minha morte. Espero continuar a encontrar as pepitas que quero compartilhar com os outros.

2. *Muitas pessoas contribuíram com o ouro da liderança neste livro.* Um dos capítulos é intitulado "Poucos líderes fazem sucesso a não ser que muitas pessoas queiram". Isso certamente foi verdade no meu caso. Costuma-se dizer que a pessoa sábia aprende com seus erros. Uma ainda mais sábia aprende com os erros dos outros. No entanto, a mais sábia de todas aprende com os sucessos dos outros. Hoje, ergo-me sobre os ombros de muitos líderes que agregaram muito valor à minha vida. Amanhã, espero que *você* possa se erguer sobre os *meus* ombros.

3. *O que eu ensino pode ser aprendido por quase todos.* O filósofo grego Platão disse: "A maior parte da instrução refere-se a ser lembrado das coisas que você já sabe". Esse é o melhor aprendizado. Como escritor e professor, o que tento fazer é ajudar as pessoas a realmente compreender, de uma forma nova e clara, algo que elas sentiam intuitivamente há muito tempo. Eu tento criar "momentos de heureca".

Embora tenha levado toda a minha vida em liderança com a visão voltada para o futuro, comecei a compreendê-la melhor ao olhar em retrospectiva. Hoje, aos 60 anos, quero partilhar com você as lições mais importantes que aprendi como líder. Este livro é uma tentativa de pegar todo o ouro da liderança que garimpei em um doloroso processo de tentativas e erros e colocá-lo na "prateleira mais baixa", de modo que líderes inexperientes ou experientes possam ter acesso a ele. Você não precisa ser um especialista para entender o que ensino, e não precisa ser um presidente de empresa para aplicar esses princípios. Não quero que a pessoa que leia meus livros seja como Charlie Brown, que admirava o castelo de areia que fizera na praia e que depois seria destruído pela maré alta. Olhando para o terreno liso onde antes estivera sua obra de arte, ele diz: "Deve haver uma lição nisso, mas eu não sei qual é". Meu objetivo não é impressioná-lo. É ser um amigo que o ajuda.

4. *Muito do ouro da liderança que partilho é resultado de erros de liderança que cometi.* Algumas das coisas que aprendi foram muito dolorosas na época. Eu ainda posso sentir a pontada ao transmiti-las a você. Recordo-me dos muitos erros que cometi. Mas também me sinto encorajado, porque fico contente ao reconhecer que hoje sou mais sábio que era no passado.

O poeta Archibald MacLeish observou: "Só há uma coisa mais dolorosa que aprender com a experiência: não aprender com a experiência". Com demasiada freqüência, vejo pessoas cometerem um erro e, com teimosia, seguirem em frente, apenas para repetirem, por fim, esse mesmo erro. Com grande tenacidade, dizem a si mesmas: "Tente e tente novamente!". Seria muito melhor dizer: "Tente, depois pare, pense, mude e, a seguir, tente novamente".

5. *Sua capacidade de se tornar um líder melhor depende de como você reage.* A leitura de um livro nunca é o bastante para fazer diferença em sua vida. O que tem potencial para torná-lo melhor é sua reação. Por favor, não pegue atalhos com este livro. Trabalhe cada pepita de ouro para transformá-la em algo útil que o ajude a ser um líder melhor. Não seja como o garoto jogando xadrez com o avô, que gritou:

— Ah, não! De novo não! Vô, você sempre ganha!

— O que você quer que eu faça? — perguntou o avô. — Que eu perca de propósito? Você não aprenderá nada se eu fizer isso.

— Eu não quero aprender nada. Eu só quero ganhar! — retruca o garoto.

Querer vencer não é o bastante. Você tem de passar por um processo para melhorar. Isso demanda paciência, perseverança e objetividade. William A. Ward disse: "Acolher uma grande verdade na memória é admirável; acolhê-la na vida é sabedoria."

Sugiro que você faça deste livro um companheiro durante um bom período de tempo, de modo que ele se torne parte de sua vida. O escritor e professor Peter Senge define aprendizado como "um processo que acontece ao longo do tempo e sempre integra o pensamento e a ação". E acrescenta: "O aprendizado é altamente contextual. [...] Acontece no contexto de algo relevante e quando o aprendiz está em ação."

Se você é líder em ascensão, recomendo que passe 26 semanas com o livro — uma semana para cada capítulo. Leia o capítulo e depois use o tempo para seguir as instruções da seção que contém os "exercícios práticos" daquele capítulo. Se você der tempo para que cada lição seja absorvida e depois utilizá-la ao entrar em ação antes de passar para a seguinte, acredito que você, com o passar do tempo, ficará impressionado com as mudanças positivas que ocorrerão em sua liderança.

Se você é líder mais experiente, gaste 52 semanas. Por que mais tempo? Porque depois de ter aplicado cada capítulo você deverá passar uma semana fazendo com que as pessoas que você está formando apliquem esse mesmo capítulo. No final do ano, você não apenas terá crescido, mas também terá ajudado líderes em ascensão em sua organização a atingir o patamar seguinte!

Liderança faz diferença

Por que você deveria ter todo esse trabalho para aprender mais sobre liderança? E por que eu me esforcei tanto para aprender sobre liderança e garimpar pepitas de ouro ao longo de 40 anos? Porque a boa liderança sempre faz diferença! Eu vi o que a boa liderança pode fazer. Eu a vi revolucionar organizações e ter um impacto positivo nas vidas de milhares de indivíduos. A liderança, de fato, não é fácil de aprender, mas que coisa valiosa o é? Tornar-se líder melhor produz dividendos, mas demanda grande esforço.

A liderança exige muito de uma pessoa. É algo exigente e complexo. Eis o que eu quero dizer...

Liderança é a coragem de se arriscar.
Liderança é a paixão por fazer diferença para os outros.
Liderança é estar insatisfeito com a atual realidade.
Liderança é assumir responsabilidades enquanto os outros dão desculpas.
Liderança é ver as possibilidades em uma situação, enquanto os outros vêem limitações.
Liderança é a disposição de se destacar na multidão.
Liderança é mente aberta e coração aberto.
Liderança é a capacidade de esquecer seu ego em função do que é melhor.
Liderança é despertar a capacidade de sonhar nos outros.
Liderança é inspirar os outros dando uma idéia daquilo com que eles podem contribuir.
Liderança é o poder de um transformado em muitos, e o de muitos transformados em um.
Liderança é seu coração falar ao coração dos outros.
Liderança é a integração de coração, mente e alma.
Liderança é a capacidade de se preocupar e, em se preocupando, liberar as idéias, energias e capacidades dos outros.
Liderança é o sonho transformado em realidade.

Se essas idéias sobre liderança aceleram seus batimentos e empolgam seu coração, aprender mais sobre liderança fará diferença para você, e você fará diferença na vida dos outros. Vire a página para que possamos começar.

CAPÍTULO UM

SE VOCÊ ESTIVER SOLITÁRIO NO TOPO, ENTÃO ALGO ESTÁ ERRADO

A geração do meu pai acreditava que os líderes nunca deveriam se aproximar demais das pessoas que lideravam. "Mantenha distância", era uma frase que eu costumava ouvir. Os bons líderes deveriam estar um pouquinho acima e distantes daqueles que eram liderados. Por conseguinte, quando iniciei minha jornada de liderança, assegurei-me de manter alguma distância entre mim e meu pessoal. Tentei estar próximo o bastante para liderá-los, mas distante o suficiente para não ser influenciado por eles.

Esse equilíbrio, de imediato, criou-me muitos problemas íntimos. Honestamente, gostava de estar perto das pessoas que liderava. Ademais, eu sentia que um dos meus pontos fortes era minha capacidade de me ligar às pessoas. Esses dois fatores me levaram a lutar contra a instrução de manter distância que recebera. E, poucos meses após ter aceitado minha primeira posição de liderança, minha esposa Margareth e eu começamos a criar grandes amizades. Gostávamos de nosso trabalho e das pessoas na organização.

Como muitos líderes em início de carreira, eu sabia que não ficaria para sempre naquele primeiro emprego. Fora uma ótima experiência, mas, logo, estava pronto para desafios maiores. Após três anos, pedi demissão para aceitar um cargo em Lancaster, Ohio. Nunca me esquecerei da reação da maioria das pessoas quando souberam que eu estava de partida: "Como você pode fazer isso após tudo o que fizemos juntos?" Muitas pessoas tomaram minha saída como algo pessoal. Percebi que elas ficaram feridas. Aquilo realmente me incomodou. De imediato, as palavras de outros líderes soaram nos meus ouvidos: "Não se aproxime demais do seu pessoal." Ao deixar aquela função para assumir meu cargo de liderança seguinte, prometi a mim mesmo não deixar as pessoas se aproximarem demais de mim.

Dessa vez é pessoal

Em meu segundo cargo, pela primeira vez em minha jornada de liderança pude empregar pessoal para me ajudar. Certo jovem parecia muito promissor, então eu o contratei e comecei a passar minha vida para ele. Logo descobri que formar e desenvolver pessoas eram, ao mesmo tempo, uma força e um prazer.

Aquele membro da equipe e eu fazíamos tudo juntos. Uma das melhores formas de treinar outras pessoas inclui os seguintes passos: permitir que elas o acompanhem e observem o que você faz, dar a elas algum treinamento e, depois, deixar que façam uma tentativa. Era o que fazíamos. Essa foi minha primeira experiência como mentor.

Eu achava que tudo estava ótimo. Até que, certo dia, descobri que ele usara algumas informações sigilosas que partilhara com ele, traindo minha confiança ao comentar esses tópicos com outras pessoas. Isso me magoou não apenas como líder, mas também pessoalmente: senti-me traído. Desnecessário dizer que deixei que ele partisse. E, mais uma vez, as palavras de líderes mais experientes soaram em meus ouvidos: "Não se aproxime demais do seu pessoal."

Dessa vez, aprendi minha lição. E, mais uma vez, decidi manter uma distância entre mim e todos ao meu redor. Contrataria pessoas para fazer seu trabalho. E eu faria meu trabalho. E só nos reuniríamos uma vez por ano, na festa de Natal!

Por seis meses, consegui esse distanciamento profissional. Mas, certo dia, dei-me conta de que manter todos a distância era uma faca de dois gumes. A boa notícia era que se mantivesse as pessoas a distância, ninguém nunca poderia me ferir. A má notícia era que também ninguém poderia me ajudar. Desse modo, aos 25 anos de idade, tomei uma decisão: como líder, "caminharia lentamente pela multidão". Reservaria um tempo para me aproximar das pessoas e para permitir que elas se aproximassem de mim — e correria esse risco. Jurei amar as pessoas antes de tentar liderá-las. Em alguns momentos, essa escolha me deixaria vulnerável. Eu seria magoado. Mas os relacionamentos mais próximos me permitiriam ajudar os outros e ser ajudado por eles. Aquela decisão mudou minha vida e minha liderança.

Solidão não é uma questão funcional, mas uma questão de personalidade.

Solidão não é uma questão de liderança

Hoje, dou-me conta de que a solidão não é uma questão funcional, mas uma questão de personalidade. Estar no topo não determina a solidão. Conheci pessoas solitárias na base, no topo e no meio. Há uma tirinha que mostra um executivo desalentado, sentado atrás de uma mesa enorme. De pé, do outro lado da mesa, humilde, há outro homem de macacão que diz: "Caso sirva de consolo, também é solitário lá em baixo."

Para muitas pessoas, a imagem do líder é a de um indivíduo sozinho no alto de uma montanha, olhando para seu pessoal lá embaixo. Ele está afastado, isolado e solitário. E declara: "É solitário no topo." Mas eu afirmaria que essa frase nunca foi pronunciada por um grande líder. Se você estiver solitário no topo, então algo está errado. Pense nisso. Se você está inteiramente só, isso significa que ninguém o segue. E se ninguém o segue, você realmente não lidera!

Que tipo de líder deixaria todos para trás e faria sozinho a jornada? Um líder egoísta. Levar as pessoas para o topo é o que os bons líderes fazem. Elevar as pessoas a um novo patamar é um requisito para a liderança eficaz. E é difícil fazer isso se você se afasta demais do seu pessoal — porque você não consegue mais identificar suas necessidades, conhecer seus sonhos nem sentir o pulso. Além disso, se as coisas não melhorarem para as pessoas como resultado dos esforços do líder, elas precisam de um líder diferente.

Verdades sobre o topo

Como a questão da liderança sempre foi algo muito pessoal, pensei muito nela ao longo dos anos. Eis aqui algumas coisas que você precisa saber.

Ninguém chega ao topo sozinho

Poucos líderes têm sucesso a não ser que muitas pessoas desejem isso. Nenhum líder tem sucesso sem que algumas pessoas o ajudem. Lamentavelmente, assim que alguns líderes chegam ao topo, gastam seu tempo tentando derrubar outros do topo. Eles brincam de "rei do pedaço" por causa de sua insegurança ou de sua competitividade. Isso pode funcionar durante algum tempo, mas, geralmente, não o tempo todo. Quando seu objetivo é derrubar os outros, você gasta tempo e energia demais para vigiar as pessoas que podem fazer o mesmo com você. Em vez disso, por que não dar uma mãozinha aos outros e convidá-los a se juntar a você?

> Levar as pessoas para o topo é o que os bons líderes fazem.

Chegar ao topo é fundamental para levar os outros ao topo

Há muitas pessoas no mundo dispostas a dar conselhos sobre coisas que nunca experimentaram. São como agentes de viagem ruins. Vendem a você uma passagem cara e declaram: "Espero que goste da viagem." E você nunca mais os vê. Por outro lado, os bons líderes são como guias de viagem. Eles conhecem o território porque já fizeram a viagem antes, e fazem todo o possível para tornar a viagem agradável e um sucesso para todos.

A credibilidade do líder começa com o sucesso pessoal. E termina com a ajuda para que outros atinjam o sucesso pessoal. Para ganhar credibilidade, você precisa demonstrar três coisas de forma consistente:

Iniciativa: você tem de se esforçar para subir.
Sacrifício: você tem de renunciar para subir.
Maturidade: você tem de crescer para subir.

Quando você mostra o caminho, as pessoas querem segui-lo. Quanto mais alto você chega, maior o número de pessoas dispostas a viajar com você.

Levar as pessoas ao topo é mais gratificante que chegar ali sozinho

Há alguns anos, tive o privilégio de falar no mesmo palco que Jim Whittaker, o primeiro norte-americano a escalar o Everest. Durante o almoço, perguntei o que lhe dera mais gratificação como alpinista. A resposta me surpreendeu: "Ajudei mais pessoas a chegar ao topo do monte Everest que qualquer outro. Levar ao topo pessoas que poderiam nunca chegar lá sem minha ajuda é a minha maior realização", respondeu ele.

Evidentemente, essa é uma forma de pensar comum em grandes guias de escalada. Há alguns anos, assisti a uma entrevista com um guia no programa *60 Minutes* [*60 minutos*]. Em uma tentativa de escalar o Everest, algumas pessoas morreram e, depois, o entrevistador perguntou a um guia sobrevivente:

> A credibilidade do líder começa com o sucesso pessoal. E termina com a ajuda para que outros atinjam o sucesso pessoal.

— Os guias teriam morrido caso não estivessem levando outras pessoas com eles até o topo?

— Não, mas o propósito do guia é levar as pessoas ao topo — respondeu ele.

— Por que os alpinistas arriscam sua vida para escalar montanhas? — perguntou o entrevistador.

— É óbvio que você nunca esteve no topo da montanha — retrucou o guia.

Lembro-me de, na época, pensar que os guias de escalada e os líderes têm muito em comum. O propósito da liderança é levar os outros ao topo. E quando você leva ao topo pessoas que, de outra forma, poderiam não conseguir chegar lá, não há melhor sensação no mundo. É impossível explicar para aqueles que nunca tiveram a experiência. Para os que já tiveram, não é necessário.

O general da reserva do exército Norman Schwarzkopf observou: "Você não pode ajudar alguém a subir um morro sem você mesmo se aproximar do topo." A diferença entre um chefe e um líder é que o chefe lhe ordena: "Vá." O líder diz: "Vamos."

NA MAIOR PARTE DO TEMPO, OS LÍDERES NÃO ESTÃO NO TOPO

Os líderes raramente permanecem imóveis. Eles estão sempre em movimento. Algumas vezes, eles descem a montanha para descobrir novos líderes potenciais. Outras vezes, tentam subir com um grupo de pessoas. Os melhores gastam a maior parte de seu tempo ajudando outros líderes e os elevando.

> Você não pode ajudar alguém a subir um morro sem você mesmo se aproximar do topo.
> — Norman Schwarzkopf

Jules Ormond disse: "Um grande líder nunca se coloca acima de seus seguidores, a não ser para assumir as responsabilidades." Bons líderes que permanecem ligados ao seu pessoal se curvam — essa é a única forma de se aproximar dos outros para puxá-los para cima. Se você quer ser o melhor líder possível, não permita que insegurança, petulância ou inveja o impeçam de se aproximar dos outros.

CONSELHO PARA LÍDERES SOLITÁRIOS

Se você descobrir que está longe demais do seu pessoal — por acaso ou por que essa é sua intenção —, precisa mudar. Certamente, há riscos. Você pode ferir os outros ou ser ferido. Mas se você quiser ser o líder mais eficaz possível, não tem outra escolha. Eis como começar:

1 — *Evite pensar em liderança de forma posicional*

A liderança diz respeito tanto às relações quanto às posições. Aquele que aborda a liderança de uma forma relacional nunca fica só. O tempo dedicado a criar relacionamentos produz amizade com os outros. Por outro lado, os líderes posicionais, em geral, são solitários. Sempre que usam seus títulos e suas posições para "persuadir" seu pessoal a fazer algo, criam uma distância entre eles e os outros. Fundamentalmente, declaram: "Estou aqui em cima; vocês, aí embaixo. Então, façam o que eu digo." Isso faz com que as pessoas se sintam pequenas e as afasta, além de erguer uma barreira entre elas e o líder. Bons líderes não diminuem as pessoas — eles as engrandecem.

Todo ano, invisto algum tempo para dar aulas sobre liderança no exterior. A liderança posicional é um estilo de vida em muitos países em desenvolvimento. Seus líderes conquistam e preservam o poder. Apenas eles podem estar no topo, e espera-se que todos os outros os sigam. Lamentavelmente, essa prática impede o desenvolvimento de líderes potenciais e produz solidão para aquele único que lidera.

Se você ocupa um cargo de liderança, não se baseie em seu título para convencer as pessoas a segui-lo. Construa relacionamentos. Conquiste as pessoas. Faça isso e nunca estará solitário no topo.

2 — *Conheça os revezes do sucesso e do fracasso*

O sucesso pode ser perigoso — assim como o fracasso. Sempre que você se considera um sucesso, começa a se distanciar dos outros, pois passa a considerá-los menos bem-sucedidos. Você começa a pensar: *Não preciso vê-los*, e se afasta. Ironicamente, o fracasso também leva ao afastamento, mas por outros motivos. Se você se considera um fracassado, evita os outros, ao pensar: *Não quero vê-los*. Os dois extremos podem produzir um insalubre distanciamento dos outros.

3 — *Compreenda que seu negócio são as pessoas*

Os melhores líderes sabem que, para liderar pessoas, é necessário amá-las! Nunca conheci um bom líder que não se preocupasse com seu pessoal. Líderes ineficazes têm a postura errada, ao afirmar: "Amo a humanidade. O que não consigo suportar são as pessoas." Mas os bons líderes compreendem que as pessoas não se interessam pelo quanto você sabe até saberem o quanto você se interessa. Você precisa gostar das pessoas, ou nunca agrega valor a elas. E se você for indiferente às pessoas, pode estar a um passo de manipulá-las. Nenhum líder jamais deve fazer isso.

4 — *Obedeça à lei da relevância*

A lei da relevância em *The 17 Irrefutable Laws of Leadership* [*As 17 irrefutáveis leis da liderança*] afirma: "Um é um número pequeno demais para atingir grandeza." Nenhuma realização verdadeiramente valiosa foi conseguida por um ser humano que trabalhasse só. Eu o desafio a apontar uma. (Faço esse desafio em conferências há anos, e ninguém nunca conseguiu identificar uma única grande realização de uma só pessoa.) Honestamente, se você, por conta própria, pode concretizar a visão que tem de sua vida e de seu trabalho, então é porque pensa pequeno demais. Às vezes, uma pessoa se apresenta a mim, dizendo: "Eu me fiz sozinho." Minha tentação é sempre responder: "Lamento. Se você fez tudo sozinho, não fez grande coisa."

> A liderança diz respeito tanto às relações quanto às posições. Aquele que aborda a liderança de uma forma relacional nunca fica só.

Em minhas organizações, não tenho funcionários. Tenho colegas. Sim, pago as pessoas e ofereço benefícios a elas. Mas as pessoas não trabalham para mim. Elas trabalham comigo. Trabalhamos juntos para concretizar a visão. Sem elas, eu não posso vencer. Sem mim, elas não podem vencer. Somos uma equipe. Atingimos nossos objetivos juntos. Precisamos uns dos outros. Se não precisarmos, então um de nós está no lugar errado.

Pessoas trabalhando juntas com uma visão comum, isso pode ser uma experiência inacreditável. Há alguns anos, quando os tenores líricos Jose Carreras, Plácido Domingo e Luciano Pavarotti se apresentavam juntos, um repórter tentou descobrir se havia um espírito de competição entre eles.

Cada um dos cantores era um grande astro, e o repórter esperava revelar uma rivalidade entre eles. Domingo descartou essa idéia com as seguintes palavras: "Você precisa de toda a sua concentração para abrir seu coração para a música. As pessoas não podem ser rivais quando fazem música juntas."

Há muitos anos, tento manter esse tipo de postura com as pessoas com as quais trabalho. Nós nos concentramos naquilo que estamos tentando realizar juntos, não em hierarquias, distanciamento profissional ou manutenção do poder. Foi um longo caminho desde meu ponto de partida na jornada da liderança. De início, minha postura era a de que é solitário no topo. Mas isso mudou, em uma progressão que é mais ou menos assim:

- "É solitário no topo", para
- "Se você estiver solitário no topo, então algo está errado", para
- "Venha para o topo e junte-se a mim", para
- "Vamos subir ao topo juntos", para
- "Não é solitário no topo"

Hoje em dia, nunca "escalo a montanha" sozinho. Meu trabalho é garantir que a equipe chegue ao topo junta. Algumas das pessoas que eu convido a subir me ultrapassam e chegam mais alto que eu. Isso não me incomoda. Se sei que fui capaz de dar uma mãozinha e de puxá-las no caminho, isso é muito gratificante. Algumas vezes, elas retribuem o favor e me puxam para seu patamar. Também sou grato por isso.

Se você é líder e se sente isolado, algo que faz não é certo. A solidão por parte do líder é uma escolha. Escolho fazer a jornada com as pessoas. Espero que você também faça isso.

Se você estiver solitário no topo, então algo está errado

Exercícios práticos

1. *Você é melhor na ciência ou na arte da liderança?* Alguns líderes são melhores na faceta técnica da liderança: estratégia, planejamento, finanças etc. Outros são melhores na faceta pessoal: ligação, comunicação, transmissão da visão, motivação etc. Qual é a sua força?

Se você é uma pessoa mais técnica, nunca perca de vista o fato de que liderança tem que ver com as pessoas. Busque melhorar suas habilidades pessoais. Tente caminhar lentamente pelos corredores de modo a poder falar com as pessoas para conhecê-las melhor. Leia livros ou faça cursos. Peça dicas a um amigo que seja bom com as pessoas. Faça tudo o que for necessário para melhorar.

2. *Por que você quer estar no topo?* A maioria das pessoas tem um desejo natural de melhorar sua vida. Para muitos, isso signica ascender profissionalmente de modo a conquistar uma posição mais alta. Se a sua única motivação para a liderança é avançar na carreira e progredir na área profissional, você corre o risco de se tornar o tipo de líder posicional que brinca de "rei do pedaço" com colegas e empregados. Passe algum tempo investigando seus motivos para descobrir como sua liderança pode e deve beneficiar os outros.

3. *Qual é o tamanho do seu sonho?* Qual é seu sonho? O que você adoraria realizar em sua vida e em sua carreira? Se for algo que pode conseguir sozinho, você está desperdiçando seu potencial de liderança. Algo que merece ser feito, merece ser feito com os outros. Sonhe grande. O que você consegue se imaginar realizando que exija mais do que aquilo que você pode fazer sozinho? De que tipos de colegas você precisaria para a realização? Como a viagem poderia beneficiar também a eles, além de você e da organização? Pense grande e, mais provavelmente, pensará em chegar ao topo com uma equipe.

Este livro foi composto em Joana 11/14 e impresso pela Gráfica Ediouro sobre papel Pólen Soft 70g para a Thomas Nelson Brasil em agosto de 2007.